ATLAS
histórico

Proyecto editorial y dirección: Esther Carrión Fernández.

Autores: Juan Santacana Mestre,
Gonzalo Zaragoza Ruvira.

Coordinación: Esther Carrión Fernández.

Cartografía, diseño y maquetación: ALTA PRESS.

Ilustración: ALTA PRESS, José Eizaguirre Fernández-Palacios.

Asesoría: Evaristo Merino Liceras.

Índices: Jaime González-Arnao Fuster.

Fotografía: Archivo SM, Javier Calbet, J. M. Navia, ORONOZ, Yolanda Álvarez, Sonsoles Prada, Museo del Louvre, SIPA-PRESS, Museo Arqueológico Nacional, Museo del Prado, J. M.ª Ruiz, EUROPA-PRESS, Julio González, Carlos Roca, Ignacio Ruiz Miguel, N. Sheik Valverde.

Diseño de cubierta: Estudio SM.

© EDICIONES SM - Madrid
ISBN: 84-348-4115-0 / Depósito legal: M-22222-1996 / Impreso en España-Printed in Spain
Melsa - Ctra. de Fuenlabrada a Pinto, km 21,8 - Pinto (Madrid)

PRÓLOGO

El Atlas Histórico SM pretende contribuir al conocimiento y análisis de las sociedades pasadas y aportar claves para la comprensión de los fenómenos políticos, sociales, económicos y culturales que se han desarrollado a lo largo del tiempo y han sido determinantes en la configuración y en las relaciones de las sociedades actuales.

Durante milenios, hombres y mujeres han sido protagonistas de innumerables y complejas situaciones; sin embargo, la Historia no es una simple enumeración de hechos y acontecimientos ni puede resumirse en un conjunto más o menos detallado de mapas de carácter político. Un Atlas, así lo creemos, no debe limitarse a aportar información cartográfica sobre la evolución política de los pueblos, los enfrentamientos, las guerras, las cambiantes fronteras de los Estados; el interés de la Historia radica, además —y, quizá, por encima de todo—, en las múltiples facetas de la actividad humana. Por ello, se ha pretendido exponer un panorama general de los hitos más significativos de la Historia de la Humanidad y resaltar, mediante recursos cartográficos y gráficos, los rasgos más singulares y definitorios de las distintas civilizaciones históricas, incidiendo en aquellos que son imprescindibles para comprender las bases políticas, sociales y culturales del mundo europeo en el que estamos inmersos, al que pertenecemos.

El Atlas está estructurado en seis grandes bloques de contenidos que se suceden con criterio cronológico. En cada uno de ellos se examinan las diferentes sociedades históricas a través de mapas temáticos, mapas conceptuales, ilustraciones, gráficos y breves textos informativos que explican el tema objeto de estudio y facilitan la lectura e interpretación de los distintos elementos que el Atlas ofrece para su análisis. A su vez, los títulos de las páginas, cuidadosamente trabajados, permiten localizar la información en el espacio y en el tiempo y captar su mensaje principal.

La información cartográfica es prioritaria. La localización e interpretación de hechos o situaciones representadas en mapas es una fuente insustituible para la comprensión de la Historia. Por ello se ha prestado una especial atención a la selección y ejecución de los mapas, de modo que resulten atrayentes, motivadores y, sobre todo, fáciles de interpretar. Símbolos novedosos y didácticos, tratamiento del color y leyendas formuladas en un lenguaje claro contribuyen a una lectura rápida y permiten visualizar y fijar la información.

También ha sido objeto de especial atención la representación gráfica de la causalidad. Las relaciones causa-efecto y los múltiples factores causales que intervienen en el hecho histórico son, sin duda, la clave para su comprensión. Determinar relaciones sencillas de causalidad y representarlas en el Atlas era un reto y, a la vez, una necesidad. El conjunto de mapas conceptuales y esquemas que el Atlas ofrece intenta dar respuesta, obviamente simplificada, a algunas de las preguntas que toda persona se ha formulado ante los hechos históricos: cómo y por qué. A su vez, son elementos que incitan a la reflexión, dinamizan la discusión y el debate y colaboran a clarificar las circunstancias y los factores históricos que han estado en el origen de situaciones presentes y configuran la sociedad actual.

Esperamos que el Atlas Histórico se convierta en una valiosa fuente de consulta para los jóvenes que se enfrentan al estudio de las Ciencias Sociales, para los profesores y, en general, para cuantos se sientan interesados por la Historia, y que colabore en el aprendizaje de actitudes y valores de convivencia, respeto, tolerancia y solidaridad.

Sólo desde el conocimiento y la comprensión del pasado, de los grandes logros y fracasos de quienes nos han precedido en el tiempo, seremos capaces de valorar y analizar críticamente el presente. La Historia, no lo olvidemos, es, ante todo, maestra de la vida.

Esther Carrión
Ediciones SM

**Hacha biface.
Paleolítico inferior.**
Los cazadores del Paleolítico inferior y medio capturaban grandes animales utilizando trampas e instrumentos de piedra tallada.

Pintura rupestre. Cueva de Cogull. Lérida.
En el Paleolítico superior nace el arte.
La pintura rupestre nos aproxima a los modos de vida, costumbres y manifestaciones culturales de las sociedades prehistóricas.

**Molino neolítico.
(Museo Arqueológico.
Cuenca).**
La agricultura y la ganadería son dos descubrimientos trascendentales en la historia de la humanidad; gracias a ellas, los hombres y las mujeres de la Prehistoria pudieron abandonar el nomadismo y vivir en lugares fijos.

**Cestos de esparto
del Neolítico final.
Cueva de los Murciélagos. Granada.**
Con la agricultura y la ganadería se desarrollan técnicas de almacenamiento de la producción, como la cerámica y la cestería.

Dolmen de Tella. Huesca.
Los monumentos megalíticos erigidos por las sociedades neolíticas están relacionados con las creencias religiosas y las costumbres funerarias de estos grupos humanos.

**Puñal ibérico. Almedinilla.
(Museo Arquológico Nacional).**
El conocimiento de la metalurgia del hierro se generalizó en el primer milenio a.C.
El hierro permitió la fabricación de todo tipo de instrumentos de trabajo, de uso doméstico y de armas.

PREHISTORIA Y PRIMERAS CIVILIZACIONES

La Historia humana empezó hace millones de años, con los primeros homínidos. El hombre tuvo que descubrir la palabra y aprendió a hablar hace quizá dos millones de años y han transcurrido tan sólo cinco mil años desde que aprendió a escribir. Esta larga etapa que transcurre entre la palabra hablada y la palabra escrita es el dominio de la Prehistoria.

No sabemos lo que el hombre hizo durante este larguísimo período de tiempo; desconocemos el cómo y el porqué de las cosas que ocurrieron. Tan sólo podemos deducir algo a través de los restos materiales de las actividades humanas: restos de comida, de construcciones, de objetos de uso cotidiano...

En esta época lejana ocurrieron cambios muy importantes. En algunos lugares remotos del planeta, grupos humanos aprendieron a utilizar mejor los animales, y en vez de capturarlos para matarlos aprovecharon de sus hembras la producción de leche, el pelo y la lana: los domesticaron. Igualmente hicieron con las especies vegetales: consiguieron cultivarlas después de haber seleccionado las más adecuadas para la alimentación. Así nació el Neolítico, período en el que el hombre dejó de ser nómada gracias al descubrimiento de la agricultura y la ganadería.

Los hombres necesitaron siglos para aprender a almacenar la producción, construir graneros y bodegas. Luego tuvieron necesidad de proteger estas grandes reservas de alimentos y amurallaron los depósitos al tiempo que los ponían bajo la protección de poderosos dioses: así nacieron las ciudades.

Finalmente, hubo ciudades cuyo crecimiento, poder e influencia permitió someter amplias regiones, y de este modo nacieron los primeros imperios de la Antigüedad: Sumeria, Asiria, Egipto... y muchos otros. Cuando estos imperios se fundaron apareció la palabra escrita, y con ella la Historia.

Cabeza femenina mitrada. Arte ibérico. Siglos V-II a.C. (Cerro de los Santos).
Los íberos, que se extendían a lo largo de la fachada mediterránea de la Península Ibérica, dominaban la tecnología del hierro, vivían en aldeas y poseían una religión basada en la creencia en espíritus y dioses astrales.

Relieve asirio con escritura cuneiforme. (Museo Británico).
El desarrollo de la escritura constituye un proceso paralelo a la formación de las primeras civilizaciones urbanas y está ligado a la fijación de las grandes religiones y a la organización de los primeros Estados en Oriente en el tercer milenio a.C.

Piedra de Rosetta. Civilización egipcia. (Museo Británico).
Con la aparición de la escritura en los primeros grandes imperios de la Antigüedad —Sumeria, Asiria, Egipto— se cierra el largo y enigmático período de la Prehistoria. La palabra escrita se convirtió en la "memoria" de los pueblos.

La aparición del hombre sobre la tierra fue un proceso muy largo. Los primeros homínidos desarrollaron lentamente la postura bípeda —australopitecinos—, aprendieron a utilizar y fabricar instrumentos —Homo habilis—, descubrieron el fuego —Homo erectus—, fabricaron arte —Homo neanderthalensis— y quizá el aprendizaje más largo y difícil: el habla.

Los prehistoriadores dividen esta larga etapa de la vida de la humanidad en dos grandes fases: paleolítico inferior y medio y paleolítico superior.

El paleolítico inferior y medio se caracteriza por la existencia de bandas de recolectores que, en número reducido, habitaban las sabanas y las terrazas fluviales. Descubrieron el fuego y perfeccionaron las técnicas de captura de grandes animales mediante el uso de trampas. Sus instrumentos de piedra —sílex, cuarcitas— eran fundamentalmente núcleos en forma de machacadores o en los que habían tallado hachas bifaces. En esta fase temprana del pasado de la humanidad todavía no existía una gran variedad de instrumentos.

El paleolítico superior se caracteriza por la presencia de cazadores altamente especializados en la captura de determinadas especies: renos, bisontes, ciervos, caballos, aves. Esta especialización permitió un incremento de la eficacia en la obtención de alimento. Fue durante el paleolítico superior cuando aparecen las armas dotadas de propulsores, tales como flechas y arcos, arpones y un gran número de instrumentos para trabajar la madera, la piel y el hueso.

Las sociedades de este período de la prehistoria desarrollaron un sistema complejo de creencias en espíritus, dioses y fuerzas sobrenaturales. Testigo de estas creencias es el arte rupestre: parietal —aplicado en los muros de las cuevas— o mobiliar —aplicado sobre objetos diversos: bastones de mando, cuchillos, placas.

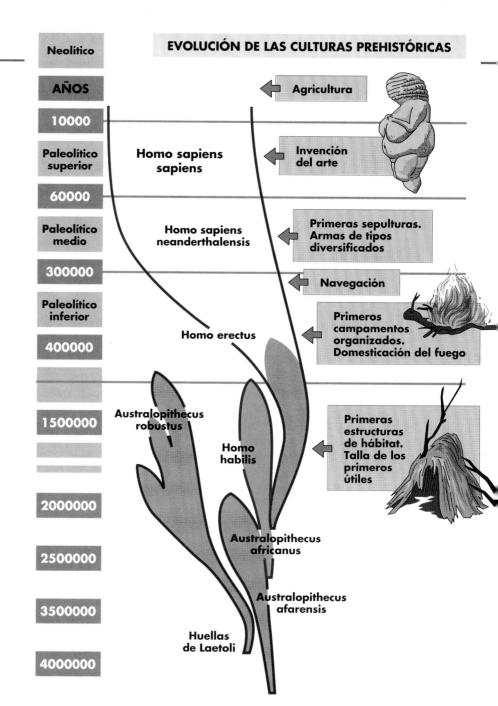

EVOLUCIÓN DE LAS CULTURAS PREHISTÓRICAS

Neolítico

AÑOS

10000

Paleolítico superior

60000

Paleolítico medio

300000

Paleolítico inferior

400000

1500000

2000000

2500000

3500000

4000000

Homo sapiens sapiens

Homo sapiens neanderthalensis

Homo erectus

Australopithecus robustus

Homo habilis

Australopithecus africanus

Australopithecus afarensis

Huellas de Laetoli

Agricultura

Invención del arte

Primeras sepulturas. Armas de tipos diversificados

Navegación

Primeros campamentos organizados. Domesticación del fuego

Primeras estructuras de hábitat. Talla de los primeros útiles

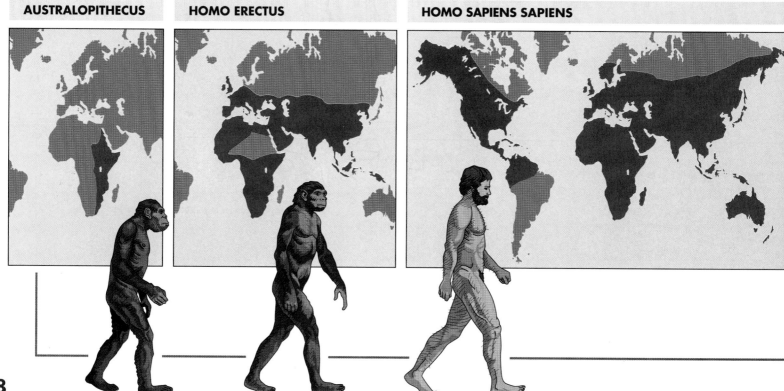

AUSTRALOPITHECUS   HOMO ERECTUS   HOMO SAPIENS SAPIENS

EL PALEOLÍTICO. DE RECOLECTORES A CAZADORES

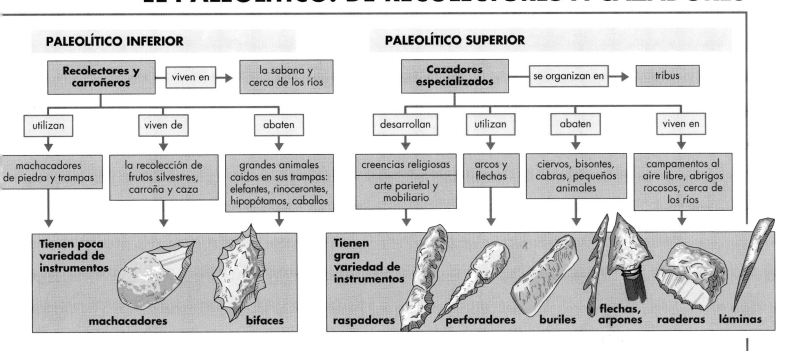

PALEOLÍTICO INFERIOR

Recolectores y carroñeros → viven en → la sabana y cerca de los ríos

utilizan → machacadores de piedra y trampas

viven de → la recolección de frutos silvestres, carroña y caza

abaten → grandes animales caídos en sus trampas: elefantes, rinocerontes, hipopótamos, caballos

Tienen poca variedad de instrumentos

machacadores — bifaces

PALEOLÍTICO SUPERIOR

Cazadores especializados → se organizan en → tribus

desarrollan → creencias religiosas / arte parietal y mobiliario

utilizan → arcos y flechas

abaten → ciervos, bisontes, cabras, pequeños animales

viven en → campamentos al aire libre, abrigos rocosos, cerca de los ríos

Tienen gran variedad de instrumentos

raspadores — perforadores — buriles — flechas, arpones — raederas — láminas

EL PALEOLÍTICO EN EUROPA

- ● Yacimientos del paleolítico
- ● Arte rupestre
- ● Arte mobiliar paleolítico
- Extensión máxima del hielo

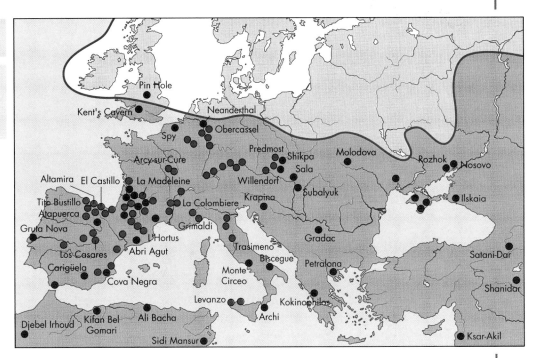

Pin Hole, Kent's Cavern, Neanderthal, Obercassel, Spy, Arcy-sur-Cure, Predmost, Shikpa, Sala, Molodova, Rozhok, Nosovo, Altamira, El Castillo, La Madeleine, Willendorf, Subalyuk, Ilskaia, Tito Bustillo, Atapuerca, La Colombière, Krapina, Gruta Nova, Grimaldi, Gradac, Satani-Dar, Los Casares, Abri Agut, L'Hortus, Trasimeno, Carigüela, Monte Circeo, Biscegue, Petralona, Shanidar, Cova Negra, Levanzo, Kokinophilas, Archi, Djebel Irhoud, Kifan Bel Gomari, Ali Bacha, Ksar-Akil, Sidi Mansur

CARACTERÍSTICAS DEL ARTE RUPESTRE FRANCO-CANTÁBRICO

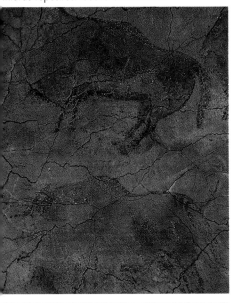

inturas rupestres. Cueva de Altamira

- Dominan los colores negro, rojo y amarillo
- Impresión de movimiento
- Figuras colocadas en desorden aparente
- Perspectiva "torcida"
- Temática fundamentalmente animalística
- Utilizan las irregularidades de la roca para dar relieve
- Representación realista con presencia de signos y símbolos

EL PALEOLÍTICO EN LA PENÍNSULA IBÉRICA

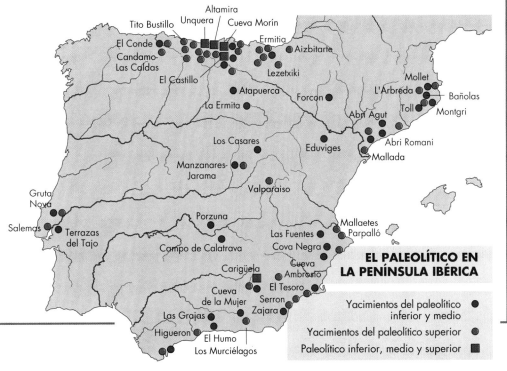

Altamira, Tito Bustillo, Unquera, Cueva Morín, Ermitia, El Conde, Aizbitarte, Candamo-Las Caldas, Lezetxiki, El Castillo, Mollet, Atapuerca, Forcón, L'Arbreda, Toll, Bañolas, Montgri, La Ermita, Abri Agut, Los Casares, Abri Romani, Eduviges, Mallada, Manzanares-Jarama, Valparaiso, Gruta Nova, Porzuna, Mallaetes, Parpalló, Salemas, Terrazas del Tajo, Las Fuentes, Cova Negra, Campo de Calatrava, Cueva Ambrosio, Carigüela, El Tesoro, Cueva de la Mujer, Serron, Zajara, Las Grajas, Higueron, El Humo, Los Murciélagos

- Yacimientos del paleolítico inferior y medio ●
- Yacimientos del paleolítico superior ●
- Paleolítico inferior, medio y superior ■

La agricultura y la ganadería han sido los descubrimientos que más transformaron la vida de los hombres. A partir de ellos comenzaron procesos complejos que culminaron con el nacimiento de las primeras ciudades. El proceso que denominamos "neolitización" supone siempre un paso previo, denominado sedentarización —asentamiento en lugares fijos y abandono del nomadismo— que se dio en el Próximo Oriente entre el 11000 y el 9000 a.C.

La domesticación de animales se hace evidente entre el 9000 y el 8000 a.C. En los altiplanos de Irán —en lugares como Tepe Ganj Dareh o Alí Kosh— aparecen prácticas agrícolas incipientes que permiten el desarrollo de prósperas aldeas campesinas, como Jericó, Jarmo o Hacilar. Poco después aparecen prototipos de aldeas y casas distintas, como Beidha y Catal Hüyüc.

La agricultura y la ganadería transforman la vida de la región y hacen que se desarrollen técnicas de almacenamiento de la producción, como la cerámica. Al mismo tiempo, los excedentes de producción que se consiguen permiten intensificar el comercio con otros grupos neolíticos. También resulta posible que surja una artesanía cada vez más especializada.

Como es fácil imaginar, la agricultura se desarrolló sobre todo en las riberas de los grandes ríos, ya que éstos sirven de vía de comunicación fácil para hombres, animales y mercancías y, al mismo tiempo, permiten el desarrollo de una rica agricultura. El crecimiento agrícola permite el crecimiento demográfico de las aldeas, que se transforman en verdaderas ciudades.

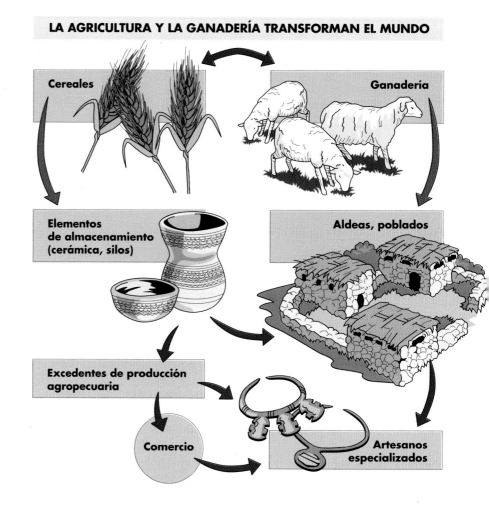

LA AGRICULTURA Y LA GANADERÍA TRANSFORMAN EL MUNDO

Cereales

Ganadería

Elementos de almacenamiento (cerámica, silos)

Aldeas, poblados

Excedentes de producción agropecuaria

Comercio

Artesanos especializados

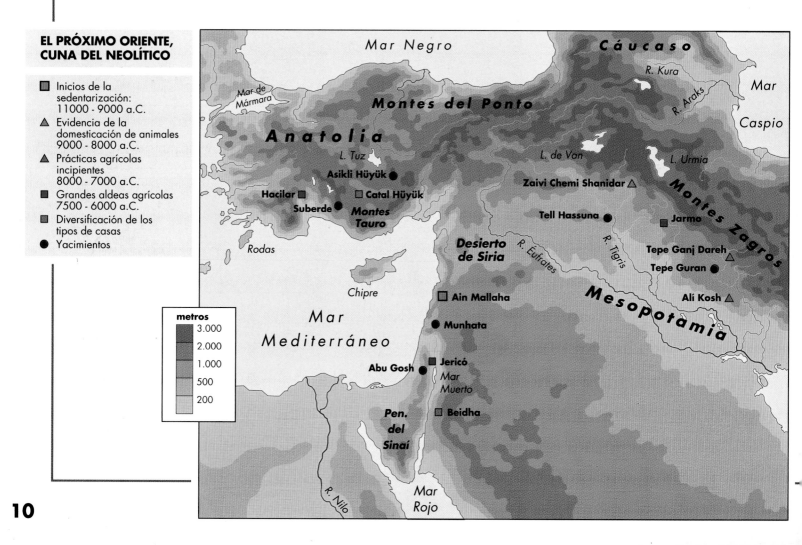

EL PRÓXIMO ORIENTE, CUNA DEL NEOLÍTICO

- ▣ Inicios de la sedentarización: 11000 - 9000 a.C.
- △ Evidencia de la domesticación de animales 9000 - 8000 a.C.
- ▲ Prácticas agrícolas incipientes 8000 - 7000 a.C.
- ▣ Grandes aldeas agrícolas 7500 - 6000 a.C.
- ▣ Diversificación de los tipos de casas
- ● Yacimientos

Mar Negro

Cáucaso

R. Kura

Mar de Mármara

Montes del Ponto

R. Araks

Mar Caspio

Anatolia

L. Tuz

L. de Van

L. Urmia

Montes Zagros

Asikli Hüyük ●

Zaivi Chemi Shanidar △

Hacilar ▣

▣ Catal Hüyük

Suberde ●

Montes Tauro

Tell Hassuna ●

▣ Jarmo

Rodas

Desierto de Siria

R. Éufrates

R. Tigris

Tepe Ganj Dareh △

Tepe Guran ●

Chipre

Mesopotamia

metros

3.000
2.000
1.000
500
200

Mar Mediterráneo

Alí Kosh △

▣ Ain Mallaha

● Munhata

Abu Gosh ●

▣ Jericó

Mar Muerto

Pen. del Sinaí

▣ Beidha

R. Nilo

Mar Rojo

EL NEOLÍTICO. LOS PRIMEROS PASTORES Y CULTIVADORES

EL NEOLÍTICO EN LA PENÍNSULA IBÉRICA

Neolítico antiguo
- ● Hacia el 6000 a.C.
- ● Hacia el 5000 a.C.
- → Penetración de las técnicas neolíticas

Montserrat
Figueira da Foz
Cabezo da Ministra
Lapa do Fumo
Cocina
Mallaetes
Carigüela
Or
Sarsa
Las Goteras de Molina
Las Majolicas
Sagres

- • Primeros óvidos
- • Primeros cereales
- • Primeros bóvidos

Neolítico pleno
Hacia el 4000 a.C.

Cueva Zaloya
Los Husos
Cueva des Lladres
Valdespino
Cueva Fosca
Carigüela
Cueva Pardo
Castillejos de Montefrío
Cueva de Ambrosio
Higuerón y Hoyo de la Mina
Cueva de la Mujer y del Agua

- • Sedenterización de grupos
- • Domesticación de la cabra

Neolítico avanzado
Hacia el 3000 a.C.

Necrópolis de sepulcros de fosa
Minas de calaíta de Gavá
Cultura de los sepulcros de fosa (Poblados con cabañas)
Cultura megalítica portuguesa (Cobre, dólmenes)
Cultura de Almería (Primeros experimentos con cobre, cerámicas lisas)

- • Diversificación cultural

Período calcolítico o edad del cobre
Hacia el 2500 a.C.

Calcolítico del Midi
Vila Nova de São Pedro
Millares

- • Fortificaciones
- • Tumbas con falsa cúpula
- • Desarrollo del cobre

EXPANSIÓN DE LA AGRICULTURA Y LA GANADERÍA EN EUROPA

Áreas
- Antes del 5500 a.C.
- Entre el 5500 y el 4800 a.C.
- Entre el 4800 y el 4400 a.C.
- Entre el 4400 y el 4000 a.C.
- Entre el 4000 y el 3500 a.C.
- Entre el 3500 y el 3000 a.C.

Yacimientos
- ●
- ●
- ◐
- ◑
- ◔
- ●

Radöy
Ehenside Tarn
Dalkey Island
Shippea Hill
Strzelce
Westerègein
Barnenez
Elsloo
Sittard
Châbarovice
Fontenay
Mohelnice
Kerlát
Montclus
Zalavár
Teil Azmak
Roucadour
Rivoli
Divostin
Gazel
Sarteano
Obre
Karanovo
Cova d'Or
Praia a Mare
Argissa
Porodin
Asfaka
Knossos

LOS GRANDES RÍOS

Facilitan el comercio y las comunicaciones

Permiten el desarrollo de una agricultura potente...

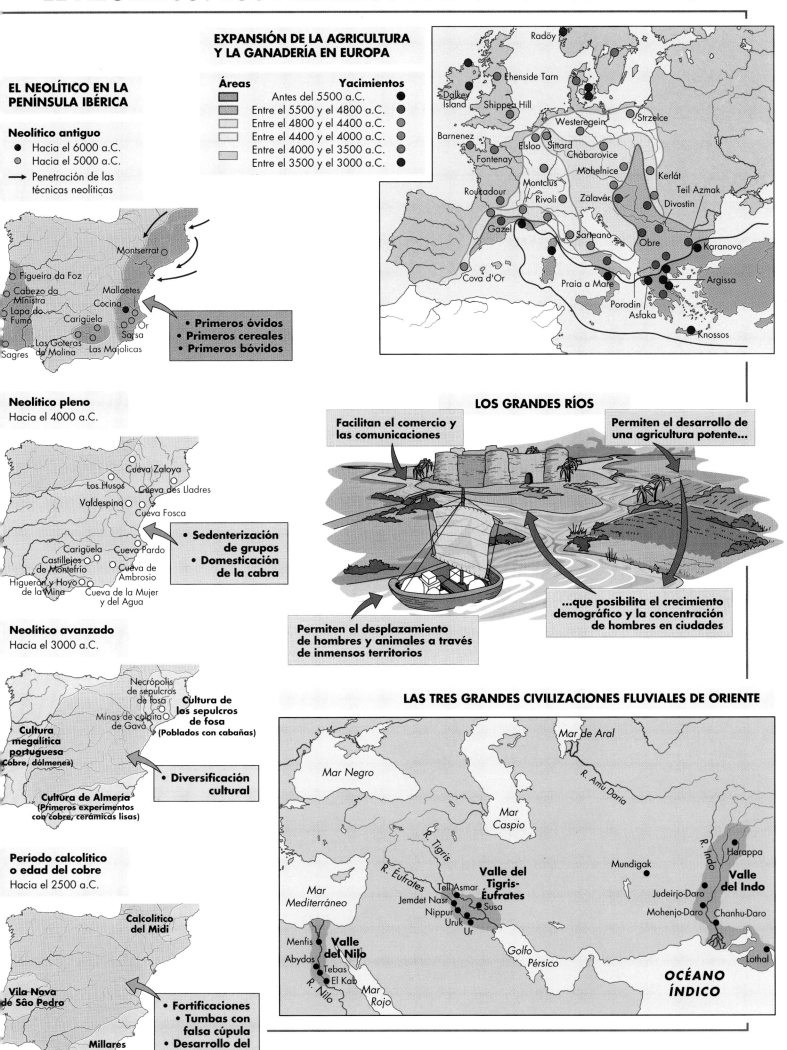

Permiten el desplazamiento de hombres y animales a través de inmensos territorios

...que posibilita el crecimiento demográfico y la concentración de hombres en ciudades

LAS TRES GRANDES CIVILIZACIONES FLUVIALES DE ORIENTE

Mar de Aral
R. Amú Daria
Mar Negro
Mar Caspio
R. Tigris
R. Éufrates
Mundigak
Harappa
R. Indo
Mar Mediterráneo
Tell Asmar
Valle del Tigris-Éufrates
Jemdet Nasr
Susa
Valle del Indo
Nippur
Judeirjo-Daro
Uruk
Mohenjo-Daro
Chanhu-Daro
Menfis
Ur
Valle del Nilo
Abydos
Golfo Pérsico
Tebas
El Kab
Mar Rojo
R. Nilo
Lothal
OCÉANO ÍNDICO

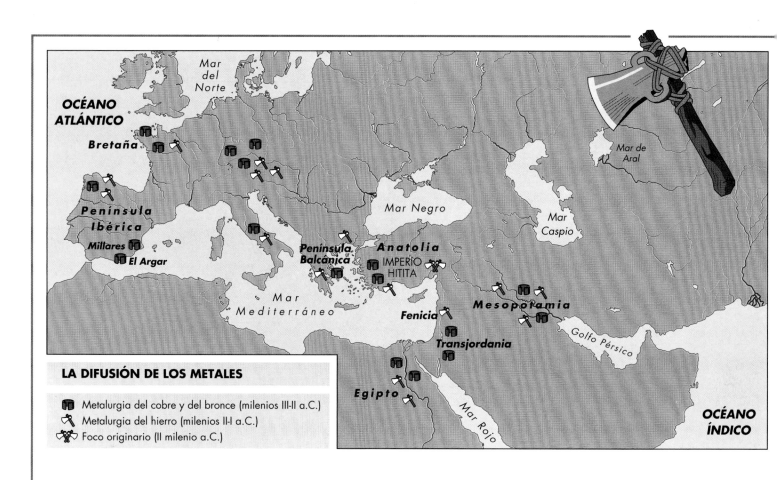

LA DIFUSIÓN DE LOS METALES

- Metalurgia del cobre y del bronce (milenios III-II a.C.)
- Metalurgia del hierro (milenios II-I a.C.)
- Foco originario (II milenio a.C.)

EVOLUCIÓN DE LA ESCRITURA DESDE LOS PICTOGRAMAS A LOS ALFABETOS

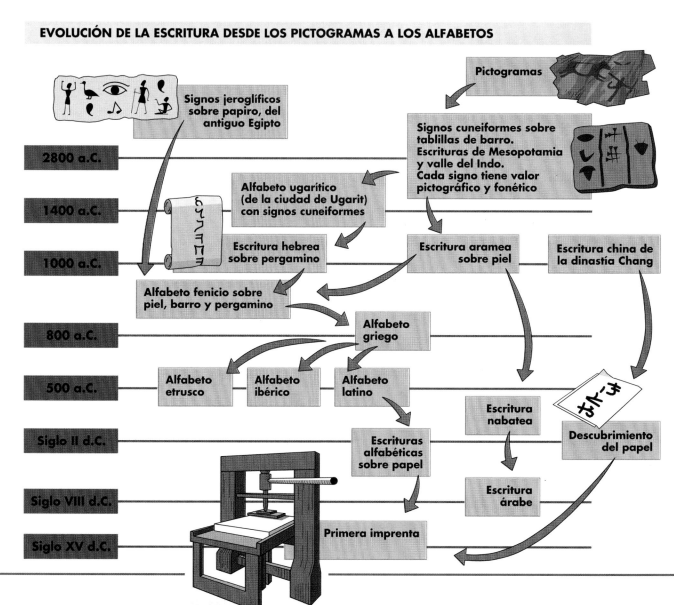

Pictogramas

Signos jeroglíficos sobre papiro, del antiguo Egipto

Signos cuneiformes sobre tablillas de barro. Escrituras de Mesopotamia y valle del Indo. Cada signo tiene valor pictográfico y fonético

2800 a.C.

Alfabeto ugarítico (de la ciudad de Ugarit) con signos cuneiformes

1400 a.C.

Escritura hebrea sobre pergamino

Escritura aramea sobre piel

Escritura china de la dinastía Chang

1000 a.C.

Alfabeto fenicio sobre piel, barro y pergamino

Alfabeto griego

800 a.C.

Alfabeto etrusco

Alfabeto ibérico

Alfabeto latino

500 a.C.

Escritura nabatea

Descubrimiento del papel

Siglo II d.C.

Escrituras alfabéticas sobre papel

Escritura árabe

Siglo VIII d.C.

Primera imprenta

Siglo XV d.C.

ESCRITURAS ALFABÉTICAS

Fenicio. Siglo X a.C.

| | | | | | | | | | | | | | | | | | | | | |
|a|b|c|d|e|f|g|h|i|j|k|l|m|n|o|p|q|r|s|t|

Griego antiguo. Siglo VIII a.C.

| | | | | | | | | | | | | | | | | | | | | |
|a|b|c|d|e|f|g|h|i|j|k|l|m|n|o|p|q|r|s|t|

Etrusco. Siglo VII a.C.

|a|b|e|f|g|h|i| |j|k|l|m|n|p|

Ibérico. Siglo IV-III a.C.

|a|e|i|l|m|n|o|r|s|

Latín. Siglo II a.C.

|a|b|c|d|e|f|g|h|i|j|k|l|m|n|o|p|q|r|s|t|

Árabe. Siglo II-siglo VIII d.C.

|b|t|th|j|h|j|d|d|r|s|sch|s|t|s|g|f|q|k|l|m|n|h|w|y|

ESCRITURAS PICTOGRÁFICAS

Cuneiforme mesopotámica

		Estrella
		Sexo femenino
		Montaña
		Cabeza de hombre
		Taza
		Hombre con taza
		Río
		Pie
		Pájaro
		Pez

Del valle del Indo

	Posesión
	Gobernar
	Estrella
	Negro
	Casa
	Sacerdote, noble
	Señor
	Dios
	Padre
	Mujer

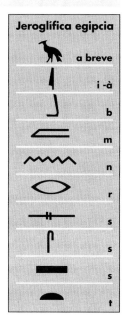

Jeroglífica egipcia

	a breve
	i -à
	b
	m
	n
	r
	s
	s
	s
	t

La idea de fundir minerales para fabricar con ellos objetos de formas determinadas aparece en el neolítico hacia el quinto milenio a.C.

Los primeros metales que los hombres aprendieron a fundir eran los que tenían un punto de fusión bajo, como el oro, el cobre, el plomo, el estaño y la plata. Con ellos se fabricaban objetos de adorno y de prestigio, pero era imposible obtener instrumentos de trabajo o armas. La solución para endurecer los metales fue la aleación o mezcla con otro mineral; la más difundida fue la de cobre y estaño: el bronce.

El proceso de fundición del hierro fue descubierto por los pueblos hititas de Anatolia a mediados del segundo milenio a.C. Hacia el año 1000 a.C. la técnica fue conocida por los pueblos fenicios y griegos quienes, a partir del siglo VIII a.C., lo difundieron por el mundo antiguo.

La escritura ha sido uno de los más grandes descubrimientos de la humanidad y el vehículo transmisor del pensamiento y la historia de los pueblos.

El desarrollo de la escritura fue un proceso paralelo a la formación de las primeras civilizaciones urbanas y a la organización de los primeros Estados en Oriente Próximo, en el tercer milenio a.C.

En realidad, han llegado hasta nosotros dos formas distintas de fijar las palabras: la pictográfica, característica del lejano Oriente —escrituras china y japonesa— y la alfabética, utilizada en las lenguas de tipo latino, eslavo o semítico. La escritura pictográfica está basada en la representación de objetos y conceptos mediante dibujos o pictogramas, en tanto que la alfabética utiliza signos con valor fonético.

LAS PRIMERAS ESCRITURAS

Escrituras alfabéticas ◉
Escrituras pictográficas y jeroglíficas ◉
Primeros focos de la escritura ◯

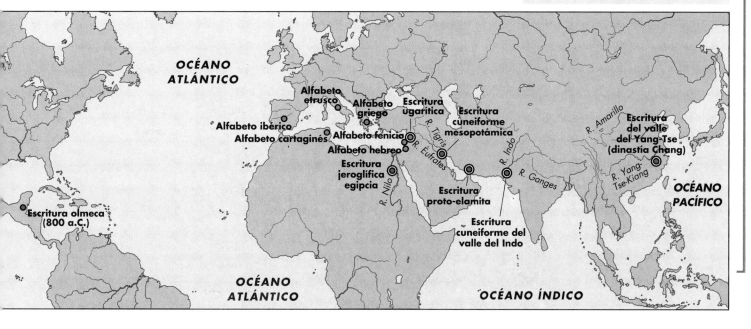

Hacia finales del tercer milenio antes de Cristo se iniciaba una fértil cultura neolítica en la región del Nilo, dividida en dos zonas: el Valle, que se unifica, y los pueblos del Delta. Nacieron así dos países, el país de la Caña y el de la Abeja, conocidos por los historiadores como el Alto y el Bajo Egipto.

A principios del segundo milenio los señores del Valle se impusieron sobre los pueblos del Delta y así toda la región se unificó bajo un solo monarca, llamado faraón o señor de las dos coronas, a quien se le consideraba un dios vivo.

Con la unificación se inició el llamado Imperio Antiguo (dinastías IV a VI); en él se construyeron grandes pirámides, tumbas que permitían al faraón difunto velar por su país y seguir favoreciéndolo. Sólo el faraón podía alcanzar la eternidad, pues era un dios.

El Imperio Antiguo se hundió en una época de grandes revueltas y dio paso al Imperio Medio (dinastías XI a XIII), período en que los egipcios adquirieron la conciencia de estar rodeados de pueblos muy diferentes a ellos, "los asiáticos". En realidad, los "hiksos", invasores asiáticos, pusieron fin a la monarquía del Imperio Medio.

A mediados del siglo XVI a.C. un clan del valle del Nilo expulsó a los invasores y pudo restaurar de nuevo el imperio, que se denominará Imperio Nuevo (dinastías XVIII a XX). Fue ésta una época de gran expansionismo militar.

En la primera mitad del siglo XI a.C. el Imperio Nuevo experimentó numerosas dificultades externas, tales como invasiones de "pueblos del mar", venidos de Asia, y dificultades internas: caos administrativo, fragmentación de la unidad política, injerencia de las castas sacerdotales en el gobierno del Estado, aparición de grandes señores independientes. El imperio se tambalea y da lugar a un período intermedio que desemboca en la llamada Época tardía.

En siglos posteriores, Egipto fue dominado por los persas, por Alejandro Magno y por los romanos.

En el siglo VII, Egipto entra en la órbita política y cultural del islam.

EL ANTIGUO EGIPTO

- Zona de influencia del Imperio Antiguo
- Zona de influencia del Imperio Medio
- Zona de influencia del Imperio Nuevo (Tutmosis III, 1486 - 1436 a.C.)
- Capitales
- Principales ciudades
- Zonas agrícolas fértiles

Mar Mediterráneo

Biblos
Sidón
Tiro
Gaza

PENÍNSULA DEL SINAÍ

Heliópolis
Gizeh
El Cairo
Sakkara
Daschur
Menfis
Medum

Tell-el-Amarna
Minieh

Dendera
Abydos
Karnak
Valle de los Reyes
Tebas
Luxor
Medinet Abu
Edfú

Mar Rojo

1.ª Catarata
Filé

Abu Simbel

2.ª Catarata

NUBIA

3.ª Catarata

4.ª Catarata

Minería
Cobre
Malaquita
Gemas
Oro
Esmeraldas
Plomo

LA PIRÁMIDE SOCIAL EGIPCIA

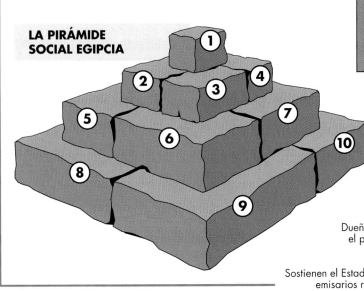

1. Faraón
Dios vivo, dueño y señor del país; dicta las leyes

2. Sacerdotes
Administradores de las riquezas de los dioses; clase poderosa e influyente

3. Nobles
Dueños de las tierras; administran el poder delegado por el faraón

4. Funcionarios
Sostienen el Estado, "ojos y oídos" del faraón; emisarios reales; ejercen un gran poder

5. Soldados
Hacen la guerra; mercenarios

6. Comerciantes
7. Artesanos
Son los habitantes de las ciudades; gozan de cierta consideración social

8. Extranjeros
Son despreciados; a veces se les expulsa; en algunos momentos fueron minorías influyentes

9. Campesinos
Viven explotados y soportan pesados tributos; constituyen la gran mayoría del país; son despreciados por las clases altas

10. Esclavos
Considerados como meros instrumentos de trabajo, no eran muy numerosos; prisioneros o cautivos

EGIPTO, EL PAÍS DE LA CAÑA Y LA ABEJA

EGIPTO, UN REGALO DEL NILO

Crecidas regulares del río Nilo

El limo abona los campos de la orilla

Se dan excelentes condiciones para la agricultura

Se adora a fuerzas naturales y a algunos animales (el Nilo, el sol, el halcón, la luna, el gato)

La población campesina se concentra en el Valle y en el Delta

Se facilita el comercio

Se obtiene una gran producción agrícola

Se desarrollan mucho las aldeas y nacen ciudades

Nacen los dioses del Panteón Egipcio

Algunos grupos abandonan la agricultura y se especializan en oficios (tintoreros, albañiles, comerciantes, navegantes)

Organización del poder político (faraón, funcionarios, soldados, escribas)

Aparecen los sacerdotes, especialistas de la religión

Nace la escritura

EVOLUCIÓN DEL CONCEPTO DE ULTRATUMBA

"Pesado" del corazón

Imperio Medio

Las clases altas también pueden alcanzar la eternidad:
- Momificación
- Hipogeos y tumbas subterráneas

Sarcófago de Henutmehit

Imperio Nuevo

Todo aquel que sea piadoso y practique los rituales sagrados puede alcanzar la vida eterna:
- Libro de los Muertos (conjunto de normas para alcanzar la eternidad)
- Cámaras subterráneas, cementerios

Imperio Antiguo

Sólo el faraón puede alcanzar la eternidad:
- Momificación
- Tumbas piramidales (pirámides, mastabas)

Pirámide de Kefrén

El pueblo de Israel ha jugado un papel muy importante en los orígenes de la cultura occidental. La razón de ello estriba en que en aquel diminuto territorio de Oriente Próximo nació el monoteísmo religioso, base del cristianismo y del islam.

Los orígenes de este pueblo son oscuros, al igual que los de casi todos los pueblos antiguos; la tradición judía se refiere a Abraham como jefe de un grupo de nómadas semitas originario de la Baja Mesopotamia —Ur—. La investigación moderna lo relaciona con grupos arameos que merodeaban por los desiertos que rodean la región de Mesopotamia.

En sus desplazamientos de nómadas alcanzaron las tierras de Egipto, donde, al parecer, llegaron a establecerse, quizá durante el período de dominio de los hicsos. Las relaciones entre los asiáticos y los egipcios nunca fueron buenas y durante la segunda mitad del siglo XIV a.C. algunas tribus fueron expulsadas del área del delta.

Hacia el 1230 a.C. los judíos ya están asentados en el valle del Jordán (Palestina) y han entrado en contacto con los habitantes de la región, conocidos como "cananeos". A pesar de las luchas y del rechazo inicial, las tribus judías se establecieron firmemente en el país, se repartieron las tierras y se sedentarizaron. A imitación de los pueblos vecinos, transformaron su organización tribal en una monarquía hereditaria.

Los principales reyes judíos fueron Saúl, que unificó a las tribus; David, que estableció la capital del reino en Jerusalén, y Salomón, que entronizó al dios de Israel en un templo. A su muerte, el pequeño Estado se divide en dos reinos, el de Israel y el de Judá; ambos son luego conquistados por los monarcas de Babilonia, que destruyen el templo.

En el siglo I los romanos otorgaron parte de este territorio a un príncipe de origen hebreo, Herodes el Grande, y finalmente lo transformaron en provincia del Imperio. El nacionalismo judío provocó una gran rebelión contra Roma en el siglo I, que fue brutalmente aplastada por las legiones romanas, que impusieron la "diáspora" o dispersión de los judíos por el mundo.

Desde entonces los judíos fueron un pueblo sin patria y sufrieron crueles persecuciones por parte de los romanos, de los reinos cristianos medievales, de los zares rusos, de los nazis ya en el siglo XX. Su destino pasó a ser de pueblo elegido por Dios a pueblo perseguido por los hombres.

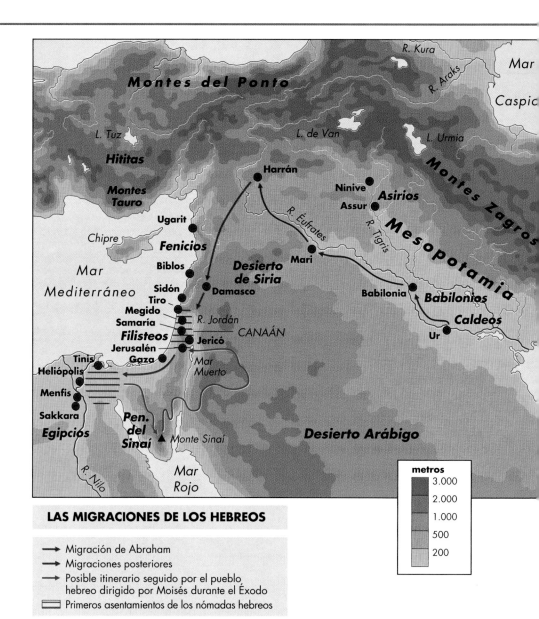

LAS MIGRACIONES DE LOS HEBREOS

→ Migración de Abraham
→ Migraciones posteriores
→ Posible itinerario seguido por el pueblo hebreo dirigido por Moisés durante el Éxodo
▭ Primeros asentamientos de los nómadas hebreos

metros
3.000
2.000
1.000
500
200

Asentamiento de las Doce tribus judías después de la conquista de Palestina

EVOLUCIÓN DEL ESTADO DE ISRAEL EN LA ANTIGÜEDAD

El reino judío de David y Salomón

El reino dividido:
▮ Reino de Israel
▮ Reino de Judá

Palestina en el s. I d.C.
Reino de Herodes el Grande

ISRAEL: DE PUEBLO ELEGIDO A PUEBLO PERSEGUIDO

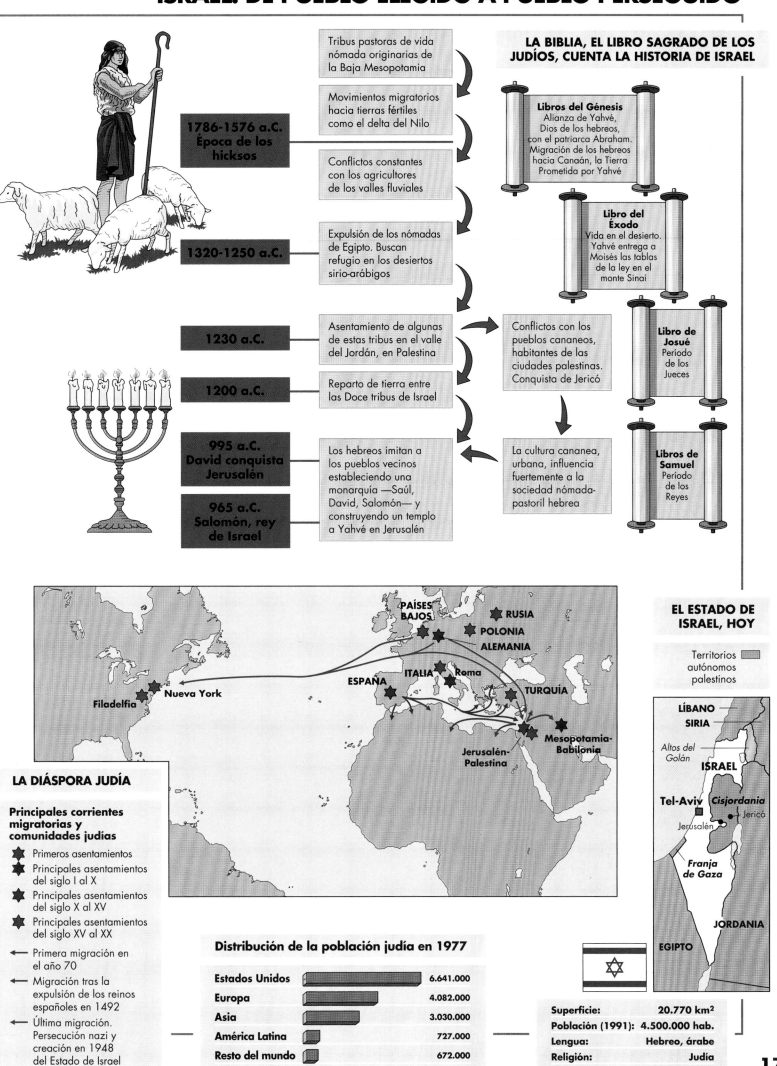

Tribus pastoras de vida nómada originarias de la Baja Mesopotamia

1786-1576 a.C. Época de los hicksos

Movimientos migratorios hacia tierras fértiles como el delta del Nilo

Conflictos constantes con los agricultores de los valles fluviales

1320-1250 a.C.

Expulsión de los nómadas de Egipto. Buscan refugio en los desiertos sirio-arábigos

1230 a.C.

Asentamiento de algunas de estas tribus en el valle del Jordán, en Palestina

1200 a.C.

Reparto de tierra entre las Doce tribus de Israel

995 a.C. David conquista Jerusalén

965 a.C. Salomón, rey de Israel

Los hebreos imitan a los pueblos vecinos estableciendo una monarquía —Saúl, David, Salomón— y construyendo un templo a Yahvé en Jerusalén

LA BIBLIA, EL LIBRO SAGRADO DE LOS JUDÍOS, CUENTA LA HISTORIA DE ISRAEL

Libros del Génesis
Alianza de Yahvé, Dios de los hebreos, con el patriarca Abraham. Migración de los hebreos hacia Canaán, la Tierra Prometida por Yahvé

Libro del Éxodo
Vida en el desierto. Yahvé entrega a Moisés las tablas de la ley en el monte Sinaí

Libro de Josué
Período de los Jueces

Libros de Samuel
Período de los Reyes

Conflictos con los pueblos cananeos, habitantes de las ciudades palestinas. Conquista de Jericó

La cultura cananea, urbana, influencia fuertemente a la sociedad nómada-pastoril hebrea

LA DIÁSPORA JUDÍA

Principales corrientes migratorias y comunidades judías

★ Primeros asentamientos

★ Principales asentamientos del siglo I al X

★ Principales asentamientos del siglo X al XV

★ Principales asentamientos del siglo XV al XX

← Primera migración en el año 70

← Migración tras la expulsión de los reinos españoles en 1492

← Última migración. Persecución nazi y creación en 1948 del Estado de Israel

PAÍSES BAJOS · RUSIA · POLONIA · ALEMANIA · ITALIA · Roma · ESPAÑA · TURQUÍA · Nueva York · Filadelfia · Jerusalén-Palestina · Mesopotamia-Babilonia

EL ESTADO DE ISRAEL, HOY

Territorios autónomos palestinos

LÍBANO · SIRIA · Altos del Golán · ISRAEL · Tel-Aviv · Cisjordania · Jericó · Jerusalén · Franja de Gaza · JORDANIA · EGIPTO

Distribución de la población judía en 1977

Estados Unidos	6.641.000
Europa	4.082.000
Asia	3.030.000
América Latina	727.000
Resto del mundo	672.000

Superficie:	20.770 km²
Población (1991):	4.500.000 hab.
Lengua:	Hebreo, árabe
Religión:	Judía

17

En el último milenio antes de la era cristiana Europa occidental experimentó grandes cambios. Desde el 1250 a.C. una buena parte del continente desarrolló una cultura aldeana, de grandes poblados fortificados basados en una agricultura próspera debido a las mejoras técnicas introducidas: arado tirado por bueyes, transporte más eficaz por la combinación de carretas de madera y animales de tiro, y expansión de la cabaña ganadera.

El desarrollo agropecuario estuvo acompañado por la gran ampliación de oficios secundarios, como la metalurgia, el trabajo del cuero y la madera y el comercio de objetos muy valiosos: ámbar, sal, vidrio, oro y plata.

Estos pueblos tenían la costumbre de incinerar a sus muertos y depositar las cenizas en urnas que enterraban. Por ello se les conoce como "cultura de los campos de urnas". Sus etapas iniciales coinciden con la eclosión de la cultura micénica en el mar Egeo y Grecia.

La introducción de un metal nuevo, el hierro, que ofrecía grandes ventajas sobre los anteriores a causa de la abundancia de depósitos minerales, de su resistencia y tenacidad, permitió que esta cultura aldeana llegara a un grado de desarrollo jamás alcanzado por ningún otro grupo de la prehistoria; los arqueólogos denominan a esta fase "etapa de la cultura de Hallstatt" o primera Edad del Hierro, que se extiende del 725 al 450 a.C.

La expansión de las colonias griegas y fenicias por las costas mediterráneas es contemporánea de la cultura hallstática centroeuropea. Los intensos contactos comerciales entre pueblos hallstáticos y griegos se producen a través de los grandes ríos europeos —Danubio, Rhin y Ródano— y tienen como causa la necesidad de los pueblos más desarrollados de Oriente de obtener metales de todo tipo, especialmente oro y plata.

Los pueblos descendientes de la cultura hallstática conservaron muchas de las costumbres de sus antepasados. Hacia el siglo V a.C., cuando los escritores griegos se refieren a esos grupos, los denominan "keltoi" —celtas—. La arqueología moderna prefiere hablar de "Grupos de la Tène", en la llamada segunda Edad del Hierro.

CRONOLOGÍA

1250-725 a.C.
Cultura de los campos de urnas

725-450 a.C.
Cultura de Hallstatt o primera Edad del Hierro: contactos intensos con el mundo mediterráneo, especialmente con los griegos

450 a.C. al período romano
Cultura de la Tène o segunda Edad del Hierro: los escritores griegos denominan a estos pueblos "keltoi" (celtas)

LA CULTURA DE LOS CAMPOS DE URNAS (1250-725 a.C.)
Agricultores y ganaderos del centro de Europa

Desarrollo del comercio del ámbar, sal, vidrio y objetos de lujo

Desarrollo de oficios secundarios tales como metalúrgicos, artesanos de la madera, del hueso, del cuero

Mejora de los medios de transporte con el uso de carretas y animales de tiro

Poblados fortificados

Mejora de los sistemas de cultivo con la introducción del arado con bueyes

Desarrollo de la ganadería

Desarrollo de sistemas de almacén

Avances en la tecnología agrícola con la utilización de hoces de metal

Incineración y enterramiento de las cenizas en urnas

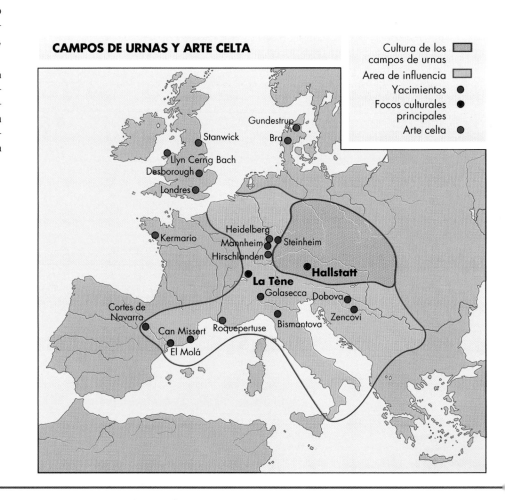

CAMPOS DE URNAS Y ARTE CELTA

Cultura de los campos de urnas
Area de influencia
Yacimientos
Focos culturales principales
Arte celta

Gundestrup
Stanwick
Brä
Llyn Cerrig Bach
Desborough
Londres
Kermario
Heidelberg
Mannheim
Steinheim
Hirschlanden
Hallstatt
La Tène
Golasecca
Dobova
Cortes de Navarra
Bismantova
Zencovi
Can Missert
Roquepertuse
El Molá

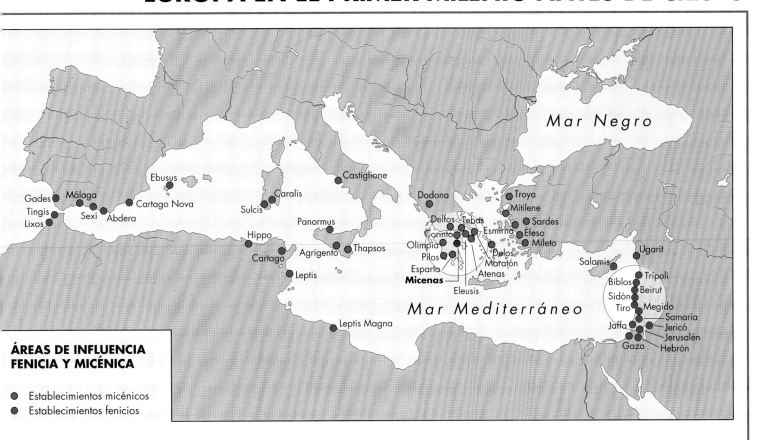

ÁREAS DE INFLUENCIA FENICIA Y MICÉNICA

- Establecimientos micénicos
- Establecimientos fenicios

LOS FENICIOS, UN PUEBLO DEL MAR

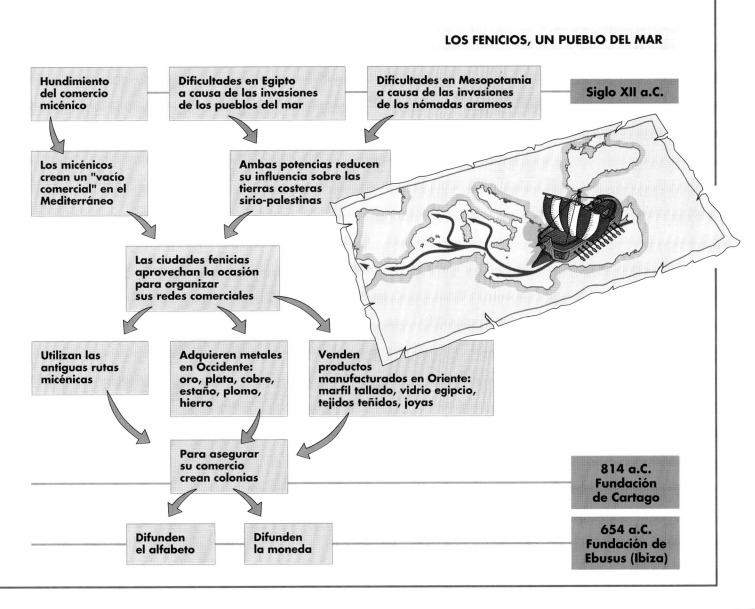

| Hundimiento del comercio micénico | Dificultades en Egipto a causa de las invasiones de los pueblos del mar | Dificultades en Mesopotamia a causa de las invasiones de los nómadas arameos | **Siglo XII a.C.** |

Los micénicos crean un "vacío comercial" en el Mediterráneo

Ambas potencias reducen su influencia sobre las tierras costeras sirio-palestinas

Las ciudades fenicias aprovechan la ocasión para organizar sus redes comerciales

Utilizan las antiguas rutas micénicas

Adquieren metales en Occidente: oro, plata, cobre, estaño, plomo, hierro

Venden productos manufacturados en Oriente: marfil tallado, vidrio egipcio, tejidos teñidos, joyas

Para asegurar su comercio crean colonias

814 a.C. Fundación de Cartago

Difunden el alfabeto

Difunden la moneda

654 a.C. Fundación de Ebusus (Ibiza)

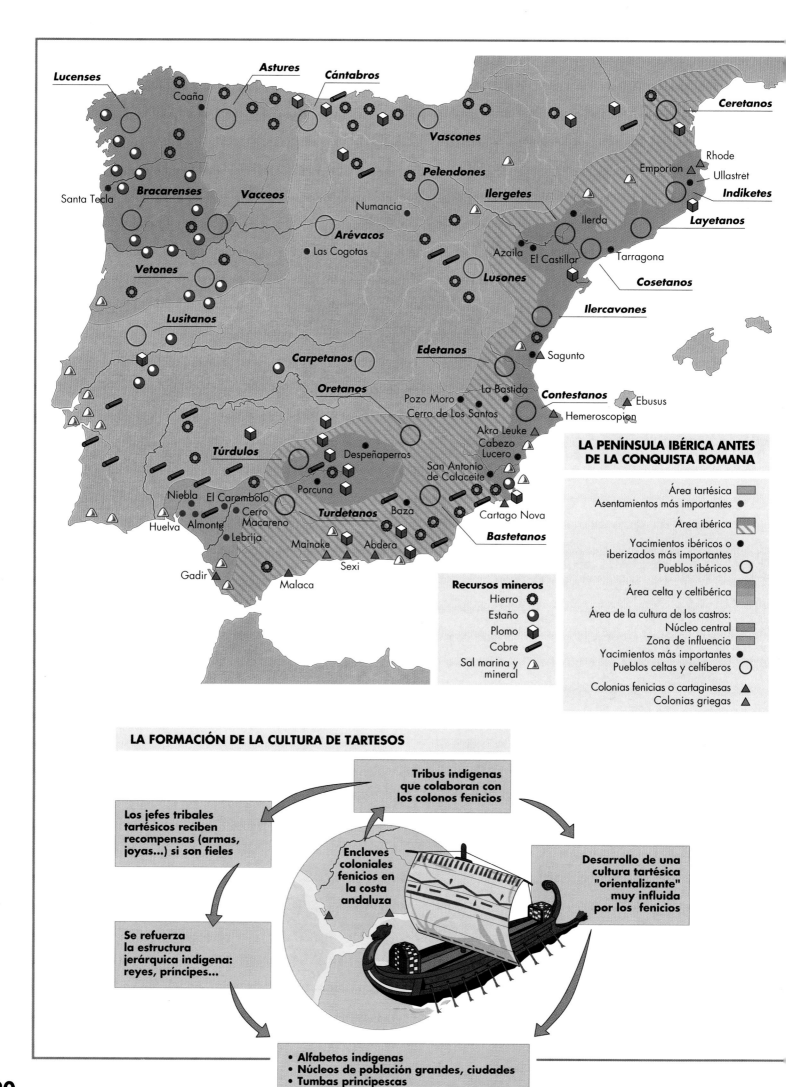

Lucenses
Coaña
Astures
Cántabros
Ceretanos
Rhode
Emporion
Ullastret
Vascones
Indiketes
Santa Tecla
Bracarenses
Vacceos
Pelendones
Ilergetes
Numancia
Ilerda
Layetanos
Arévacos
Azaila
El Castillar
Tarragona
Las Cogotas
Lusones
Cosetanos
Vetones
Ilercavones
Sagunto
Lusitanos
Edetanos
Carpetanos
La Bastida
Contestanos
Ebusus
Oretanos
Pozo Moro
Hemeroscopion
Cerro de Los Santos
Akra Leuke
Despeñaperros
Cabezo
Túrdulos
Lucero
San Antonio
de Calaceite
Porcuna
Baza
Niebla
El Carambolo
Turdetanos
Cartago Nova
Cerro
Macareno
Bastetanos
Huelva
Almonte
Lebrija
Mainake
Abdera
Gadir
Sexi
Malaca

LA PENÍNSULA IBÉRICA ANTES
DE LA CONQUISTA ROMANA

Área tartésica
Asentamientos más importantes ●

Área ibérica
Yacimientos ibéricos o ●
iberizados más importantes
Pueblos ibéricos ○

Área celta y celtibérica

Área de la cultura de los castros:
Núcleo central
Zona de influencia
Yacimientos más importantes ●
Pueblos celtas y celtíberos ○

Colonias fenicias o cartaginesas ▲
Colonias griegas ▲

Recursos mineros
Hierro
Estaño
Plomo
Cobre
Sal marina y
mineral

LA FORMACIÓN DE LA CULTURA DE TARTESOS

Tribus indígenas
que colaboran con
los colonos fenicios

Los jefes tribales
tartésicos reciben
recompensas (armas,
joyas...) si son fieles

Enclaves
coloniales
fenicios en
la costa
andaluza

Desarrollo de una
cultura tartésica
"orientalizante"
muy influida
por los fenicios

Se refuerza
la estructura
jerárquica indígena:
reyes, príncipes...

• **Alfabetos indígenas**
• **Núcleos de población grandes, ciudades**
• **Tumbas principescas**

20

LOS PUEBLOS PRERROMANOS EN LA PENÍNSULA

POBLADO IBÉRICO

torres defensivas

castillo

calles

murallas

casas rectangulares

techos planos

CASTRO CELTA

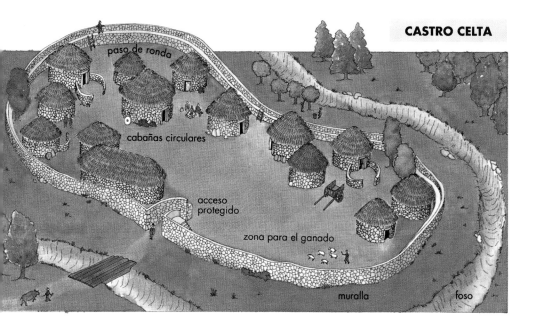

paso de ronda

cabañas circulares

acceso protegido

zona para el ganado

muralla   foso

Cuando Roma inició la conquista de la Península Ibérica (218 a.C.) diversos pueblos se repartían el territorio. Los romanos denominaron a todos ellos hispanos, y al territorio Hispania; sin embargo, aquellos pueblos eran muy diferentes, fruto de la evolución de las sociedades indígenas y de sus contactos con pueblos colonizadores desde el siglo VII a.C.

Los colonos griegos y fenicios habían fundado enclaves en el litoral mediterráneo. Fueron griegas las colonias de Emporion, Rhode, Hemeroskopion y otras. Fenicias fueron Gadir, Mainake, Sexi y Ebusus.

Según los escritores griegos, en las tierras de la Baja Andalucía existía un pueblo extraordinario, Tartesos, rico en plata. Los estudios arqueológicos confirman la existencia de grupos indígenas con una cultura avanzada debido a sus contactos comerciales con los pueblos colonizadores de Oriente. Estos grupos llegaron a desarrollar un arte con marcada influencia fenicia.

Los tartesios recibían armas y productos manufacturados a cambio de asegurar el control de las rutas y de las minas de plata y oro. Esa ayuda reforzó la estructura social jerarquizada, con un monarca en la cúspide —Argantonio, según las fuentes literarias—. Los tartesios llegaron a tener alfabeto propio y desarrollaron auténticas ciudades.

Posteriormente, entre los siglos VI y II a.C. en las costas peninsulares mediterráneas apareció una cultura que denominamos ibérica. Su economía tenía una fuerte base agropecuaria, pero desarrollaron también la tecnología del hierro; la aldea era la unidad de hábitat básica. Los iberos nunca llegaron a constituir auténticas monarquías. Predominó el sistema tribal, con una religión basada en la creencia en espíritus y dioses astrales.

En el centro y noroeste de la Península se desarrolló una cultura llamada celtibérica, también de base agropecuaria, pero con un mayor desarrollo de la ganadería. Su hábitat fundamental fue el castro, aldea amurallada, apta para guardar también grandes rebaños. Junto a los iberos, constituyen los pueblos de la segunda Edad del Hierro en la Península.

LA SEGUNDA EDAD DEL HIERRO EN LA PENÍNSULA. Elementos comunes en las culturas ibérica y celtibérica

| Cultura de base agropecuaria | Sistema de hábitat aldeano | Desarrollo de la metalurgia del hierro | Sistema tribal | Alfabetos | Religión basada en la presencia de espíritus y dioses astrales |

Templo de Atenea Niké. Acrópolis de Atenas. Siglo V a.C.
Las ciudades griegas solían estar fortificadas y, con frecuencia, contaban con una ciudadela elevada, llamada acrópolis.
En ella se levantaban los templos dedicados a las divinidades.

Diadoumenos. Policleto. Siglo V a.C. (Museo Arqueológico. Nacional. Atenas).
El objetivo de la escultura griega clásica fue la representación de la realidad y la belleza.

Niñas jugando a las tabas. Terracota griega. 300 a.C.
La cultura griega es uno de los pilares sobre los que se sustenta la civilización europea. Los pueblos mediterráneos mantienen, aún hoy, gustos, formas de vida y costumbres heredados de los griegos.

Calzada romana. Bolonia. Cádiz.
El sistema de comunicaciones y la red viaria del Imperio romano permitía la relación entre los vastos territorios que lo integraban.

Soldados pretorianos. Altorrelieve procedente del arco de Septimio Severo. Siglo II d.C. Museo del Louvre.
Roma se sirvió de un ejército magníficamente entrenado para llevar a cabo sus conquistas. Las legiones romanas estaban integradas por unos 6.000 hombres cada una.

Algunas de las ciudades del mundo antiguo desarrollaron unos conceptos nuevos en la Historia de la humanidad: el alfabeto, que permitió simplificar la escritura, el arte o amor a la belleza, el amor al conocimiento —filosofía— o al gobierno de la mayoría —democracia—; muchas de estas ciudades habían nacido junto a las orillas de los mares Egeo y Jónico. Éste es el caso de Atenas, Corinto, Mileto, Éfeso y muchas más. Sus habitantes se llamaron a sí mismos "helenos", gentes de la Hélade, nombre con el que designaban a todos aquellos que hablaban una misma lengua, el griego; adoraban a unos mismos dioses, los del Olimpo, y tenían un mismo concepto de la libertad.

La cultura desarrollada por los pueblos helenos no pereció a pesar de las guerras fratricidas y de exterminio. Una ciudad del centro de la Península Itálica llamada Roma, formada por campesinos rudos, buenos guerreros y hábiles administradores, se sintió orgullosa de aprender lo que los griegos habían descubierto; los antiguos romanos, cuya lengua era el latín, aprendieron a utilizar el griego como lengua culta, y de la mezcla de la ciencia y culturas griega y romana nació una forma nueva de entender la vida. Roma extendió por todo el mar Mediterráneo su peculiar visión del mundo, dominó a los pueblos desde el Rhin al Atlas africano y desde el Indo hasta las islas británicas. La Península Ibérica, a la que los romanos llamaron Hispania, entró también a formar parte de la gran comunidad de pueblos administrada y dirigida por Roma.

Durante muchos siglos, para los habitantes del mundo antiguo la civilización se llamó Roma; pertenecer al mundo romano equivalía a pertenecer a un mundo infinitamente más culto, mejor organizado y mejor alimentado.

Cuando este enorme complejo de pueblos que fue el Imperio romano se cristianizó, después de largas etapas de crisis políticas, económicas, sociales e ideológicas, Europa había nacido como unidad diferenciada del resto del mundo.

Al conjunto del mundo griego y romano los historiadores lo han llamado civilización clásica.

**La familia de Ceramo Bounnerio. Brescia.
Siglo VI a.C.**
En la sociedad romana de hombres libres la institución familiar era muy valorada. La familia estaba regida por la autoridad del "pater familiae".

**Mosaico paleocristiano.
Siglo IV a.C. (Museo Británico).**
El cristianismo, con su mensaje de salvación eterna, se difundió con rapidez por el Imperio romano debido a la crisis general de la religión y del Estado.

LAS POLIS GRIEGAS DE LAS ÉPOCAS ARCAICA Y CLÁSICA

○ Polis   ● Grandes santuarios panhelénicos, sedes de juegos
———————— Línea de fortificación defensiva del Ática

EL ÁGORA DE ATENAS

1. Acrópolis: ciudadela sagrada   2. Areópago: montaña donde se reunía el Consejo
3. Stoa: mercado porticado   4. Odeón: edificio destinado a la música
5. Buleterión: recinto donde se reunía el Consejo de la Bulé (Gobierno)

Cuando nos referimos a los griegos, palabra derivada del latín "graecci", utilizamos la expresión usada por los romanos para nombrar a los "helenos", habitantes de la Hélade, región que abarcaba las costas del mar Egeo y sus numerosas islas.

Todos los helenos hablaban el mismo idioma, adoraban a los mismos dioses y acudían cada cuatro años a participar en unos juegos en grandes santuarios panhelénicos, como los de Olimpia, Delfos y Delos. Los dioses habitaban en esos lugares y allí se les invocaba.

La base de la organización política de los griegos era la polis, el conjunto de hombres libres o ciudadanos que respetaban las mismas normas. El territorio de la polis formaba una pequeña región; en el caso de Atenas no sobrepasaba los 2.500 kilómetros cuadrados, la extensión del actual ducado de Luxemburgo. Las ciudades solían estar fortificadas y con frecuencia contaban con una ciudadela elevada llamada acrópolis. La vida comercial de la ciudad se organizaba en torno a un espacio central o ágora.

Durante los siglos VII y VI a.C. —época arcaica— las polis estuvieron gobernadas por una aristocracia terrateniente. Desde finales del siglo VI a.C. algunas polis griegas, especialmente Atenas, desarrollaron sistemas de gobierno basados en el "demos" o pueblo, que se han denominado democracias. A lo largo de los siglos V y IV a.C. existieron numerosos regímenes democráticos.

Gracias a los colonizadores griegos que navegaron por el Mediterráneo, la cultura griega se extendió a Europa occidental, y con ella la técnica de la escritura. Por ello podemos decir que gracias a los griegos entró Europa en la historia escrita.

Las guerras entre las polis facilitaron su anexión o conquista por pueblos del norte de la península, los macedonios. Uno de sus monarcas, Alejandro Magno, unificó gran parte del mundo antiguo bajo la cultura griega. Aunque su imperio fue efímero y se fragmentó en reinos diversos, en todos ellos se mantuvo la unidad cultural griega: es lo que se llama helenismo.

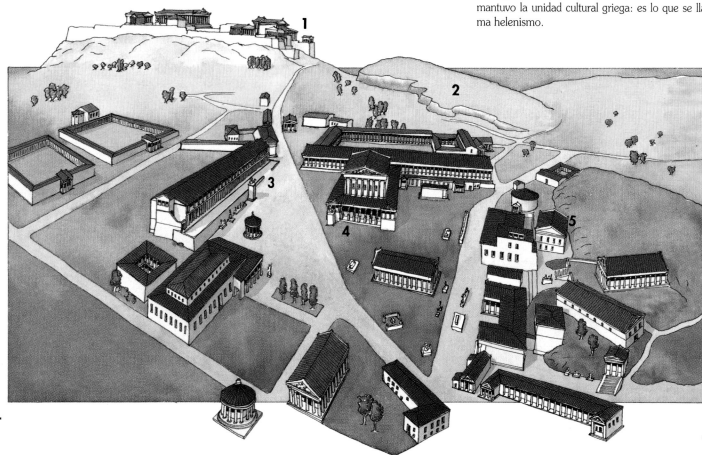

LA CIVILIZACIÓN GRIEGA: LA EXPANSIÓN DE LA VIDA URBANA

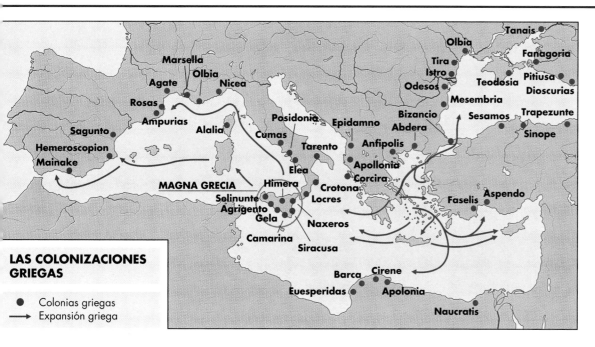

LAS COLONIZACIONES GRIEGAS

- ● Colonias griegas
- → Expansión griega

Magna Grecia

Marsella, Olbia, Agate, Nicea, Rosas, Ampurias, Alalia, Sagunto, Hemeroscopion, Mainake, Cumas, Posidonia, Epidamno, Tarento, Elea, Himera, Crotona, Locres, Selinunte, Agrigento, Gela, Camarina, Naxeros, Siracusa, Corcira, Apollonia, Anfipolis, Abdera, Bizancio, Mesembria, Odesos, Teodosia, Istro, Tira, Olbia, Tanais, Fanagoria, Pitiusa, Dioscurias, Sesamos, Trapezunte, Sinope, Faselis, Áspendo, Barca, Cirene, Euesperidas, Apolonia, Naucratis

LAS CAUSAS DE LAS COLONIZACIONES

- Crecimiento de la población en muchas polis griegas
- Gran abundancia de producción artesanal para intercambios comerciales
- Necesidad de metales y materias primas para abastecer a las ciudades
- Necesidad de tierras
- Producción importante de vino y aceite destinada a la exportación
- Desarrollo de las técnicas de navegación con nuevos tipos de naves

CRONOLOGÍA

2000 a.C.
Finales del Neolítico.
Pueblos agricultores de habla griega llegan a los Balcanes.

1900 a.C.
Civilización aqueo-micénica.
Edad de Bronce griega.
Escultura primitiva griega.
Aristocracias guerreras.

1200 a.C.
Invasiones dóricas.
Edad de Hierro griega.
Poemas homéricos.
Cerámica geométrica.

1100 a.C.
Primeras ciudades-estado.

800 a.C.
Período arcaico.
Primeras Olimpiadas (776 a.C.).
Alfabeto griego.
Expediciones marítimas para fundar colonias.
Aparece la arquitectura y la escultura.

500 a.C.
Período clásico.
Desarrolllo de la cultura griega.
Etapa de esplendor de las polis griegas.

300 a.C.
Período helenístico.

Siglo II a.C.
El mundo griego es conquistado por Roma.

EL IMPERIO DE ALEJANDRO (336 a.C.-323 a.C.)

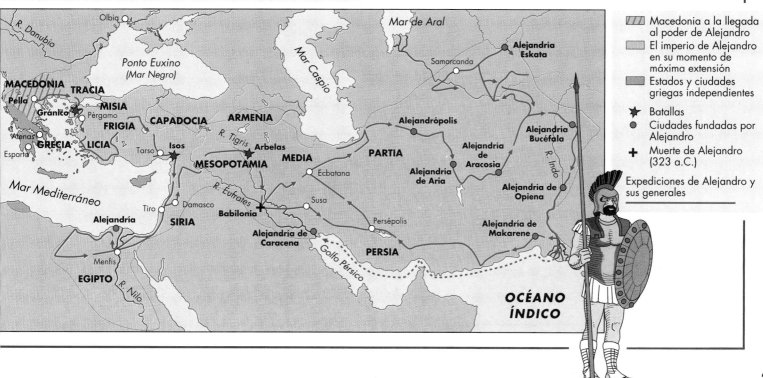

- ▨ Macedonia a la llegada al poder de Alejandro
- ▨ El imperio de Alejandro en su momento de máxima extensión
- ▨ Estados y ciudades griegas independientes
- ★ Batallas
- ● Ciudades fundadas por Alejandro
- ✛ Muerte de Alejandro (323 a.C.)
- Expediciones de Alejandro y sus generales

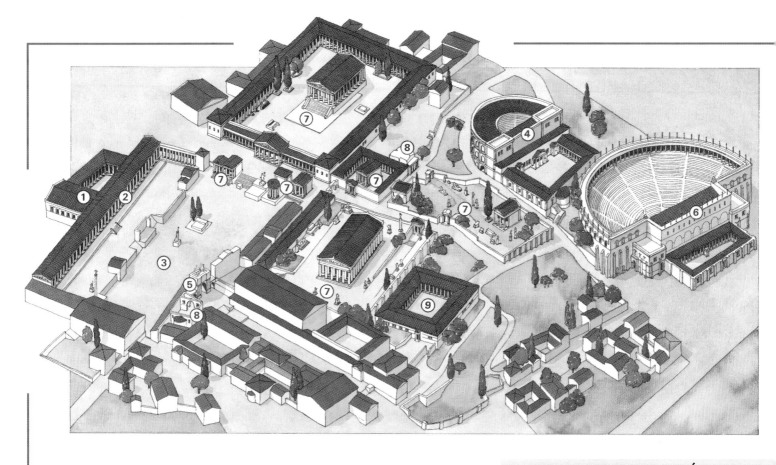

El centro de Corinto hacia el siglo II a.C.:

1. Bouleterion (sala de reunión del Consejo de la Polis)
2. Pórtico   3. Ágora (plaza porticada pública)
4. Odeón   5. Propileos (entrada monumental)
6. Teatro   7. Templos y témenos (recinto sagrado)
8. Fuentes públicas   9. Edificio del mercado

Escultura egipcia

- Piedras muy duras (diorita)
- Figuras vestidas
- Tendencias colosalistas

Escultura griega arcaica

- Piedras menos duras (mármol)
- Figuras desnudas
- Medidas más humanas
- Utilizan bronce

Semejanzas

- Utilizan una misma técnica
- Rigidez de formas
- Simetría de volúmenes
- Convencionalidad

2500 a.C.	600 a.C.	450 a.C.	440 a.C.
Estatismo	Estatismo	**Discóbolo de Mirón** • Fidelidad a la anatomía • Movimiento	**Doríforo de Policleto** • Serenidad • Cánon o medidas ideales

ÓRDENES ARQUITECTÓNICOS

Orden dórico

Cornisa
Metopa
Triglifo — Friso — **Entablamento**
Gotas
Arquitrabe o epistilo
Ábaco
Equino — Capitel
Fuste — **Columna**
Estilobato
Estereobato

Orden jónico

Cornisa
Friso
Arquitrabe o epistilo
Capitel
Fuste
Basa — **Columna**
Ábaco
Voluta

En el mundo del arte, los griegos del siglo V a.C. realizaron una auténtica revolución al inspirarse directamente en el hombre y esforzarse por representar la naturaleza tal como la veían, sin prejuicios. Abandonaron por ello las convenciones artísticas de la época, generalizadas en todo el mundo antiguo, y se aventuraron a experimentar con la interpretación de la realidad.

La arquitectura entre los pueblos griegos fue una ciencia casi exacta en la que lo importante eran las proporciones. Éstas estaban definidas por el orden o sistema de normas. Hubo dos órdenes importantes durante el período clásico: el dórico y el jónico.

Todos los prototipos de construcciones —templos, stoas o mercados, palestras o lugares de entrenamiento para la lucha— se construían según un sistema adintelado con columnas como soportes y dinteles para cubrir los espacios entre las columnas.

Los edificios más importantes de las ciudades griegas se distribuían en torno al ágora, auténtico centro civil y religioso de la polis.

En cuanto a las artes visuales, escultura y pintura, el objetivo del arte griego del período clásico fue alcanzar la representación de la realidad. En la escultura, su punto de partida fue la egipcia, en la que se inspiraron en la época arcaica. Sin embargo, a diferencia de los egipcios, los artistas griegos trabajaron piedras menos duras —el mármol—, utilizaron a menudo el desnudo y evolucionaron hacia la consecución del movimiento. El desnudo femenino se introdujo en un momento más tardío.

La pintura griega clásica es menos conocida. A través de las representaciones de los vasos cerámicos —obras de arte de consumo generalizado en los siglos V y IV a.C.— sabemos que en este período se inició un cambio importante, al introducirse las primeras nociones de perspectiva.

LA PINTURA SOBRE CERÁMICA

La perspectiva, un cambio revolucionario en el siglo V a.C.

Crátera de campana de figuras rojas
Siglo V a.C.
(Museo Arqueológico Nacional. Madrid)

- No hay simetría rígida
- Hay perspectiva
- Cuerpos representados de frente y de perfil

Gran ánfora de figuras negras
510 a.C.
(Museo Arqueológico Nacional. Madrid)

- Simetría
- Figuras de perfil sin perspectiva
- Convencionalismo en la representación

LA ESCULTURA GRIEGA: DE LOS CUERPOS RÍGIDOS A LA ANATOMÍA FLEXIBLE

440-438 a.C.

Frontón del Partenón de Fidias
- Máxima perfección
- Transparencia en los paños

370 a.C.

Afrodita de Cnido de Praxiteles
- Desnudo femenino
- Curva praxiteliana

175 a.C.

El "Laocoonte y sus hijos" de Agesandro, Polidoro y Atenodoro
- Grupos escultóricos
- Expresión de dolor en las caras
- Movimientos violentos

Los orígenes de Roma son oscuros. Situada en el valle del Tíber, en el cruce de los caminos que atravesaban la península Itálica, muy pronto pasó a depender de los etruscos, la gran civilización italiota de la Edad del Hierro. La primitiva república romana se consolidó y se extendió a costa de los etruscos, a quienes vencieron.

El temor a ser dominada hizo que Roma se enfrentara con todos sus vecinos, entre ellos las ricas polis griegas del sur de la península —la Magna Grecia—. Gracias a ellas, los rudos aldeanos y guerreros romanos pudieron conocer la brillante civilización helénica. Al conquistar esas ciudades los romanos conquistaron también el imperio marítimo griego y heredaron la enemistad que había enfrentado al mundo griego con el mundo púnico-cartaginés. La lucha contra Cartago costó a Roma tres largas guerras, hasta la total eliminación del adversario el año 146 a.C.

A consecuencia de la victoria, Roma adquiere el poderoso imperio marítimo púnico, se anexiona Egipto, Grecia, Asia Menor y Siria. De este modo, sin proyecto previo, Roma había creado el mayor imperio conocido, imperio que tenía que administrar. Si el ejército había sido el instrumento para llevar a cabo las conquistas, la administración romana será la fórmula para la explotación de recursos.

La base del ejército romano, la fuerza que consiguió las conquistas, fueron las legiones, de unos seis mil hombres, compuestas cada una de ellas por diez "cohortes" de infantería de línea, varias unidades de infantería ligera, diez "turmas" de caballería y unidades de artilleros e ingenieros ("secciones de fabri").

Hasta finales del siglo I a.C. el gobierno de Roma tenía forma de república patricia. Una asamblea de trescientos miembros, llamada Senado, dirigía la política exterior, y unos magistrados revestidos de gran autoridad administraban las finanzas, la justicia y el ejército y se ocupaban de la moralidad y de las costumbres públicas.

El sistema político republicano resultaba inadecuado para gobernar un territorio enorme y por ello evolucionó hacia formas políticas más autoritarias y centralizadas: el sistema imperial.

LA EXPANSIÓN DEL PUEBLO ROMANO

Dominios de Roma en el año 298 a.C.

Regiones bajo control de Roma al comienzo de la primera guerra púnica (264 a.C.)

Regiones bajo control de Roma después de la segunda guerra púnica (201 a.C.)

Colonias romanas ●

EL EMPERADOR AUGUSTO (63 a.C.-14 d.C.)

El emperador tenía en Roma un poder absoluto

EL EJÉRCITO ROMANO

LEGIÓN

Infantería de línea — Diez "cohortes" (batallones), cada una con tres "manípulos" (compañías). Cada "manípulo" tenía dos "centurias"

Infantería ligera — Número indeterminado de "velites"

Caballería — Diez "turmas", cada una con treinta hombres

Sección de "fabri" — Artilleros, pontoneros, ingenieros

EJÉRCITO Y FUNCIONARIOS, CLAVES DEL IMPERIO ROMANO

EL IMPERIO ROMANO EN EL MOMENTO DE MÁXIMA EXTENSIÓN

- Territorios dependientes de Roma después de la segunda guerra púnica
- Conquistas del siglo II a.C.
- Conquistas del siglo I a.C.
- Conquistas del siglo I d.C.
- Anexiones del s. I d.C.
- Conquistas de Trajano (98-117 d.C.)
- Provincias anexionadas por Trajano abandonadas a su muerte

ROMA EN LA ÉPOCA IMPERIAL

- Recinto amurallado
- Vías y foros
- Acueductos
1. Campo de Marte
2. Capitolio
3. Quirinal
4. Viminal
5. Esquilino
6. Palatino
7. Aventino
8. Caelius

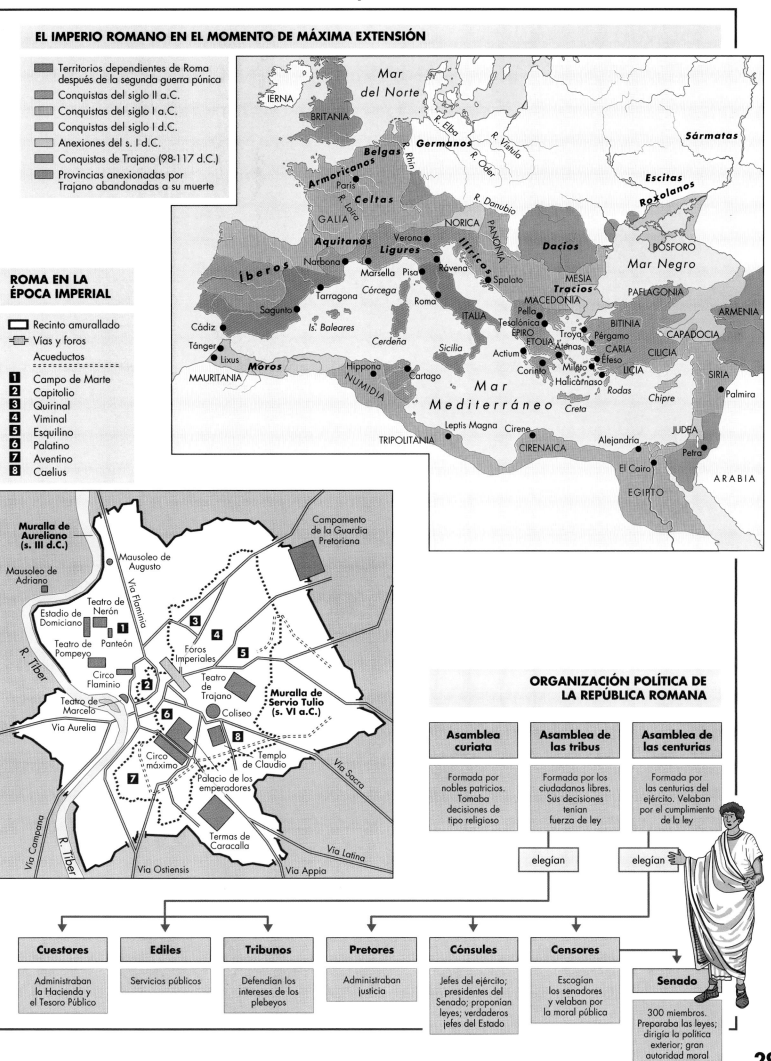

ORGANIZACIÓN POLÍTICA DE LA REPÚBLICA ROMANA

Asamblea curiata	Asamblea de las tribus	Asamblea de las centurias
Formada por nobles patricios. Tomaba decisiones de tipo religioso	Formada por los ciudadanos libres. Sus decisiones tenían fuerza de ley	Formada por las centurias del ejército. Velaban por el cumplimiento de la ley

elegían — elegían

Cuestores	Ediles	Tribunos	Pretores	Cónsules	Censores
Administraban la Hacienda y el Tesoro Público	Servicios públicos	Defendían los intereses de los plebeyos	Administraban justicia	Jefes del ejército; presidentes del Senado; proponían leyes; verdaderos jefes del Estado	Escogían los senadores y velaban por la moral pública

Senado

300 miembros. Preparaba las leyes; dirigía la política exterior; gran autoridad moral

La conquista romana de la Península Ibérica se inició en el 218 a.C., pero no fue resultado de una política de expansión militar sino un episodio más de las llamadas guerras púnicas en las que Roma se enfrentaba con Cartago, la gran potencia económica y militar del norte de África.

Los cartagineses utilizaban la Península Ibérica como base militar y de aprovisionamiento. Desde ella Aníbal, general cartaginés, cruzó los Pirineos y los Alpes y se dirigió hacia Roma. Los romanos planearon por ello un desembarco en Ampurias para poder cortar esa vía cartaginesa de ataque, y lograron la derrota de Aníbal.

Con la victoria en la Segunda Guerra Púnica (218-201 a.C.), Roma se vio dueña de buena parte de la Península Ibérica; los romanos decidieron quedarse por la riqueza económica peninsular, en especial por los caballos y por los metales, y por la posibilidad de obtener tierras para repartir entre los soldados que habían participado en las campañas militares y luego se licenciaban del ejército.

Las rebeliones de los pueblos indígenas —guerras celtibéricas— obligaron a Roma a iniciar la conquista de todo el territorio, que finalizaría a principios del siglo I, bajo el imperio de Augusto.

La romanización significó para España el desarrollo del sistema urbano; la mayoría de nuestras grandes ciudades están edificadas sobre una ciudad romana. Significó también el desarrollo de un sistema de vías y comunicaciones entre la costa y el interior y la incorporación de la Península al gran comercio de la época. En el orden cultural, el latín y el derecho romano son herencia del Imperio.

Con la romanización entrábamos a formar parte de la cultura más avanzada del mundo antiguo.

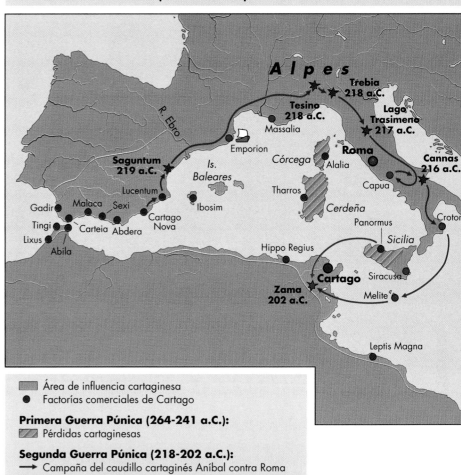

LA GUERRAS PÚNICAS (264-202 a.C.)

Alpes

Trebia 218 a.C.
Tesino 218 a.C.
Lago Trasimeno 217 a.C.
R. Ebro
Massalia
Emporion
Saguntum 219 a.C.
Is. Baleares
Córcega
Alalia
Roma
Cannas 216 a.C.
Lucentum
Tharros
Capua
Gadir
Malaca
Sexi
Ibosim
Cerdeña
Panormus
Croton
Tingi
Carteia
Abdera
Cartago Nova
Sicilia
Lixus
Hippo Regius
Siracusa
Abila
Cartago
Melite
Zama 202 a.C.

Leptis Magna

▨ Área de influencia cartaginesa
● Factorías comerciales de Cartago

Primera Guerra Púnica (264-241 a.C.):
▨ Pérdidas cartaginesas

Segunda Guerra Púnica (218-202 a.C.):
→ Campaña del caudillo cartaginés Aníbal contra Roma
★ Victorias cartaginesas*
→ Campaña del general romano Escipión contra Cartago
★ Victorias romanas*
⛵ Desembarco de Escipión en Hispania. Comienzo de la conquista de la Península Ibérica (218 a.C.).

Las fechas indican el año en que se produjeron las batallas

CAUSAS DE LA CONQUISTA ROMANA

Roma se enfrentó a Cartago. Segunda Guerra Púnica

Cartago utiliza la Península Ibérica como base de aprovisionamiento. Ataca a Roma por tierra

La Península Ibérica tiene minas de plata, plomo, oro. Produce caballos

La riqueza minera decide a Roma a quedarse en la Península para siempre

Roma necesita cortar las líneas de aprovisionamiento cartaginesas. Ejército romano en Ampurias

Los cartagineses son derrotados. Hispania, provincia de Roma

Los soldados romanos licenciados reciben tierras en Hispania como recompensa

Levantamientos indígenas antirromanos

Roma organiza una división provincial de Hispania

Para evitar las derrotas Roma debe plantearse la conquista total de la Península. Empieza la romanización

DE IBERIA A HISPANIA. SOMETIDOS A ROMA

DIVISIONES ADMINISTRATIVAS DE LA PENÍNSULA

Provincias y conventos jurídicos durante la época de Augusto
Límite de provincia ———
Límite de conventos ———

División durante el Bajo Imperio Romano

LA PENÍNSULA DURANTE LA DOMINACIÓN ROMANA

Caballos
Oro
Telas
Aceite
Jamón
Ganadería
Cereales
Fábricas de salazón
Vino
Explotaciones auríferas
Yacimientos de metal
Ciudad portuaria
Ciudad militar

Límites de provincias y conventos ·······
Calzadas romanas ———
Capital de provincia ■
Capital de convento ●
Otras ciudades •

LA ROMANIZACIÓN SIGNIFICÓ:

Sistema de ciudades
Teatro romano de Mérida (Badajoz) construido por Agripa (18 a.C.)

Vías públicas
Puente de Alcántara sobre el río Tajo obra de C. Julius Lacer (año 106)

Derecho romano

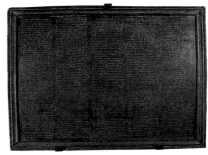

Ley de la ciudad de Salpesa (siglo I)
(Museo Arqueológico Nacional. Madrid)

Agricultura desarrollada
Vid y olivo en Almonte (Huelva)

Vinculación de la Península con el comercio mediterráneo

Cerámica común de la época romana
(Museo Arqueológico. Cuenca)

Lengua latina
Ara dedicada al dios Mitra (siglo II)
(Museo Nacional de Arte Romano. Mérida. Badajoz)

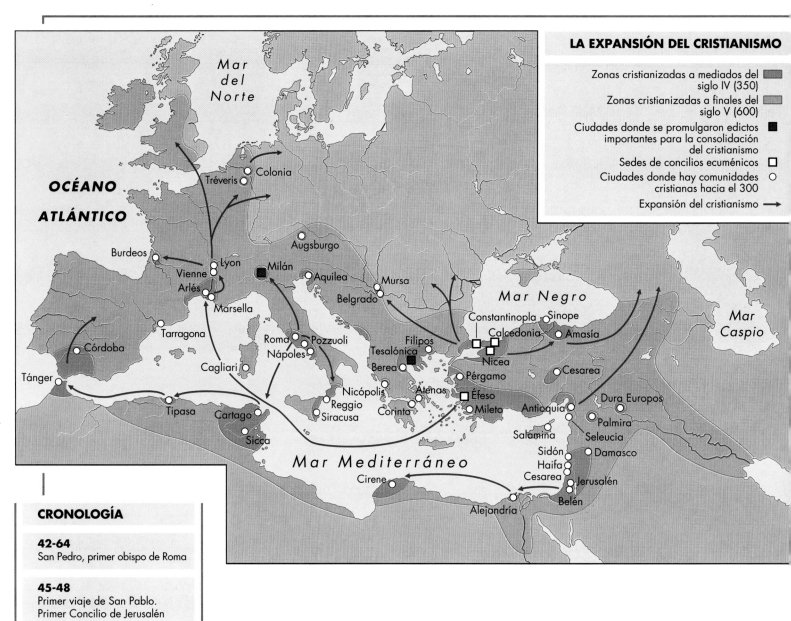

LA EXPANSIÓN DEL CRISTIANISMO

Zonas cristianizadas a mediados del siglo IV (350)

Zonas cristianizadas a finales del siglo V (600)

■ Ciudades donde se promulgaron edictos importantes para la consolidación del cristianismo

□ Sedes de concilios ecuménicos

○ Ciudades donde hay comunidades cristianas hacia el 300

→ Expansión del cristianismo

CRONOLOGÍA

42-64
San Pedro, primer obispo de Roma

45-48
Primer viaje de San Pablo.
Primer Concilio de Jerusalén

49-52.
Segundo viaje de S. Pablo

54-58
Tercer viaje de San Pablo

60-61
San Pablo va a Roma.
Persecución de Nerón

64
Decapitación de San Pablo.
Crucifixión de San Pedro

311
Edicto de tolerancia de Galerio y Licinio

313
Edicto de Milán

325
Concilio de Nicea

381
Concilio de Constantinopla

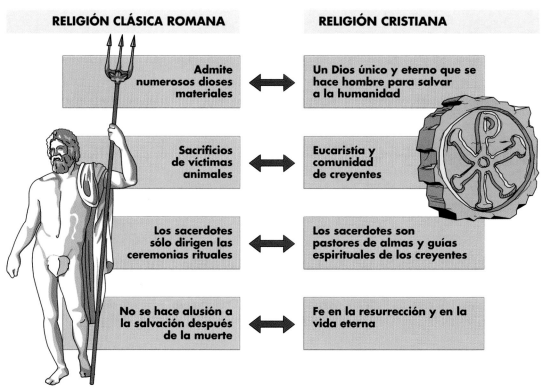

RELIGIÓN CLÁSICA ROMANA		RELIGIÓN CRISTIANA
Admite numerosos dioses materiales	⬌	Un Dios único y eterno que se hace hombre para salvar a la humanidad
Sacrificios de víctimas animales	⬌	Eucaristía y comunidad de creyentes
Los sacerdotes sólo dirigen las ceremonias rituales	⬌	Los sacerdotes son pastores de almas y guías espirituales de los creyentes
No se hace alusión a la salvación después de la muerte	⬌	Fe en la resurrección y en la vida eterna

VIAJES DE SAN PABLO

Primer viaje _____   Segundo viaje _____   Tercer viaje _____   Viaje a Roma camino de la cautividad ···············

Durante toda la Edad Antigua las religiones dominantes habían sido politeístas, y admitían la existencia de numerosos dioses. Sólo el judaísmo creía en la existencia de un único Dios inmaterial, creador de todo.

En la religión clásica grecolatina se consideraba a cada divinidad autora de un fenómeno natural determinado; así, Plutón estaba en el interior de la tierra y dominaba el fuego y los volcanes; Neptuno era el dios de los mares; Venus, la diosa del amor y de la belleza; Marte, el dios de la guerra...

En la época del emperador Augusto apareció entre los judíos un reformador religioso llamado Jesús de Nazaret, portador de un mensaje distinto que muchos aceptaron. Se enfrentó, sin embargo, con el clero de Jerusalén y murió a manos de la justicia romana; sus seguidores consideraron a Jesús el Hijo de Dios y encontraron en su muerte y resurrección el símbolo de la salvación del hombre.

El mensaje de Jesús prometía a los justos la salvación eterna, lo cual distanciaba del paganismo clásico a la religión cristiana y otorgaba a los sacerdotes el carácter de guías espirituales de las comunidades de fieles.

El cristianismo arraigó primero entre las comunidades judías del Imperio Romano y luego se difundió entre todas las capas urbanas, favorecido por la facilidad de comunicaciones y por la crisis general de la religión y del Estado romano. A mediados del siglo III los cristianos ya eran mayoría en muchas provincias del Imperio. Sufrieron varias persecuciones crueles debidas a diversos motivos; finalmente, el emperador Constantino, en el año 313, proclamó un edicto de tolerancia religiosa y abolió las leyes contrarias a la nueva religión. Otro emperador, Teodosio, convirtió el cristianismo en religión oficial. Los dioses clásicos habían muerto.

DIFUSIÓN DEL CRISTIANISMO EN ESPAÑA

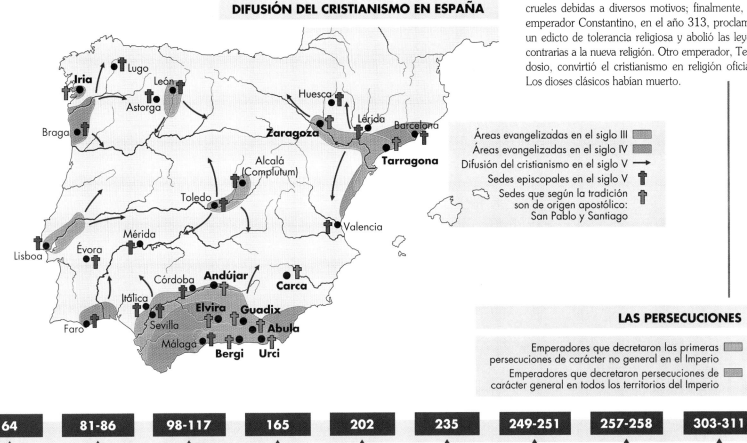

Áreas evangelizadas en el siglo III ▨
Áreas evangelizadas en el siglo IV ▨
Difusión del cristianismo en el siglo V →
Sedes episcopales en el siglo V ✝
Sedes que según la tradición son de origen apostólico: San Pablo y Santiago ✝

LAS PERSECUCIONES

Emperadores que decretaron las primeras persecuciones de carácter no general en el Imperio ▨
Emperadores que decretaron persecuciones de carácter general en todos los territorios del Imperio ▨

64	81-86	98-117	165	202	235	249-251	257-258	303-311
Nerón	Domiciano	Trajano	Marco Aurelio	Septimio Severo	Máximo	Decio	Valeriano	Diocleciano

La emperatriz Teodora y su séquito.
Mosaico de San Vital. Ravena. 547 d.C.
El Imperio Bizantino, heredero de la tradición y la cultura latina,
vivió su momento de mayor esplendor en el siglo VI d.C.

Patio de los Leones. Alhambra de Granada.
Mahoma fue el profeta de un nuevo mensaje religioso
destinado a los pueblos árabes, el islam. La guerra santa
que iniciaron las tribus nómadas fue consecuencia de
la interpretación de la voluntad del profeta y el motor
de la expansión del islam.

Crónica del rey Don Sancho. (Biblioteca Nacional. Madrid).
Europa occidental quedó fraccionada en multitud de pequeños
reinos tras las invasiones bárbaras.

Capitel de Santa María la Real de Nieva (Segovia). Siglo XIV.
La economía medieval del occidente europeo tenía una base agraria.
Los campesinos, casi siempre sometidos a vínculos de vasallaje,
constituían la base de la pirámide social.

El dominio de Roma fue muy largo: duró casi mil años, según las zonas. Cuando Roma desapareció como estructura política, dio paso a multitud de pueblos, llamados bárbaros, de lenguas y culturas diferentes, que se repartieron Europa.

Sin embargo, con la desaparición del Imperio de Roma no murió la idea de romanidad. Las lenguas que hablaban las gentes desde el Danubio hasta el Atlántico eran variantes de la lengua latina; la religión que practicaban, ya fuera el cristianismo o las infinitas versiones del paganismo, se basaba en mitos y liturgias nacidas en el seno del mundo romano.

Quienes sabían leer y escribir sentían una gran añoranza por aquel mundo romano que había desaparecido. Por otra parte, los restos materiales del Imperio eran ingentes: la mayoría de las ciudades de Europa habían sido fundadas por Roma; las murallas, puentes, vías de comunicación y vestigios romanos estaban presentes en toda la geografía del continente.

Aun cuando toda Europa estaba fragmentada en multitud de pequeños reinos y estados tribales, cada uno de sus reyes y caudillos deseaba emular a los antiguos emperadores romanos. Frente a aquel caótico mosaico de pueblos, un imperio en Oriente se proclamaba heredero de Roma: Bizancio. Fundado sobre la ciudad levantada por Constantino el Grande, emperador de romanos, Bizancio simbolizaba la continuidad de la cultura clásica.

A lo largo de los siglos, diversos imperios quisieron competir con Bizancio, tanto en el este como en el oeste. En el oeste fueron los descendientes de los reyes francos —el Imperio Carolingio—, y en el este los árabes.

Lentamente, entre el islam y Bizancio, Europa occidental inició una dolorosa recuperación de la tradición clásica; entró en relación con el islam de forma pacífica mediante el comercio y de forma violenta mediante las cruzadas. Gracias al comercio las ciudades renacieron y con ellas un mundo adormecido que alumbró una nueva era, llamada Moderna. El tiempo histórico transcurrido entre el final del Imperio romano y el mundo moderno pareció una época de transición: los historiadores la llamaron Edad Media.

Un mercado medieval en el siglo XIV. (Biblioteca Nacional. París).
A partir del siglo XI se produce en Europa una lenta recuperación de la vida urbana. Con las ciudades crecen los mercados y sus protagonistas, una clase nueva de comerciantes que recorren las ferias de Europa en busca de negocio.

Cortejo medieval con la ciudad de París como fondo. Chroniques de Jean Froissant. Manuscrito ilustrado. Siglo XV. (Biblioteca Nacional. París).
En los burgos y ciudades europeas de finales de la Edad Media se va configurando una nueva mentalidad y unos gustos estéticos diferentes. Es el momento del apogeo del arte gótico y de la literatura galante, que describe la vida de damas y caballeros.

El Imperio romano fue el período más amplio de estabilidad que han tenido los pueblos de las riberas mediterráneas. Más de tres siglos sin grandes luchas en el interior de sus fronteras avalan la solidez del mundo romano. Esta larga etapa de paz explica que a mediados del siglo III d.C. muchas ciudades del Imperio fueran ciudades abiertas, con amplios barrios extramuros e incluso sin murallas.

En la segunda mitad del siglo III, y por primera vez en muchos siglos, algunas tribus de los pueblos bárbaros cruzaron las fronteras, causando el estupor de los habitantes del Imperio que no podían imaginar que ocurriera tal catástrofe.

Con dificultades, hubo que hacer frente a la nueva situación. Se amurallaron las ciudades, se consolidó el ejército y se reorganizó la administración. Otro resultado de la adaptación a los nuevos tiempos fue la división del Imperio en dos: el de Occidente o latino, cuya capital siguió siendo Roma, y el de Oriente o griego, con sede en Constantinopla.

Durante los dos siglos posteriores el Imperio entra en una profunda crisis que se manifiesta en el cambio de valores y la cristianización de las clases populares, el derrumbamiento de la economía y la debilidad del sistema imperial.

Las defensas del Imperio, faltas de dinero y de soldados, se fueron desguarneciendo y no fue posible impedir el avance de los pueblos de las estepas que irrumpían en las provincias fronterizas. Esos pueblos, nómadas en su mayoría, se asentaban en las tierras del Imperio mediante pactos, tratados o, simplemente, por la fuerza. La misma capital, Roma, fue saqueada y los jefes de las tribus bárbaras suplantaron la autoridad imperial.

Tan sólo el Imperio romano de Oriente, rebautizado con el nombre de Imperio bizantino, resistió los ataques bárbaros. Europa occidental se fraccionó en multitud de territorios sin más lazos de unión que sus lenguas derivadas del latín y su fe cristiana, la última herencia del mundo clásico.

CAUSAS DE LAS INVASIONES BÁRBARAS

Crisis del sistema esclavista

El Imperio atrae a los bárbaros por su riqueza

Ruina de las ciudades

Poca productividad agrícola

Los bárbaros emigran hacia las fronteras del Imperio

Ruina de la Hacienda romana

Crisis del comercio a larga distancia

Se instalan de forma pacífica o violenta

Caos monetario

Se interrumpen los pagos al ejército

Desorden de las guarniciones del "limes" (fronteras)

La debilidad de las defensas romanas estimula a los bárbaros a invadir todo el Imperio

LAS INVASIONES BÁRBARAS

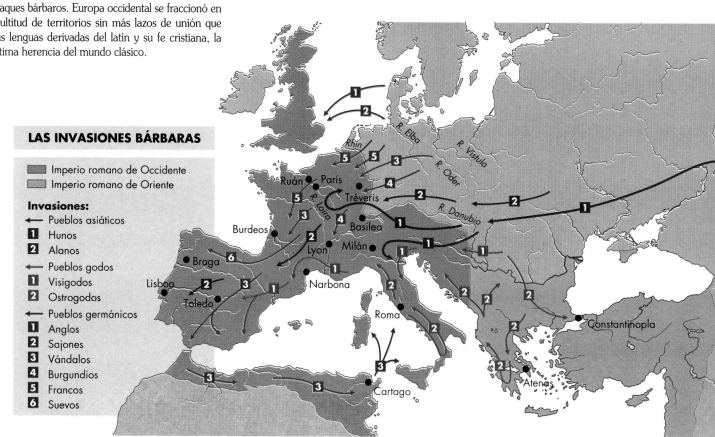

- Imperio romano de Occidente
- Imperio romano de Oriente

Invasiones:

← Pueblos asiáticos
1 Hunos
2 Alanos

← Pueblos godos
1 Visigodos
2 Ostrogodos

← Pueblos germánicos
1 Anglos
2 Sajones
3 Vándalos
4 Burgundios
5 Francos
6 Suevos

Ruán · París · Rhin · R. Elba · R. Vístula · R. Oder · Tréveris · R. Danubio · Burdeos · Basilea · Braga · Lyon · Milán · Lisboa · Narbona · Toledo · Roma · Constantinopla · Cartago · Atenas

LAS INVASIONES DE LOS PUEBLOS DE LAS ESTEPAS

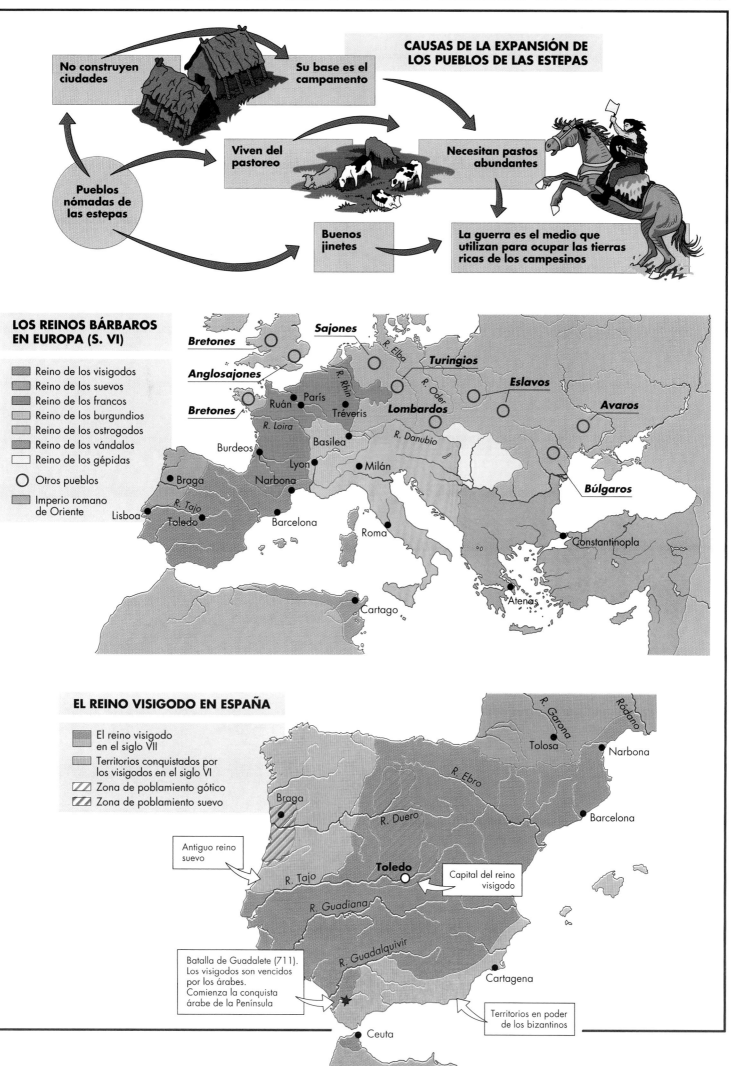

No construyen ciudades

Su base es el campamento

CAUSAS DE LA EXPANSIÓN DE LOS PUEBLOS DE LAS ESTEPAS

Viven del pastoreo

Necesitan pastos abundantes

Pueblos nómadas de las estepas

Buenos jinetes

La guerra es el medio que utilizan para ocupar las tierras ricas de los campesinos

LOS REINOS BÁRBAROS EN EUROPA (S. VI)

- Reino de los visigodos
- Reino de los suevos
- Reino de los francos
- Reino de los burgundios
- Reino de los ostrogodos
- Reino de los vándalos
- Reino de los gépidas
- ○ Otros pueblos
- Imperio romano de Oriente

Bretones
Sajones
Turingios
Anglosajones
Eslavos
Avaros
Bretones
Lombardos
Búlgaros

R. Elba
R. Rhin
R. Oder
R. Danubio
R. Loira
R. Tajo

Ruán · París · Tréveris
Burdeos · Basilea
Lyon · Milán
Narbona
Braga
Lisboa · Toledo
Barcelona
Roma
Constantinopla
Atenas
Cartago

EL REINO VISIGODO EN ESPAÑA

- El reino visigodo en el siglo VII
- Territorios conquistados por los visigodos en el siglo VI
- Zona de poblamiento gótico
- Zona de poblamiento suevo

R. Garona
Ródano
Tolosa
Narbona
Braga
R. Ebro
R. Duero
Barcelona
Antiguo reino suevo
R. Tajo
Toledo ○ Capital del reino visigodo
R. Guadiana
R. Guadalquivir
Cartagena
Batalla de Guadalete (711). Los visigodos son vencidos por los árabes. Comienza la conquista árabe de la Península
Territorios en poder de los bizantinos
Ceuta

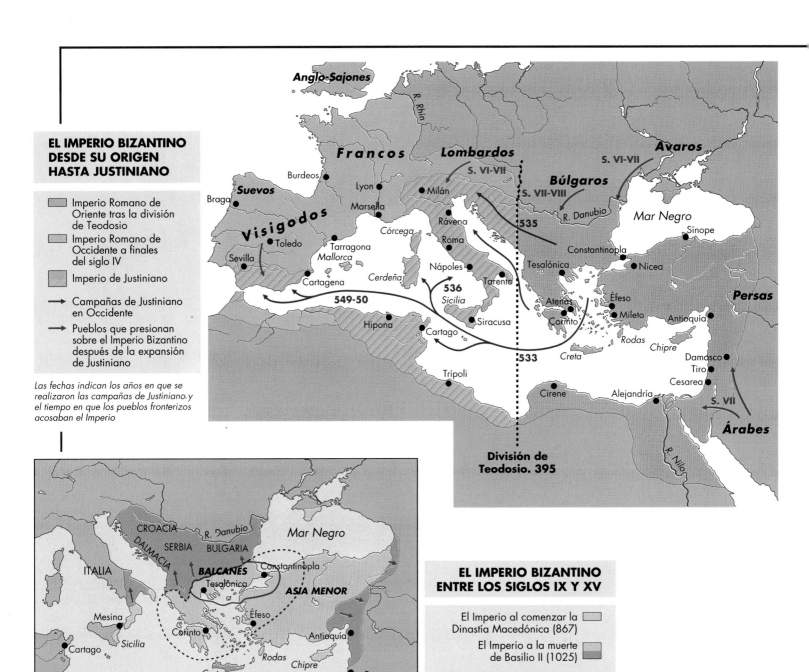

EL IMPERIO BIZANTINO DESDE SU ORIGEN HASTA JUSTINIANO

- Imperio Romano de Oriente tras la división de Teodosio
- Imperio Romano de Occidente a finales del siglo IV
- Imperio de Justiniano
- → Campañas de Justiniano en Occidente
- → Pueblos que presionan sobre el Imperio Bizantino después de la expansión de Justiniano

Las fechas indican los años en que se realizaron las campañas de Justiniano y el tiempo en que los pueblos fronterizos acosaban el Imperio

Anglo-Sajones
Francos
Lombardos
S. VI-VII
Avaros
S. VI-VII
Búlgaros
S. VII-VIII
Burdeos
Lyon
Milán
R. Rhin
Suevos
Braga
Visigodos
Marsella
Rávena
R. Danubio
Mar Negro
Sínope
Toledo
Córcega
Roma
535
Constantinopla
Sevilla
Tarragona
Mallorca
Cerdeña
Nápoles
Tesalónica
Nicea
Cartagena
536
Tarento
Éfeso
Persas
Sicilia
Atenas
Mileto
Antioquía
549-50
Hipona
Siracusa
Corinto
Rodas
Chipre
Damasco
Cartago
Creta
Tiro
533
Cesarea
Trípoli
Cirene
Alejandría
S. VII
Árabes
R. Nilo

División de Teodosio. 395

EL IMPERIO BIZANTINO ENTRE LOS SIGLOS IX Y XV

- El Imperio al comenzar la Dinastía Macedónica (867)
- El Imperio a la muerte de Basilio II (1025)
- → Áreas de expansión de la Dinastía Macedónica
- El Imperio hacia 1200
- El Imperio hacia 1400

CROACIA
DALMACIA
SERBIA
BULGARIA
R. Danubio
Mar Negro
ITALIA
BALCANES
Constantinopla
Tesalónica
ASIA MENOR
Mesina
Éfeso
Sicilia
Corinto
Antioquía
Cartago
Rodas
Chipre
Beirut
Damasco
Creta
Alejandría
MUNDO ISLÁMICO

CONSTANTINOPLA EN LA EDAD MEDIA

- Recinto amurallado
- Barrio comercial
- Vías y foros
- Puertos
- † Iglesias
- Cisternas
- Acueducto

EUROPA
Muralla de Teodosio (413)
Cuerno de Oro
Pera
Estrecho del Bósforo
Muralla de Constantino (330)
Santos Apóstoles
Muralla de Septimio Severo
ASIA
Foro de Teodosio
Acrópolis
Santa Irene
Vía triunfal
Santa Sofía
Senado
Palacio Imperial
Hipódromo
Puerto de Teodosio
Foro de Arcadio
Foro de Constantino
Santos Sergio y Baco
Estrecho del Bósforo
Monasterio de San Juan de Studios
Mar de Mármara

38

BIZANCIO: EL IMPERIO QUE RESISTIÓ A LOS BÁRBAROS

SANTA SOFÍA

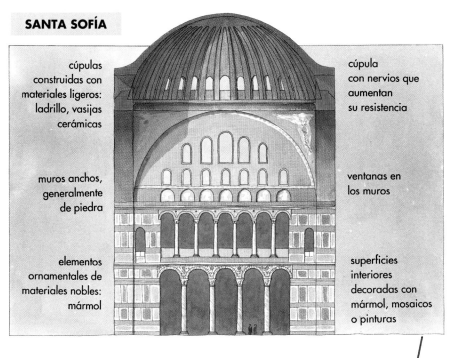

cúpulas construidas con materiales ligeros: ladrillo, vasijas cerámicas

muros anchos, generalmente de piedra

elementos ornamentales de materiales nobles: mármol

cúpula con nervios que aumentan su resistencia

ventanas en los muros

superficies interiores decoradas con mármol, mosaicos o pinturas

A la muerte del emperador romano Teodosio, el Imperio se repartió entre sus dos hijos: el Imperio de Oriente, el más valioso, lo heredó el hijo primogénito Arcadio, y el de Occidente lo heredó Honorio.

El Imperio de Oriente tuvo como capital la ciudad de Constantinopla, fundada por Constantino el Grande, ciudad a la que los pueblos de Oriente llamaron Bizancio.

Cuando en el siglo V tribus de pueblos bárbaros desarticularon el Imperio de Occidente, los emperadores de Oriente pudieron resistir las invasiones, y en Bizancio siguió existiendo un Imperio Romano de Oriente, llamado también Imperio Bizantino.

En la primera etapa de la evolución del Imperio Bizantino —que se extiende hasta principios del siglo VII— se mantiene la herencia latina; uno de sus emperadores, Justiniano, intentó reconstruir el Imperio Romano de Occidente y recuperar Italia, Hispania y Mauritania (norte de África). No consiguió su objetivo debido a sus enfrentamientos con el Imperio persa, al este de sus fronteras, que representaba una constante amenaza.

La segunda etapa del Imperio —siglos VII al XII— se caracteriza por el abandono del latín y la introducción del griego como lengua oficial. El Imperio perdió una buena parte de sus posesiones orientales y del norte de África a manos del islam, nuevo imperio que sustituyó al persa como amenaza de las fronteras orientales. En este período la Iglesia bizantina se separó de Roma con el llamado Cisma de Oriente.

En la tercera etapa —siglos XII al XV— Bizancio es ya un imperio reducido territorialmente, débil desde el punto de vista económico y militar. Por esta razón intervinieron en el imperio los cruzados de los reinos cristianos occidentales para sostenerlo frente a la amenaza del islam y rescatar los Santos Lugares de la religión cristiana, en poder de los musulmanes. El Imperio Bizantino desapareció definitivamente en 1453, cuando Constantinopla cayó en manos de los turcos otomanos, últimos herederos del islam.

BIZANCIO Y LAS CRUZADAS

Expansión del islam

Expediciones militares contra el islam

El Imperio Bizantino, amenazado

Permiten mantener abiertas las rutas comerciales

Predicación de las Cruzadas en Occidente

Conquistan territorios en el Imperio Bizantino: "Estados Cruzados"

Los Santos Lugares caen en poder del islam

Difunden las modas orientales y musulmanas por Occidente

s. VII-VIII   **s. XI-XIII**   **s. XIV-XV**

LAS GRANDES CRUZADAS. EUROPA HACIA EL 1100

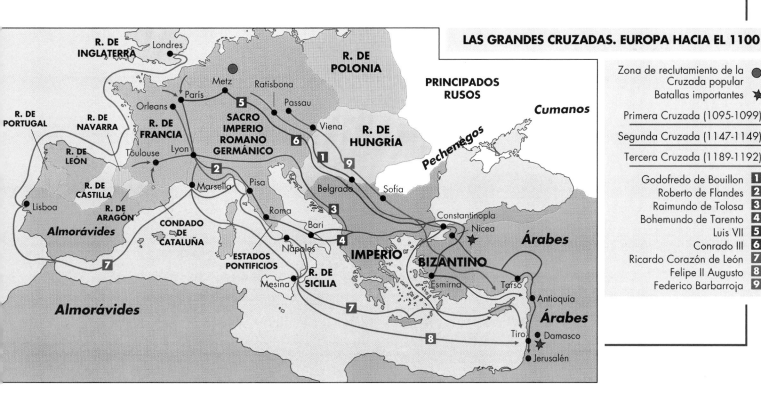

Zona de reclutamiento de la Cruzada popular ●
Batallas importantes ★

Primera Cruzada (1095-1099)
Segunda Cruzada (1147-1149)
Tercera Cruzada (1189-1192)

Godofredo de Bouillon **1**
Roberto de Flandes **2**
Raimundo de Tolosa **3**
Bohemundo de Tarento **4**
Luis VII **5**
Conrado III **6**
Ricardo Corazón de León **7**
Felipe II Augusto **8**
Federico Barbarroja **9**

A mediados del siglo VI de nuestra era el cristianismo y la religión mazdeísta persa eran las dos religiones más extendidas en Occidente y Asia Menor. Núcleos de judíos —otra de las grandes religiones antiguas— se encontraban en todas las ciudades importantes desde que, a finales del siglo I, fueran expulsados de Palestina por las legiones romanas.

Mahoma fue el profeta de un nuevo mensaje religioso destinado a los pueblos árabes, que no tenían en aquella época una creencia común. Se trataba de un mensaje claro, simple y eficaz, que puede resumirse en la creencia en un solo Dios, Alá, creador y benéfico, misericordioso y justo, que ha enviado a los hombres varios profetas para que les muestren el camino de la salvación; estos profetas han sido, entre otros, Abrahán, Moisés, Jesús y Mahoma.

La nueva religión se conoce como Islam o "sumisión". Todo creyente debe orar varias veces al día, dar limosna a los necesitados, peregrinar a La Meca una vez en la vida y ayunar durante el mes de Ramadán.

La Guerra Santa que iniciaron las tribus nómadas fue consecuencia también de la interpretación de la voluntad del profeta y el motor de la expansión del islam.

Varios factores explican la rapidez de la expansión y de las conquistas: los musulmanes recibieron el apoyo de quienes no aceptaban la autoridad de sus señores; así se convirtieron al islam fácilmente los campesinos sometidos del Imperio Bizantino. La escasa resistencia que encontraron los musulmanes se explica también porque se mostraron muy tolerantes con la religión de los pueblos sometidos.

Finalmente, la nueva religión era muy sencilla, sin complicaciones teológicas ni dogmáticas, fácilmente comprensible por todos.

LO QUE HAY QUE CREER	LO QUE HAY QUE PRACTICAR
Alá: un Dios único creador...	**Limosna**
que ha enviado **profetas: Abrahán, Moisés, Jesús, Mahoma...**	**Oración**
para invitar a adorarle, anunciando un paraíso y un infierno	**Peregrinación a La Meca**
	Ayuno en el mes de Ramadán
	Guerra Santa

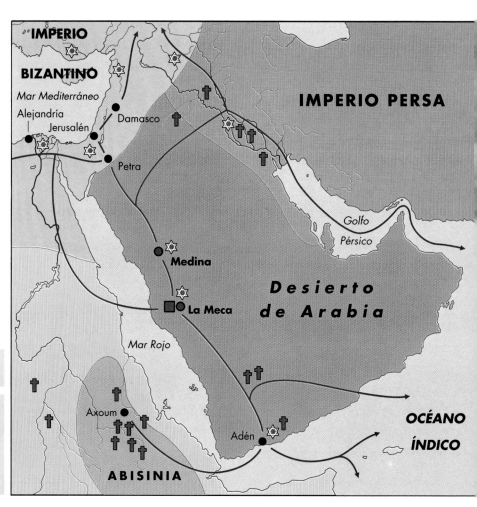

ARABIA EN TIEMPOS DE MAHOMA (S. VI)

- Territorio controlado por los pueblos nómadas árabes
- Centro religioso árabe
- Centros comerciales árabes
- Comunidades cristianas
- Comunidades judías
- Principales rutas comerciales

CAUSAS DE LA EXPANSIÓN DEL ISLAM

Fuerza militar de los nómadas árabes	Descontento campesino ante el dominio señorial en el Imperio Bizantino	Tolerancia del islam, que permitió leyes y cultos de otros pueblos	Debilidad de los territorios vecinos con luchas frecuentes entre sí	Simplicidad de la nueva religión islámica

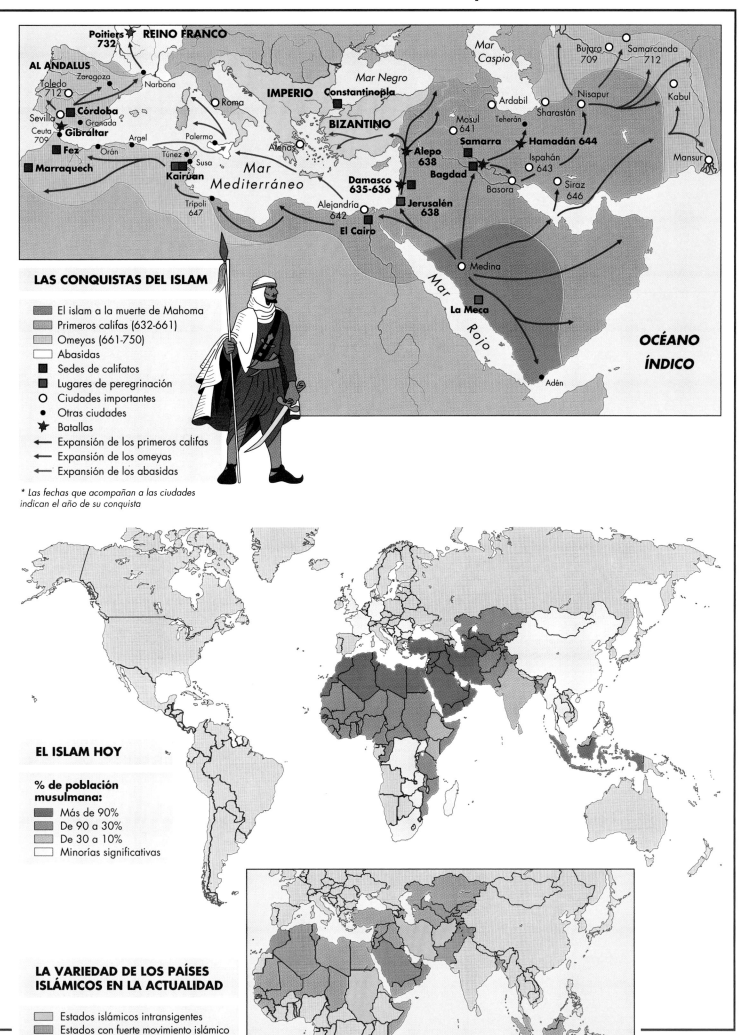

REINO FRANCO
Poitiers 732

AL ÁNDALUS
Toledo 712
Zaragoza
Narbona
Sevilla
Córdoba
Granada
Ceuta 709
Gibraltar
Fez
Orán
Argel
Túnez
Marraquech
Susa
Kairúan
Trípoli 647

Roma
Palermo
Atenas
Mar Mediterráneo

IMPERIO
Mar Negro
Constantinopla
BIZANTINO

Mar Caspio
Bujara 709
Samarcanda 712
Ardabil
Nisapur
Kabul
Sharastán
Mosul 641
Teherán
Samarra
Hamadán 644
Mansur
Alepo 638
Bagdad
Ispahán 643
Damasco 635-636
Jerusalén 638
Basora
Siraz 646
Alejandría 642
El Cairo

Medina
Mar Rojo
La Meca
Adén

OCÉANO ÍNDICO

LAS CONQUISTAS DEL ISLAM

- El islam a la muerte de Mahoma
- Primeros califas (632-661)
- Omeyas (661-750)
- Abasidas
- ■ Sedes de califatos
- ■ Lugares de peregrinación
- ○ Ciudades importantes
- • Otras ciudades
- ★ Batallas
- ← Expansión de los primeros califas
- ← Expansión de los omeyas
- ← Expansión de los abasidas

* Las fechas que acompañan a las ciudades indican el año de su conquista

EL ISLAM HOY

% de población musulmana:
- Más de 90%
- De 90 a 30%
- De 30 a 10%
- Minorías significativas

LA VARIEDAD DE LOS PAÍSES ISLÁMICOS EN LA ACTUALIDAD

- Estados islámicos intransigentes
- Estados con fuerte movimiento islámico
- Monarquías islámicas
- Repúblicas islámicas con gobierno civil

El islam, en su proceso de expansión por las amplias regiones de Oriente Próximo y del norte de África, fue incorporando elementos procedentes de las ricas tradiciones artísticas y culturales de muchos territorios. En la esfera arquitectónica adoptaron del mundo romano los edificios de planta central —como la mezquita de la Roca, en Jerusalén—; de las tierras de Mesopotamia central los minaretes helicoidales —como en la mezquita de Samarra—, y de los bizantinos el modelo de Santa Sofía de Constantinopla. Por ello las mezquitas hoy existentes son un auténtico muestrario de las grandes tradiciones constructivas anteriores.

La diversidad de influencias y la amplitud de su marco geográfico explican la heterogeneidad del arte islámico. Posee, no obstante, numerosos rasgos comunes que hacen de él un arte peculiar e inconfundible, una de las más brillantes creaciones del mundo medieval. El mismo mestizaje se produjo en todos los órdenes culturales, con incorporaciones tan notables como la tradición filosófica griega o la matemática egipcia.

Sin embargo, la cultura islámica no fue un mero crisol donde se fundieron tradiciones distintas; generó también creaciones originales en el campo de la medicina, la astronomía, la literatura y las matemáticas. Recordemos, por ejemplo, la numeración arábiga, que aún seguimos utilizando, en que por primera vez se utiliza el número cero, la trigonometría y el álgebra.

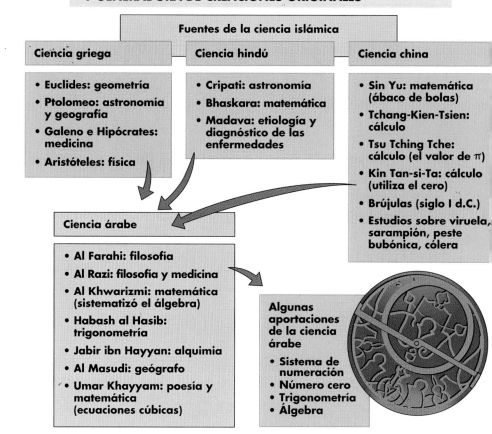

LA CIENCIA ISLÁMICA, CRISOL DE TRADICIONES DISTINTAS Y GENERADORA DE CREACIONES ORIGINALES

Fuentes de la ciencia islámica

Ciencia griega
- Euclides: geometría
- Ptolomeo: astronomía y geografía
- Galeno e Hipócrates: medicina
- Aristóteles: física

Ciencia hindú
- Cripati: astronomía
- Bhaskara: matemática
- Madava: etiología y diagnóstico de las enfermedades

Ciencia china
- Sin Yu: matemática (ábaco de bolas)
- Tchang-Kien-Tsien: cálculo
- Tsu Tching Tche: cálculo (el valor de π)
- Kin Tan-si-Ta: cálculo (utiliza el cero)
- Brújulas (siglo I d.C.)
- Estudios sobre viruela, sarampión, peste bubónica, cólera

Ciencia árabe
- Al Farahi: filosofía
- Al Razi: filosofía y medicina
- Al Khwarizmi: matemática (sistematizó el álgebra)
- Habash al Hasib: trigonometría
- Jabir ibn Hayyan: alquimia
- Al Masudi: geógrafo
- Umar Khayyam: poesía y matemática (ecuaciones cúbicas)

Algunas aportaciones de la ciencia árabe
- Sistema de numeración
- Número cero
- Trigonometría
- Álgebra

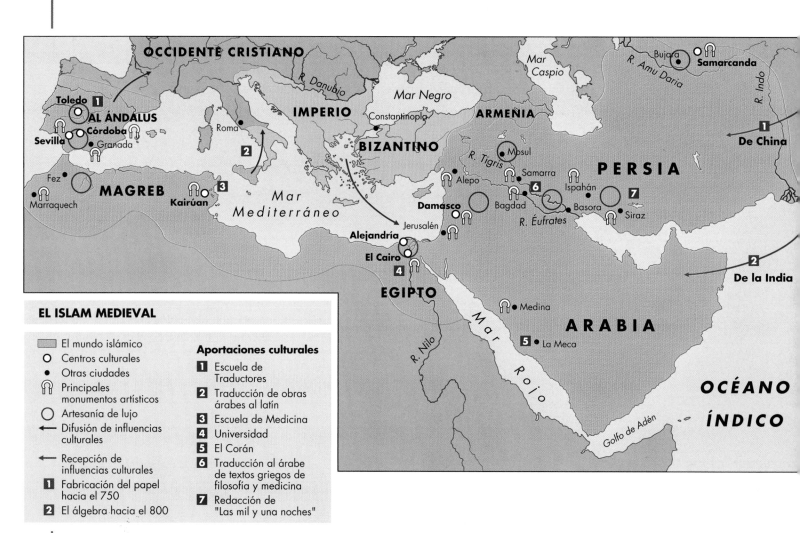

EL ISLAM MEDIEVAL

- ▨ El mundo islámico
- ○ Centros culturales
- • Otras ciudades
- ⌂ Principales monumentos artísticos
- ◯ Artesanía de lujo
- ← Difusión de influencias culturales
- ← Recepción de influencias culturales
- **1** Fabricación del papel hacia el 750
- **2** El álgebra hacia el 800

Aportaciones culturales
- **1** Escuela de Traductores
- **2** Traducción de obras árabes al latín
- **3** Escuela de Medicina
- **4** Universidad
- **5** El Corán
- **6** Traducción al árabe de textos griegos de filosofía y medicina
- **7** Redacción de "Las mil y una noches"

LAS FUENTES DEL ARTE ÁRABE

Arte visigodo
- Arco de herradura

Tradición helenístico-romana
- Motivos ornamentales
- Tipos de aparejo
- Capitel corintio

El arte musulmán recoge y sintetiza elementos de procedencia diversa

Persia
- Arco apuntado
- Bóveda bulbosa
- Mocárabes
- Minarete espiraliforme

Arte bizantino
- Bóveda semiesférica
- Decoración de mosaico
- Plan central

Tradición beduina
- Tendencia a la abstracción
- Ausencia de representaciones figurativas

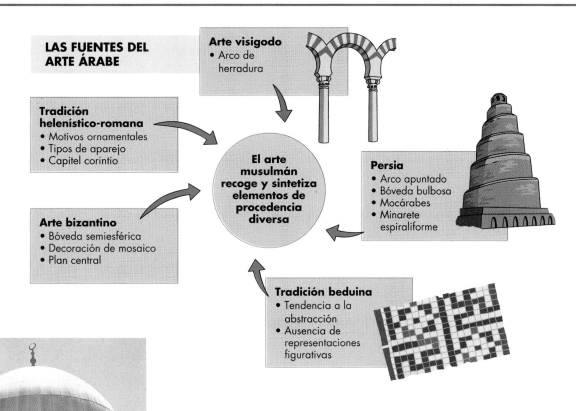

Condicionada por el sentido religioso
- La mezquita es su edificio característico; su decoración simboliza la grandeza de Alá

RASGOS DE LA ARQUITECTURA MUSULMANA

Estructuras arquitectónicas sencillas
- Edificios que se desarrollan horizontalmente
- Multiplicación de arcos y soportes
- Elementos arquitectónicos con función decorativa

Mezquita de la Roca. Jerusalén

Mezquita de Córdoba

La Alhambra. Granada

Patio de los Leones. La Alhambra. Granada

Jardines del Generalife. Granada

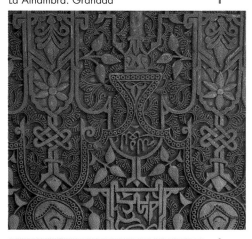

Espacios con límites poco definidos
- Muros y arcos calados
- Estructura laberíntica
- Vanos con celosías
- Las múltiples columnas impiden captar las dimensiones reales

En armonía con el aire y la luz
- Abierto a patios interiores
- Agua en movimiento
- Abunda la vegetación

Gran riqueza decorativa
- Arabescos vegetales y geométricos
- Ausencia de la figura humana
- Repetición y abstracción
- Orden rítmico

En el siglo V y comienzos del VI muchos pueblos germánicos —los llamados bárbaros por los latinos—, se establecieron en las tierras que habían formado parte del Imperio Romano. Así apareció la monarquía de los visigodos en la Península Ibérica; la de los ostrogodos, centrada en la península italiana y la monarquía de los francos, que se extendía por gran parte de lo que hoy es Francia y la región de Renania, en Alemania.

La organización social y económica llamada feudalismo nació en el reino de los francos y tuvo un período de especial desarrollo bajo el gobierno de Carlomagno. Este monarca, que en el año 800 se hizo coronar emperador del Sacro Imperio Romano Germánico, dividió sus vastos territorios en condados, colocando a un noble o "conde" al frente de cada uno de ellos; las zonas fronterizas, llamadas marcas, fueron encomendadas a hombres con prestigio en la guerra, a los que se llamó "marqueses".

Así mismo, los reyes francos hacían donación de tierras o "feudos" a los nobles a cambio de su fidelidad. El señor feudal era vasallo del rey y estaba obligado a prestar servicios, especialmente militares.

Este sistema de vinculación entre señores y vasallos llegó a convertirse en la base de la organización social medieval en gran parte de Europa.

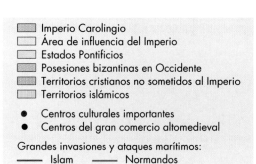

Imperio Carolingio
Área de influencia del Imperio
Estados Pontificios
Posesiones bizantinas en Occidente
Territorios cristianos no sometidos al Imperio
Territorios islámicos

● Centros culturales importantes
● Centros del gran comercio altomedieval

Grandes invasiones y ataques marítimos:
—— Islam   —— Normandos

EUROPA OCCIDENTAL (800-850)

SUECIA
Mar del Norte
Gotland
Mar Báltico
REINOS ANGLOSAJONES
REINO DE DINAMARCA
York
Londres
Canterbury
Quentovic
Utrecht
Aquisgrán
R. Oder
Vístula
OCÉANO ATLÁNTICO
Reims
Metz
Fulda
Saint Denis
Verdún
R. Rhin
Ratisbona
BRETAÑA
Orleans
R. Sena
Tours
Fleury
R. Loira
Saint Gall
R. Danubio
REINO DE LEÓN
Oviedo
Lyon
León
Ródano
Pavía
Milán
Venecia
R. Ebro
Ravena
R. Tajo
Zaragoza
Mar Adriático
Barcelona
Córcega
Roma
Monte Cassino
Córdoba
Amalfi
Is. Baleares
Cerdeña
Mar Mediterráneo
Sicilia

LA SOCIEDAD FEUDAL: CASTILLOS Y CHOZAS

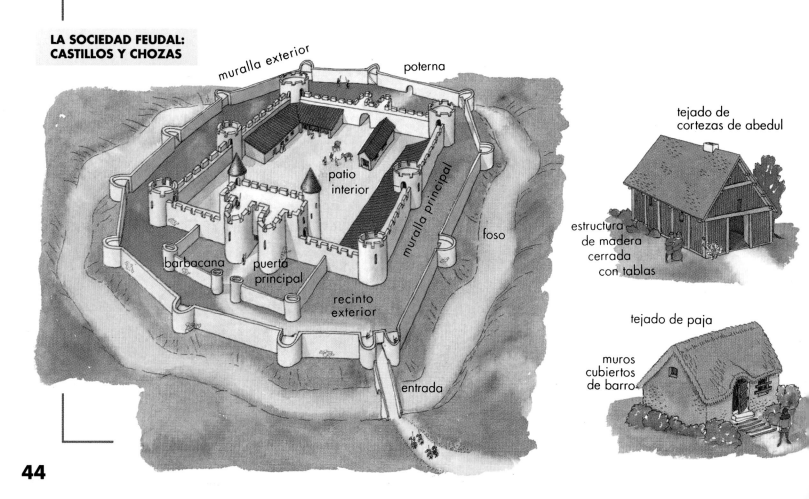

muralla exterior
poterna
patio interior
muralla principal
foso
barbacana
puerta principal
recinto exterior
entrada

tejado de cortezas de abedul
estructura de madera cerrada con tablas

tejado de paja
muros cubiertos de barro

EUROPA EN LOS PRIMEROS SIGLOS MEDIEVALES

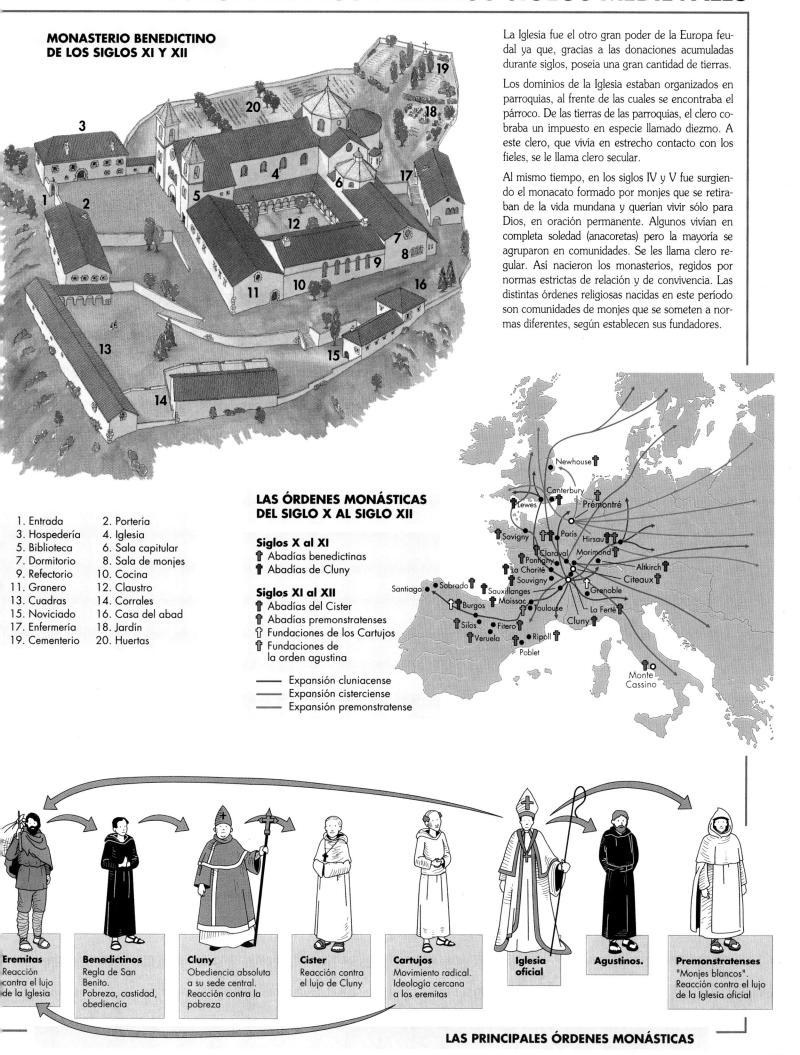

MONASTERIO BENEDICTINO DE LOS SIGLOS XI Y XII

La Iglesia fue el otro gran poder de la Europa feudal ya que, gracias a las donaciones acumuladas durante siglos, poseía una gran cantidad de tierras.

Los dominios de la Iglesia estaban organizados en parroquias, al frente de las cuales se encontraba el párroco. De las tierras de las parroquias, el clero cobraba un impuesto en especie llamado diezmo. A este clero, que vivía en estrecho contacto con los fieles, se le llama clero secular.

Al mismo tiempo, en los siglos IV y V fue surgiendo el monacato formado por monjes que se retiraban de la vida mundana y querían vivir sólo para Dios, en oración permanente. Algunos vivían en completa soledad (anacoretas) pero la mayoría se agruparon en comunidades. Se les llama clero regular. Así nacieron los monasterios, regidos por normas estrictas de relación y de convivencia. Las distintas órdenes religiosas nacidas en este período son comunidades de monjes que se someten a normas diferentes, según establecen sus fundadores.

1. Entrada
2. Portería
3. Hospedería
4. Iglesia
5. Biblioteca
6. Sala capitular
7. Dormitorio
8. Sala de monjes
9. Refectorio
10. Cocina
11. Granero
12. Claustro
13. Cuadras
14. Corrales
15. Noviciado
16. Casa del abad
17. Enfermería
18. Jardín
19. Cementerio
20. Huertas

LAS ÓRDENES MONÁSTICAS DEL SIGLO X AL SIGLO XII

Siglos X al XI
✝ Abadías benedictinas
✝ Abadías de Cluny

Siglos XI al XII
✝ Abadías del Cister
✝ Abadías premonstratenses
✝ Fundaciones de los Cartujos
✝ Fundaciones de la orden agustina

—— Expansión cluniacense
—— Expansión cisterciense
—— Expansión premonstratense

Eremitas
Reacción contra el lujo de la Iglesia

Benedictinos
Regla de San Benito. Pobreza, castidad, obediencia

Cluny
Obediencia absoluta a su sede central. Reacción contra la pobreza

Cister
Reacción contra el lujo de Cluny

Cartujos
Movimiento radical. Ideología cercana a los eremitas

Iglesia oficial

Agustinos.

Premonstratenses
"Monjes blancos". Reacción contra el lujo de la Iglesia oficial

LAS PRINCIPALES ÓRDENES MONÁSTICAS

La primera gran manifestación del arte medieval europeo se produce a comienzos del segundo milenio, en torno al año 1000. No era, ciertamente, la primera vez que florecía el arte en el viejo solar europeo. Sin embargo, sí era la primera vez que nacían unas formas artísticas uniformes y plenamente arraigadas en toda la Europa occidental.

A este primer arte medieval se le ha llamado románico o derivado del arte de tradición romana. No obstante, los artistas medievales se inspiraron en numerosas fuentes, además de las clásicas; si nos fijamos, por ejemplo, en la pintura podemos comprobar que la principal fuente de inspiración fue el arte bizantino, con sus figuras hieráticas y solemnes, al que se añadieron elementos de la simbología paleocristiana: —el cordero, el crismón, los peces, el alfa y la omega—.

En arquitectura se distinguen dos grandes tradiciones o corrientes, apoyadas ambas en el mundo romano. El arte carolingio dio lugar al llamado románico otoniano, desarrollado en tierras de habla alemana. Su característica más significativa son las cubiertas de madera sostenidas por robustas columnas y muros pétreos. Los modelos arquitectónicos de Ravena inspiraron el románico del norte de Italia, del sur de Francia, de Cataluña y del valle del Ródano y del Saona. En este caso, el estilo románico adoptó la cubierta de piedra con bóvedas de cañón y cúpulas.

ARQUITECTURA ROMÁNICA: ELEMENTOS

1. Volúmenes simples y escalonados
2. Arcos ciegos decorativos   3. Cimborrio
4. Cornisa con canecillos   5. Arquivoltas
6. Ábside mayor   7. Crucero
8. Ábside   9. Vano estrecho y abocinado
10. Contrafuerte   11. Columna adosada
12. Moldura decorada con motivos geométricos
13. Muro macizo y continuo

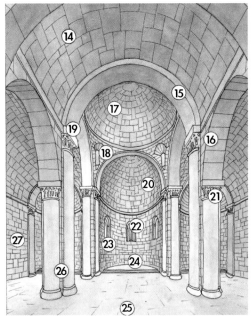

14. Bóveda de cañón
15. Arcos fajones
16. Arcos formeros   17. Cúpula
18. Trompas,   19. Impostas
20. Bóveda de cuarto de esfera
21. Capiteles esculpidos   22. Arquivoltas
23. Muro curvado   24. Ábside
25. Nave
26. Pilar con columnas adosadas
27. Utilización de sillares en muros y pilares

LA PINTURA ROMÁNICA: ANTINATURALISMO Y SIMBOLISMO

Fuentes de inspiración

Mosaico bizantino

Arte simbólico paleocristiano

Técnica al fresco de tradición clásica

Miniaturas de las Biblias y códices ilustrados

Orfebrería tardo-romana y germánica

Pintura mural

- Técnica al fresco
- Colores planos
- Rigidez de formas
- Simbolismo
- Antinaturalismo

Ábside de San Clemente de Tahull. Principios del siglo XII

Pintura sobre tabla

- Técnica al temple
- Colores convencionales y simétricos
- Simbolismo

Altar de Santa María de Aviá. Siglos XII-XIII. (Berguedá. Barcelona)

EL PRIMER ARTE DE EUROPA. EL ROMÁNICO

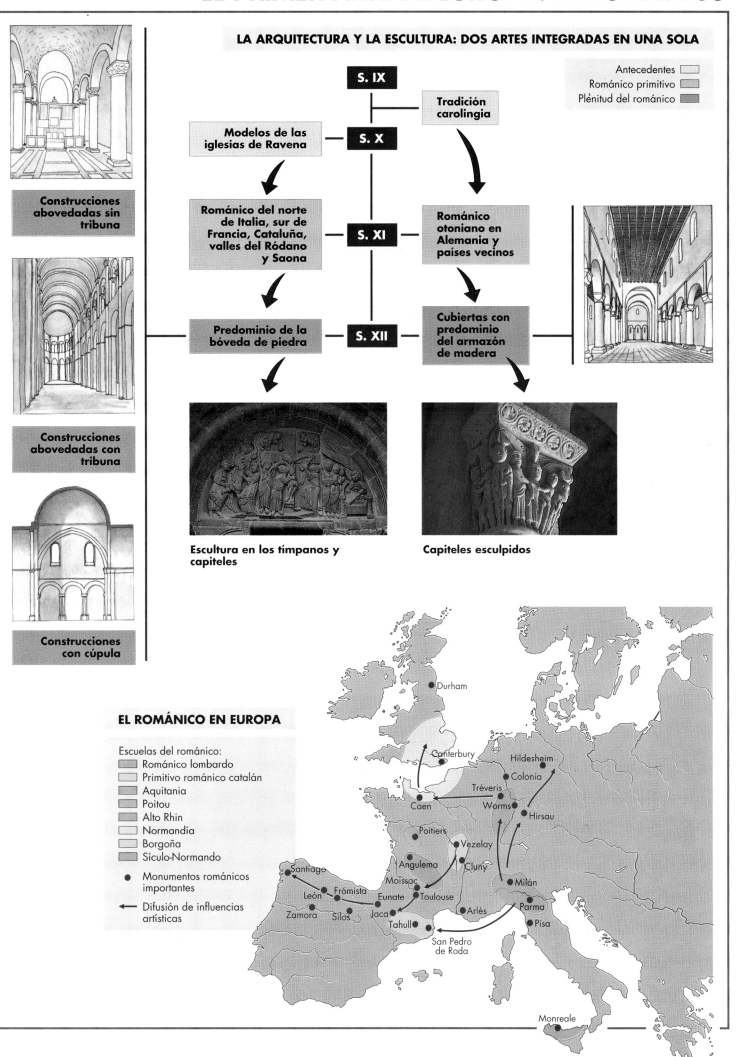

LA ARQUITECTURA Y LA ESCULTURA: DOS ARTES INTEGRADAS EN UNA SOLA

Antecedentes
Románico primitivo
Plenitud del románico

S. IX

Tradición carolingia

Modelos de las iglesias de Ravena

S. X

Construcciones abovedadas sin tribuna

Románico del norte de Italia, sur de Francia, Cataluña, valles del Ródano y Saona

S. XI

Románico otoniano en Alemania y países vecinos

Construcciones abovedadas con tribuna

Predominio de la bóveda de piedra

S. XII

Cubiertas con predominio del armazón de madera

Construcciones con cúpula

Escultura en los tímpanos y capiteles

Capiteles esculpidos

EL ROMÁNICO EN EUROPA

Escuelas del románico:
- Románico lombardo
- Primitivo románico catalán
- Aquitania
- Poitou
- Alto Rhin
- Normandía
- Borgoña
- Sículo-Normando

● Monumentos románicos importantes

← Difusión de influencias artísticas

Durham
Canterbury
Hildesheim
Colonia
Tréveris
Caen
Worms
Hirsau
Poitiers
Vezelay
Angulema
Cluny
Santiago
Moissac
Milán
León
Frómista
Eunate
Toulouse
Zamora
Silos
Jaca
Arlés
Parma
Tahull
Pisa
San Pedro de Roda
Monreale

Pórtico de la Gloria.
Catedral de Santiago
de Compostela

EL CAMINO DE SANTIAGO

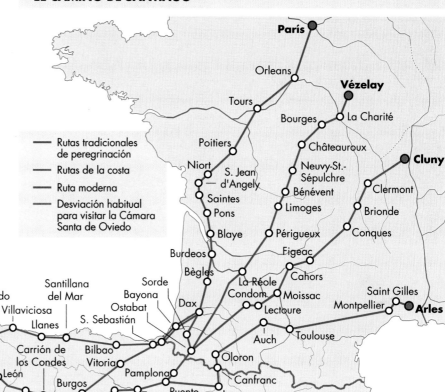

Rutas tradicionales de peregrinación
Rutas de la costa
Ruta moderna
Desviación habitual para visitar la Cámara Santa de Oviedo

París
Orleans
Vézelay
Tours
Bourges
La Charité
Poitiers
Châteauroux
Cluny
Niort
Neuvy-St.-Sépulchre
S. Jean d'Angely
Clermont
Saintes
Bénévent
Pons
Limoges
Brionde
Blaye
Périgueux
Conques
Burdeos
Figeac
Bègles
Cahors
La Réole
Sorde
Condom
Moissac
Saint Gilles
Bayona
Montpellier
Arles
Ostabat
Dax
Lectoure
Santillana del Mar
Auch
Toulouse
Oviedo
Villaviciosa
S. Sebastián
Ribadeo
Llanes
Villalba
Cudillero
Oloron
Sobrado
Salime
Carrión de los Condes
Bilbao
Pamplona
Santiago
Lugo
Vitoria
Canfranc
Pajares
Palas del Rey
León
Jaca
Portomarín
Astorga
Burgos
Puente la Reina
Villafranca
Nájera
Ponferrada
Sahagún
Frómista
Logroño
Sto. Domingo de la Calzada

Puente sobre el río Arga. Puente la Reina (Navarra)

Catedral de Burgos

Imagen de Santiago procedente de Amusco (Palencia)

Monasterio de Leyre (Navarra)

Camino de Santiago. Samos (Lugo)

Una de las manifestaciones religiosas más características de la Edad Media era la peregrinación a lugares sagrados, especialmente Jerusalén y Roma.

En el siglo X se extendió la creencia de que en Compostela —Galicia— estaba enterrado el apóstol Santiago, a quien la tradición atribuye la evangelización de la Península Ibérica, y allí se construyó un templo en su memoria.

La fama del santuario se extendió pronto al otro lado de los Pirineos. Importantes personajes de la época peregrinaron a Santiago de Compostela para venerar al Apóstol. En el siglo siguiente, el santuario adquirió una categoría similar a la de Roma o Jerusalén como hito del mundo cristiano. Se establecieron rutas fijas y se redactó una guía práctica de peregrinos, el *Codex Calixtinus*.

Los peregrinos europeos iniciaban la ruta española en Roncesvalles o en Somport, para unirse luego en Puente la Reina —Navarra—. Desde allí la ruta continuaba por Estella, Logroño, Nájera, Santo Domingo de la Calzada, Burgos, Frómista, Carrión de los Condes, Sahagún, León, Astorga, Ponferrada, Cebrero, Triacastela, Sarria, Portomarín y Mellid.

Posteriormente se frecuentó otra vía que entraba en la Península por Irún y se unía con el primer camino en Burgos. Existía también una ruta costera que pasaba por San Sebastián, Guernica, Castro Urdiales, Santander, Santillana, Llanes, Ribadesella, Siero y Oviedo. Enlazaba con la calzada principal en León, a través del puerto de Pajares. Otra vía utilizada por ingleses y portugueses partía de Coimbra.

Los caminos de peregrinación franceses procedentes de París, Vézelay y Puy confluían en Ostabat; a Oloron llegaba otro camino procedente de Arles —lugar de reunión de los peregrinos italianos y provenzales— que continuaba por Montpellier, Carcasona y Toulouse.

El camino de Santiago fue muy importante porque por él circularon peregrinos de todas las clases y categorías sociales, pero también comerciantes que aprovechaban las rutas para vender sus mercancías. Los peregrinos tenían un estatuto especial que los protegía, y los reyes navarros y castellanos facilitaron las relaciones comerciales. De este modo, las ciudades del camino prosperaron y contaron con ricos mercados y buenas posadas. Las corrientes artísticas más variadas se difundieron también a lo largo del camino, que viene a ser un verdadero crisol de estilos y tendencias.

EL ROMÁNICO ESPAÑOL

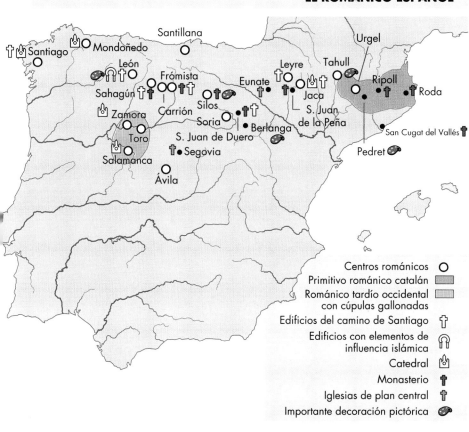

Centros románicos	○
Primitivo románico catalán	▨
Románico tardío occidental con cúpulas gallonadas	▨
Edificios del camino de Santiago	✝
Edificios con elementos de influencia islámica	∩
Catedral	♔
Monasterio	✝
Iglesias de plan central	✝
Importante decoración pictórica	🎨

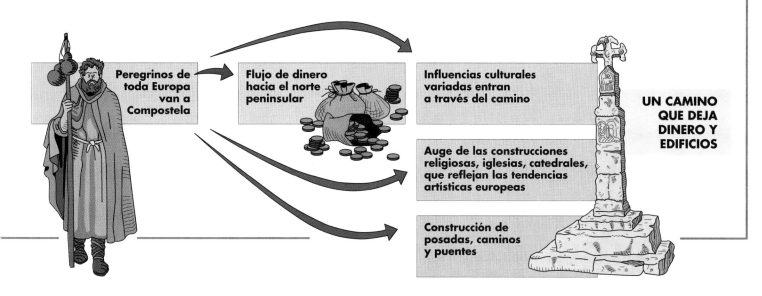

Peregrinos de toda Europa van a Compostela

Flujo de dinero hacia el norte peninsular

Influencias culturales variadas entran a través del camino

Auge de las construcciones religiosas, iglesias, catedrales, que reflejan las tendencias artísticas europeas

Construcción de posadas, caminos y puentes

UN CAMINO QUE DEJA DINERO Y EDIFICIOS

La Península Ibérica está situada entre Europa y África; es, en realidad, un puente geográfico. Este rasgo peculiar la ha transformado en una verdadera encrucijada de hombres y de culturas a lo largo de los siglos. En la Edad Media, el islam y la cultura musulmana se asentaron fuertemente en la Península; fue ésta una influencia africana, meridional. Al mismo tiempo, en el norte, se mantenía la vinculación de los reinos hispanos con la cultura cristiana del occidente de Europa.

Durante siglos ambas culturas —musulmana y cristiana— coexistieron, alternándose períodos de enfrentamiento y etapas de tolerancia. A principios del siglo XI, la desintegración del califato de Córdoba permitió a los Estados cristianos del norte la conquista y ocupación de las tierras del sur. A finales del siglo XIII el único enclave musulmán que sobrevivía en la Península era el pequeño reino de Granada.

La conquista del territorio no significó la desaparición del islam como religión —continuó siendo practicada por la población mudéjar— ni de la cultura musulmana. Ambas pervivieron largos siglos hasta su práctica desaparición en el siglo XVII.

EL CALIFATO DE CÓRDOBA

El califato bajo Abderramán III
Territorios cristianos
Territorios disputados
Expediciones de Abderramán III ◀—
Expediciones de Almanzor ◀—
Saqueos ★

* La fecha indica el año en que se produjeron las expediciones de saqueo musulmanas

LOS ESTADOS PENINSULARES MEDIEVALES

CRONOLOGÍA

711
Invasión de la Península Ibérica por el gobernador islámico Tariq

756
Al Ándalus, emirato independiente (Abderramán I)

929
Comienza el califato de Córdoba (Abderramán III)

1031
Final del califato de Córdoba. Al Ándalus se divide en numerosos reinos de Taifas

1089
Los almorávides, musulmanes del norte de África, unifican Al Ándalus

1147
Conquista de Sevilla por los almohades, nueva potencia musulmana del norte de África

1232
Reino nazarita de Granada

ESPAÑA MEDIEVAL. RECONQUISTA Y REPOBLACIÓN

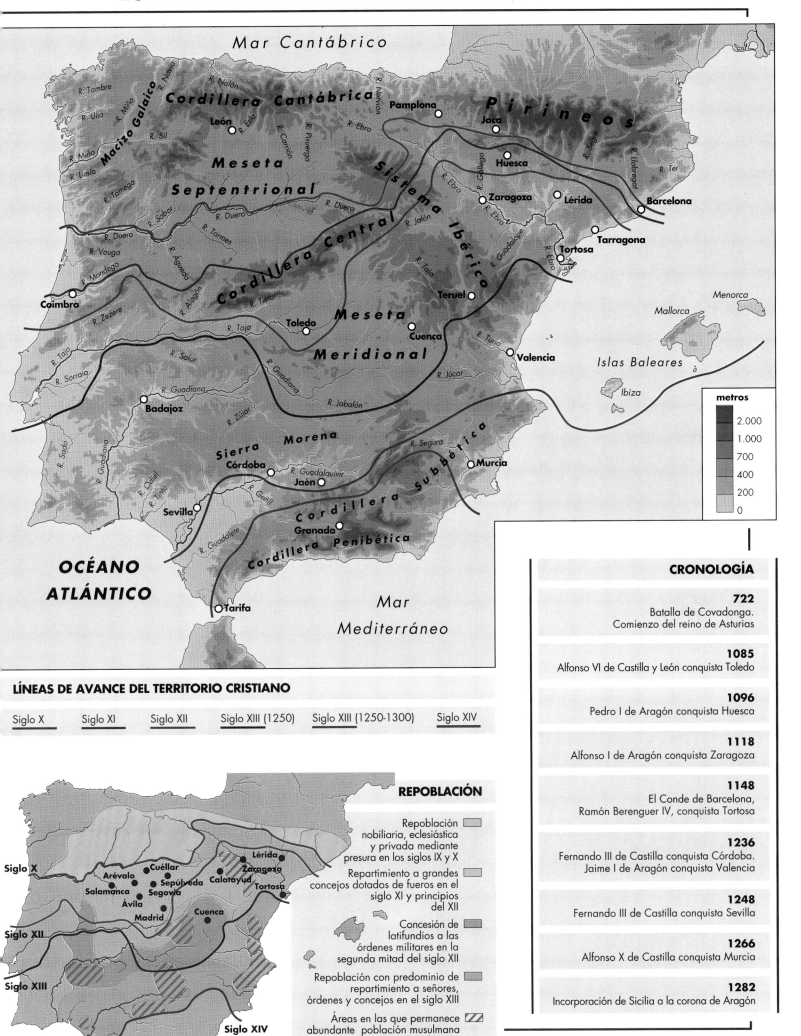

Mar Cantábrico

Cordillera Cantábrica

Pirineos

León

Pamplona

Jaca

R. Tambre
R. Ulla
R. Miño
R. Navia
R. Nalón
R. Esla
R. Nervión

Macizo Galaico

Meseta Septentrional

Sistema Ibérico

Huesca

Zaragoza

Lérida

Barcelona

R. Limia
R. Miño
R. Sil
R. Carrión
R. Pisuerga
R. Ebro
R. Gállego
R. Ebro
R. Segre
R. Llobregat
R. Ter

R. Tamega
R. Sabor
R. Duero
R. Duero
R. Duero
R. Jalón

Cordillera Central

Tarragona

Tortosa

R. Duero
R. Vouga
R. Tormes
R. Águeda
R. Alagón
R. Tiétar
R. Tajo

Coimbra

Meseta Meridional

Teruel

R. Mondego
R. Zezere
R. Tajo
R. Salor
R. Guadiana

Toledo

Cuenca

R. Tajo
R. Tiétar

Valencia

Menorca

Mallorca

Islas Baleares

Ibiza

R. Sorraia
R. Guadiana
R. Zújar
R. Guadiana
R. Jabalón
R. Turia
R. Júcar

Badajoz

Sierra Morena

R. Segura

Murcia

R. Sado
R. Odiel
R. Tinto
R. Guadiana
R. Guadalquivir
R. Genil

Cordillera Subbética

Córdoba

Jaén

Sevilla

Granada

Cordillera Penibética

OCÉANO ATLÁNTICO

R. Guadalete

Tarifa

Mar Mediterráneo

metros

	2.000
	1.000
	700
	400
	200
	0

LÍNEAS DE AVANCE DEL TERRITORIO CRISTIANO

Siglo X   Siglo XI   Siglo XII   Siglo XIII (1250)   Siglo XIII (1250-1300)   Siglo XIV

REPOBLACIÓN

Siglo X

Lérida

Arévalo   Cuéllar   Zaragoza   Calatayud   Tortosa

Salamanca   Sepúlveda   Segovia

Ávila   Madrid

Cuenca

Siglo XII

Siglo XIII

Siglo XIV

Repoblación nobiliaria, eclesiástica y privada mediante presura en los siglos IX y X

Repartimiento a grandes concejos dotados de fueros en el siglo XI y principios del XII

Concesión de latifundios a las órdenes militares en la segunda mitad del siglo XII

Repoblación con predominio de repartimiento a señores, órdenes y concejos en el siglo XIII

Áreas en las que permanece abundante población musulmana (mudéjares)

• Ciudades que reciben fuero

CRONOLOGÍA

722
Batalla de Covadonga.
Comienzo del reino de Asturias

1085
Alfonso VI de Castilla y León conquista Toledo

1096
Pedro I de Aragón conquista Huesca

1118
Alfonso I de Aragón conquista Zaragoza

1148
El Conde de Barcelona,
Ramón Berenguer IV, conquista Tortosa

1236
Fernando III de Castilla conquista Córdoba.
Jaime I de Aragón conquista Valencia

1248
Fernando III de Castilla conquista Sevilla

1266
Alfonso X de Castilla conquista Murcia

1282
Incorporación de Sicilia a la corona de Aragón

Los judíos fueron un grupo de considerable protagonismo en la sociedad medieval peninsular. Llegados de Oriente después de su expulsión —diáspora—, constituyeron una minoría activa, que convivió con musulmanes y cristianos hasta que se desencadenaron los pogromos o matanzas de finales del siglo XIV.

La convivencia de las tres culturas —cristiana, musulmana y judía— permitió que en la Península se dieran las condiciones necesarias para la transmisión del legado científico de la antigüedad y de la ciencia árabe al Occidente cristiano. Traductores y científicos de todas las ramas del saber hicieron posible que llegaran a Occidente obras tan importantes como las de Averroes, Avenzoar, El Gafiqi, Alcuaíti, Avicena y otros muchos. La Escuela de Traductores de Toledo tuvo un papel decisivo en este proceso desde el siglo XIII.

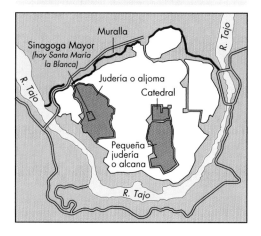

LOS JUDÍOS EN LA ESPAÑA DE LA BAJA EDAD MEDIA

— Fronteras entre los reinos peninsulares
● Ciudades que a finales del siglo XIII tenían las juderías más numerosas
○ Juderías con más de una sinagoga

TOLEDO EN LA EDAD MEDIA

Una calle de la judería de Toledo

Libro de ajedrez, tablas y dados. Alfonso X el Sabio. Cristianos y judíos juegan al ajedrez

ESPAÑA, ENCRUCIJADA DE CULTURAS

JUDÍOS Y CRISTIANOS: DE LA TOLERANCIA A LA EXPULSIÓN

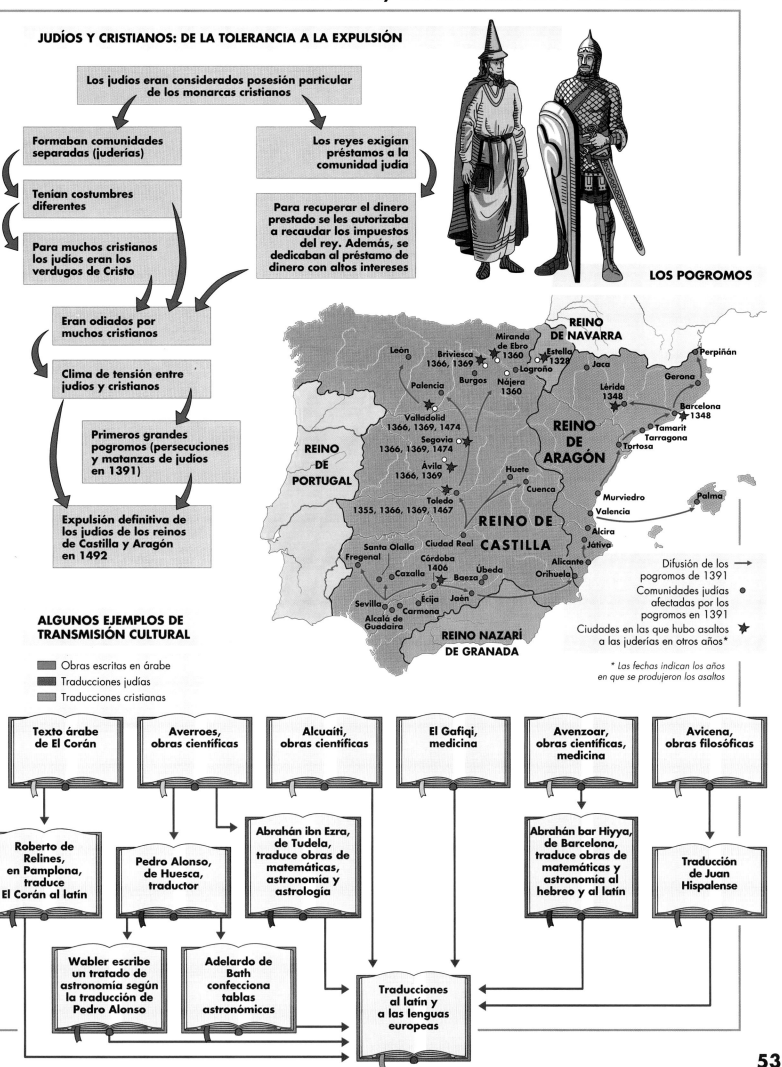

Los judíos eran considerados posesión particular de los monarcas cristianos

Formaban comunidades separadas (juderías)

Tenían costumbres diferentes

Para muchos cristianos los judíos eran los verdugos de Cristo

Los reyes exigían préstamos a la comunidad judía

Para recuperar el dinero prestado se les autorizaba a recaudar los impuestos del rey. Además, se dedicaban al préstamo de dinero con altos intereses

Eran odiados por muchos cristianos

Clima de tensión entre judíos y cristianos

Primeros grandes pogromos (persecuciones y matanzas de judíos en 1391)

Expulsión definitiva de los judíos de los reinos de Castilla y Aragón en 1492

LOS POGROMOS

REINO DE NAVARRA
REINO DE ARAGÓN
REINO DE PORTUGAL
REINO DE CASTILLA
REINO NAZARÍ DE GRANADA

León
Briviesca 1366, 1369
Miranda de Ebro 1360
Estella 1328
Logroño
Jaca
Perpiñán
Palencia
Burgos
Nájera 1360
Lérida 1348
Gerona
Valladolid 1366, 1369, 1474
Segovia 1366, 1369, 1474
Barcelona 1348
Tamarit
Tarragona
Ávila 1366, 1369
Huete
Tortosa
Murviedro
Palma
Toledo 1355, 1366, 1369, 1467
Cuenca
Valencia
Alcira
Játiva
Santa Olalla
Ciudad Real
Alicante
Fregenal
Córdoba 1406
Úbeda
Orihuela
Cazalla
Baeza
Sevilla
Écija
Jaén
Alcalá de Guadaira
Carmona

Difusión de los pogromos de 1391 →
Comunidades judías afectadas por los pogromos en 1391 •
Ciudades en las que hubo asaltos a las juderías en otros años* ★

Las fechas indican los años en que se produjeron los asaltos

ALGUNOS EJEMPLOS DE TRANSMISIÓN CULTURAL

- Obras escritas en árabe
- Traducciones judías
- Traducciones cristianas

Texto árabe de El Corán

Averroes, obras científicas

Alcuaíti, obras científicas

El Gafiqi, medicina

Avenzoar, obras científicas, medicina

Avicena, obras filosóficas

Roberto de Relines, en Pamplona, traduce El Corán al latín

Pedro Alonso, de Huesca, traductor

Abrahán ibn Ezra, de Tudela, traduce obras de matemáticas, astronomía y astrología

Abrahán bar Hiyya, de Barcelona, traduce obras de matemáticas y astronomía al hebreo y al latín

Traducción de Juan Hispalense

Wabler escribe un tratado de astronomía según la traducción de Pedro Alonso

Adelardo de Bath confecciona tablas astronómicas

Traducciones al latín y a las lenguas europeas

53

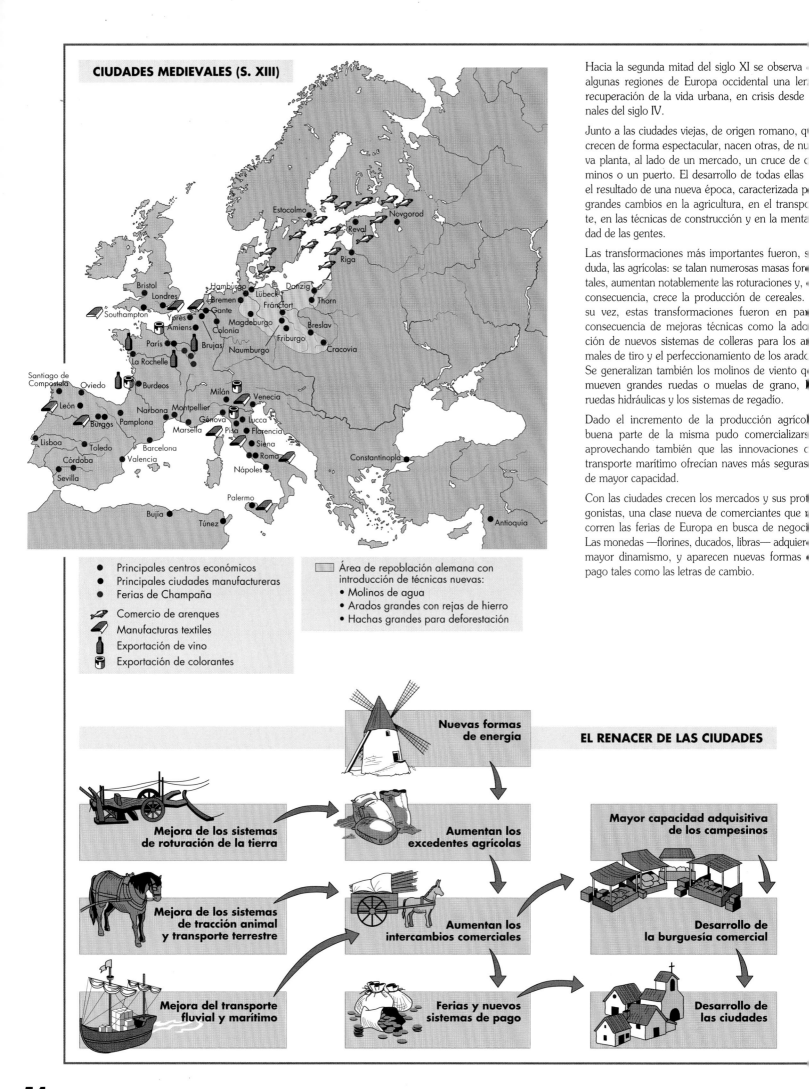

CIUDADES MEDIEVALES (S. XIII)

Estocolmo
Novgorod
Reval
Riga
Bristol
Hamburgo
Danzig
Londres
Bremen
Lübeck
Thorn
Southampton
Gante
Fráncfort
Ypres
Magdeburgo
Breslav
Amiens
Colonia
París
Brujas
Friburgo
Naumburgo
Cracovia
La Rochelle
Santiago de
Compostela
Oviedo
Burdeos
Milán
León
Venecia
Narbona
Montpellier
Pamplona
Génova
Burgos
Lucca
Marsella
Pisa
Florencia
Lisboa
Barcelona
Siena
Toledo
Roma
Constantinopla
Córdoba
Valencia
Nápoles
Sevilla
Palermo
Bujía
Antioquía
Túnez

- ● Principales centros económicos
- ● Principales ciudades manufactureras
- ● Ferias de Champaña
- Comercio de arenques
- Manufacturas textiles
- Exportación de vino
- Exportación de colorantes

Área de repoblación alemana con introducción de técnicas nuevas:
- Molinos de agua
- Arados grandes con rejas de hierro
- Hachas grandes para deforestación

Hacia la segunda mitad del siglo XI se observa en algunas regiones de Europa occidental una len... recuperación de la vida urbana, en crisis desde fi... nales del siglo IV.

Junto a las ciudades viejas, de origen romano, q... crecen de forma espectacular, nacen otras, de nu... va planta, al lado de un mercado, un cruce de c... minos o un puerto. El desarrollo de todas ellas... el resultado de una nueva época, caracterizada p... grandes cambios en la agricultura, en el transpo... te, en las técnicas de construcción y en la menta... dad de las gentes.

Las transformaciones más importantes fueron, s... duda, las agrícolas: se talan numerosas masas fore... tales, aumentan notablemente las roturaciones y,... consecuencia, crece la producción de cereales.... su vez, estas transformaciones fueron en pa... consecuencia de mejoras técnicas como la ado... ción de nuevos sistemas de colleras para los a... males de tiro y el perfeccionamiento de los arado... Se generalizan también los molinos de viento q... mueven grandes ruedas o muelas de grano,... ruedas hidráulicas y los sistemas de regadío.

Dado el incremento de la producción agrícol... buena parte de la misma pudo comercializars... aprovechando también que las innovaciones d... transporte marítimo ofrecían naves más seguras... de mayor capacidad.

Con las ciudades crecen los mercados y sus prot... gonistas, una clase nueva de comerciantes que r... corren las ferias de Europa en busca de negoci... Las monedas —florines, ducados, libras— adquier... mayor dinamismo, y aparecen nuevas formas... pago tales como las letras de cambio.

EL RENACER DE LAS CIUDADES

Nuevas formas de energía

Mejora de los sistemas de roturación de la tierra

Aumentan los excedentes agrícolas

Mayor capacidad adquisitiva de los campesinos

Mejora de los sistemas de tracción animal y transporte terrestre

Aumentan los intercambios comerciales

Desarrollo de la burguesía comercial

Mejora del transporte fluvial y marítimo

Ferias y nuevos sistemas de pago

Desarrollo de las ciudades

CARCASONA Y AIGUES-MORTES, DOS EJEMPLOS DE CIUDAD MEDIEVAL

Carcasona, una ciudad no planificada

Las calles estrechas y tortuosas confluyen en una plaza frente al castillo. Entre los edificios, destacan los que acogen a los dos poderes de la ciudad: el castillo del señor y la iglesia

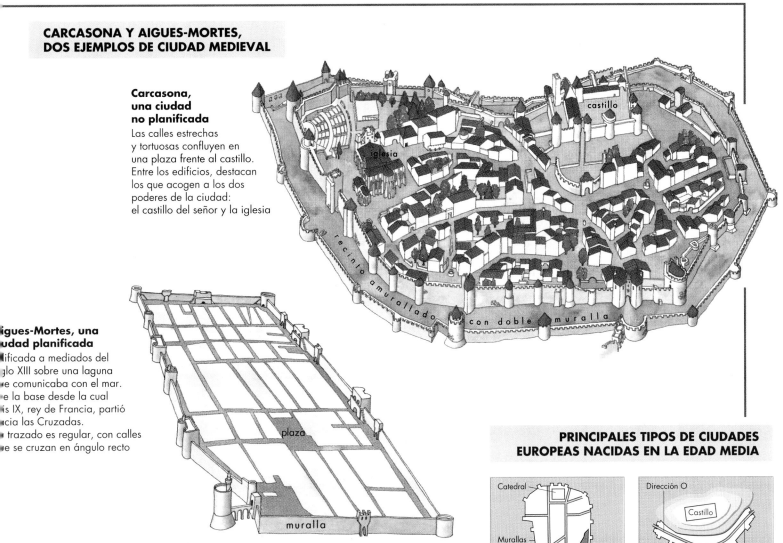

igues-Mortes, una udad planificada

lificada a mediados del glo XIII sobre una laguna e comunicaba con el mar. e la base desde la cual is IX, rey de Francia, partió cia las Cruzadas.

trazado es regular, con calles e se cruzan en ángulo recto

CIUDADES MEDIEVALES DE LA PENÍNSULA IBÉRICA

Mondoñedo · Oviedo
Santiago · Lugo
Iria
León · Valpuesta · Álava · Pamplona
Orense · Burgos · Nájera · Jaca · Calahorra · Urgel
Astorga · Oca · Huesca
Tuy · Palencia · Osma · Terazona · Barbastro
Braga · Zamora · Lérida · Barcelona
Oporto · Miranda · Zaragoza
Lamego · Salamanca · Segovia · Sigüenza · Tortosa · Tarragona
Guarda · Ávila · Albarracín
Coimbra · Ciudad Rodrigo · Cuenca
Coria · Plasencia
Toledo
Valencia
boa · Badajoz
Évora
Córdoba · Murcia
Silves · Sevilla · Jaén · Cartagena
Granada
Cádiz · Almería

Sedes episcopales

Siglo IX
Siglo X
Siglo XI
Siglo XII
Siglo XIII
Siglo XV

PRINCIPALES TIPOS DE CIUDADES EUROPEAS NACIDAS EN LA EDAD MEDIA

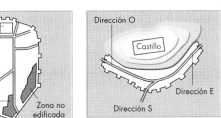

Ciudades construidas sobre una antigua ciudad romana o sobre un campamento militar

Ciudades de itinerario: surgen en un camino o cruce de caminos protegido por un castillo o fortaleza

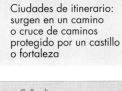

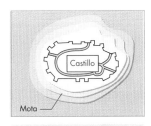

Ciudades construidas junto a una fortaleza o bajo su protección

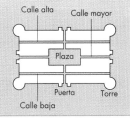

Ciudades de nueva planta: repoblación

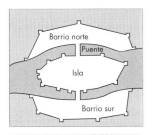

Ciudades nacidas junto a un río o en una isla fluvial

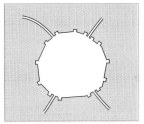

Ciudades feria: cruce de rutas de mercaderes

En el siglo XII se produjeron grandes cambios en la sociedad de la Europa occidental. Las ciudades crecieron, aumentó la riqueza, se desarrolló una nueva mentalidad y con ella una nueva estética. Los edificios robustos y oscuros del arte románico dejaron de ser atractivos, y los constructores se lanzaron a la búsqueda de nuevas formas. Comenzaron a valorar en los edificios la luminosidad, la altura y la amplitud de espacios.

En el norte de Francia el nuevo estilo arquitectónico se inició con las grandes catedrales. Burgueses y cabildos competían para conseguir que las iglesias de su ciudad fueran más grandiosas que las de otras ciudades. Las formas que adquirieron los nuevos templos fueron variadas, pero predominó el modelo llamado gótico, con grandes ventanales, numerosos arbotantes y nave central mucho más alta que las laterales.

El modelo del norte de Francia se difundió por Castilla, produciendo bellos ejemplos —catedrales de Burgos y León— y por Bélgica.

En el sur de Francia y en la Corona de Aragón —Aragón, Cataluña, Valencia, Mallorca y Nápoles— se siguió otro modelo gótico. Los constructores se esforzaron por obtener amplios espacios centrales, con pocos pilares que perturbaran la visión directa del altar. Arcos y bóvedas se apoyaron en contrafuertes en vez de arbotantes. Prescindieron también de la profusa decoración del otro modelo. Buen ejemplo de este tipo lo constituye la iglesia de Santa María del Mar, en Barcelona.

Además de edificios religiosos, se levantaron con estilo gótico edificios civiles importantes, como lonjas, torres, ayuntamientos, hospitales y palacios.

El cambio de gustos estéticos no sólo afectó al arte de construir sino también a la pintura; se generalizó el retablo, composición sobre madera, formando cuadros o escenas, que se disponía detrás del altar en las iglesias. En los palacios existían variantes, llamados dípticos o trípticos. La técnica utilizada fue en principio la llamada al temple y más tardíamente, la pintura al óleo.

Otra de las creaciones de la sociedad europea medieval desde mediados del siglo XII fueron las universidades. Esas instituciones sustituyeron a las abadías como centros de saber y constituyen la base de la cultura de la burguesía urbana de los siglos posteriores.

ELEMENTOS DE LA ARQUITECTURA GÓTICA

1.- Conchillos
2.- Pináculos
3.- Gárgola
4.- Contrafuerte
5.- Rosetón
6.- Arbotante
7.- Ventanal con vidrieras
8.- Portales abocinados
9.- Tímpano decorado
10.- Parteluz
11.- Tracerías
12.- Maineles

13.- Nervios
14.- Claves decoradas
15.- Bóveda de crucería estrellada
16.- Ventanal con vidrieras
17.- Plementería
18.- Arco perpiaño
19.- Triforio
20.- Arco apuntado
21.- Crucero
22.- Pilar
23.- Nave central
24.- Nave lateral

Gótico del norte de Francia

- Nave central mucho más alta que las laterales
- Arbotantes dobles para sustentar la nave central
- Pináculos
- Grandes torres y pórticos de entrada

Gótico de Inglaterra

- Poca altura interior
- Naves muy largas
- Grandes cabeceras
- Agujas de gran altura en el crucero

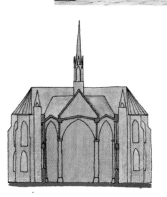

Gótico de Alemania

- Escasa diferencia de altura entre la nave central y las laterales
- Aguja central

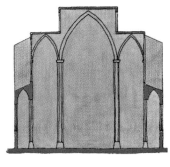

Gótico meridional

- Poca diferencia de altura entre la nave central y las laterales
- No hay pináculos ni agujas
- Contrafuertes en lugar de arbotantes
- Gran espacio central

EL RETABLO GÓTICO

Compartimento o casa del retablo

- Pintura muy detallista
- Colores vivos
- Uso frecuente del dorado
- Caras expresivas, gestos vivos
- Poca perspectiva
- Representaciones religiosas enmarcadas en escenas de la vida cotidiana de la época

Catedral Vieja de Salamanca. Retablo Mayor: "Las tentaciones en el desierto" (1443 a 1445)

Catedral Vieja de Salamanca. Retablo Mayor, realizado por Dello Delli (Siglo XV)

LAS UNIVERSIDADES

La burguesía de las ciudades necesitaba que se estudiaran otras disciplinas: derecho, medicina, teología...

Las escuelas monacales de las abadías traducían las obras clásicas -Platón, Aristóteles- y árabes

Los Papas favorecen la creación de nuevos centros de estudios, que no estén bajo la tutela de los abades

El gobierno de la Universidad es autónomo. Autoridad del Decano y del Claustro de profesores

Nacen las universidades

EL GÓTICO EN EUROPA

- Principales monumentos góticos
- Principales sedes universitarias y "studia" (fecha de fundación):
- Anteriores a 1250
- Entre 1250 y 1350
- Entre 1350 y 1450
- Entre 1450 y 1500

Los dos últimos siglos de la Edad Media, el XIV y el XV, fueron testigos de grandes cambios; los estados peninsulares no vivieron al margen de las transformaciones generales del Occidente europeo.

El reino de Castilla y León desarrolló un activo comercio con los países del norte de Europa, basado primordialmente en la exportación de lanas castellanas. Cataluña, Valencia y Mallorca mantuvieron un comercio mediterráneo que llegó hasta Grecia y el Bósforo. Portugal inició sus viajes a lo largo de la costa africana.

Diversas influencias culturales y artísticas penetraron en la Península: flamencas, borgoñonas, italianas del norte. Penetraron también nuevas y terribles enfermedades, como la peste negra, que devastó ciudades enteras.

Los tres estados peninsulares más extensos, Portugal, Castilla-León y la Corona catalano-aragonesa continúan, en los siglos XIII, XIV y XV, su expansión territorial hacia el sur, en el proceso denominado Reconquista. En Castilla la realizan la nobleza y las órdenes militares y, en consecuencia, se establecen grandes dominios señoriales que refuerzan el papel de las familias aristocráticas que participaron en las guerras. En la Corona de Aragón la expansión se realiza en una doble dirección: Aragón, de nobleza fuerte, deseosa de tierras, impulsó la conquista del reino de Valencia, mientras que Cataluña, necesitada de buenos mercados, impulsó la expansión marítima, con la conquista del reino de Mallorca y las islas del Mediterráneo central: Sicilia, Cerdeña. Aunque la nobleza catalana participara en la conquista de Valencia y la aragonesa en la de Mallorca o Sicilia, cada una de esas conquistas respondía a intereses diferentes.

El último territorio incorporado a la corona de Castilla fue el reino nazarí de Granada, que se rindió en 1492, meses antes de que Colón zarpara rumbo a las Indias.

LA PENÍNSULA IBÉRICA EN EL SIGLO XV

Fronteras entre los reinos peninsulares

Rutas comerciales catalano-aragonesas

→ Productos de exportación
→ Productos de importación
→ Ruta de la lana
● Principales ferias de la lana
○ Consulados castellanos
▨ Grandes propiedades de las órdenes militares

- Sal
- Cereales
- Vino
- Aceite
- Lana y tejidos
- Caña de azúcar
- Ganadería cárnica
- Caballos
- Minería
- Construcción naval
- Puertos importantes
- Lonjas
- Universidades
- Comunidades judías

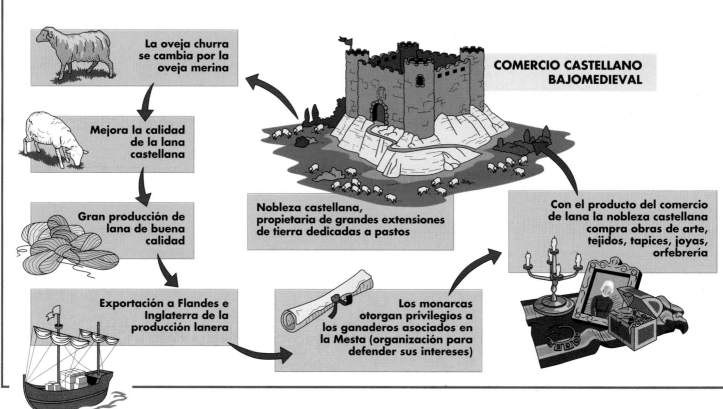

La oveja churra se cambia por la oveja merina

Mejora la calidad de la lana castellana

Gran producción de lana de buena calidad

Exportación a Flandes e Inglaterra de la producción lanera

COMERCIO CASTELLANO BAJOMEDIEVAL

Nobleza castellana, propietaria de grandes extensiones de tierra dedicadas a pastos

Los monarcas otorgan privilegios a los ganaderos asociados en la Mesta (organización para defender sus intereses)

Con el producto del comercio de lana la nobleza castellana compra obras de arte, tejidos, tapices, joyas, orfebrería

LOS REINOS IBÉRICOS ANTE EL FIN DEL MEDIEVO

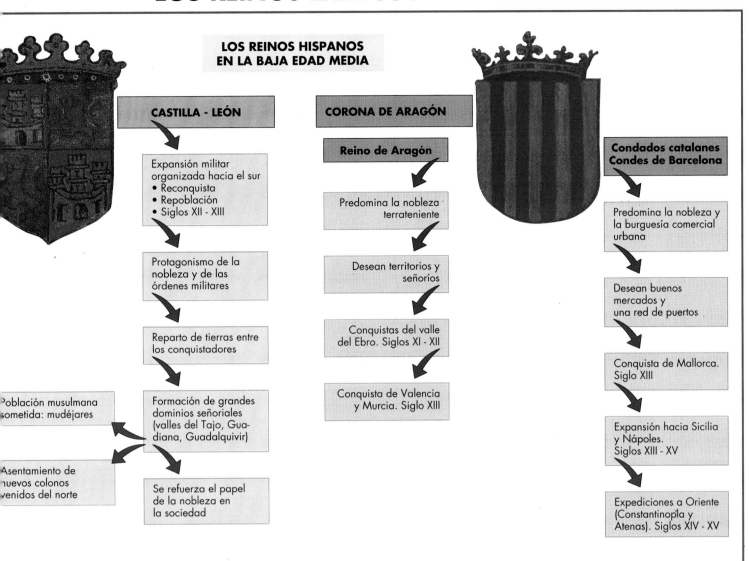

LOS REINOS HISPANOS EN LA BAJA EDAD MEDIA

CASTILLA - LEÓN

Expansión militar organizada hacia el sur
• Reconquista
• Repoblación
• Siglos XII - XIII

Protagonismo de la nobleza y de las órdenes militares

Reparto de tierras entre los conquistadores

Formación de grandes dominios señoriales (valles del Tajo, Guadiana, Guadalquivir)

Población musulmana sometida: mudéjares

Asentamiento de nuevos colonos venidos del norte

Se refuerza el papel de la nobleza en la sociedad

CORONA DE ARAGÓN

Reino de Aragón

Predomina la nobleza terrateniente

Desean territorios y señoríos

Conquistas del valle del Ebro. Siglos XI - XII

Conquista de Valencia y Murcia. Siglo XIII

Condados catalanes Condes de Barcelona

Predomina la nobleza y la burguesía comercial urbana

Desean buenos mercados y una red de puertos

Conquista de Mallorca. Siglo XIII

Expansión hacia Sicilia y Nápoles. Siglos XIII - XV

Expediciones a Oriente (Constantinopla y Atenas). Siglos XIV - XV

LA EXPANSIÓN CATALANO-ARAGONESA POR EL MEDITERRÁNEO

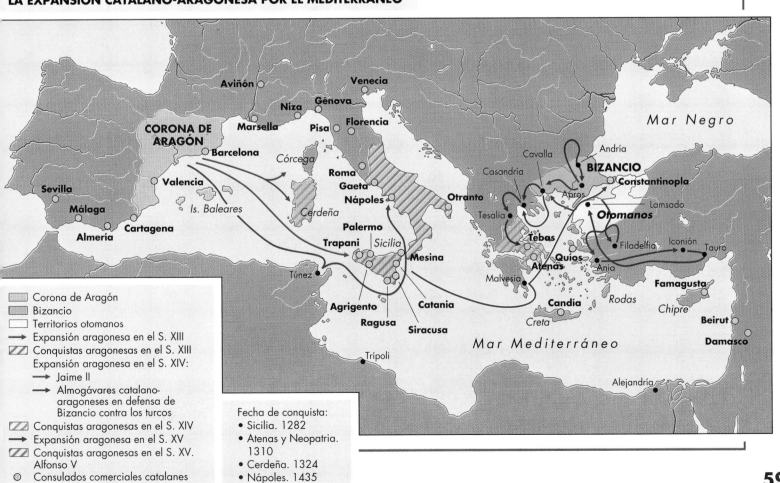

Corona de Aragón
Bizancio
Territorios otomanos
→ Expansión aragonesa en el S. XIII
▨ Conquistas aragonesas en el S. XIII
Expansión aragonesa en el S. XIV:
→ Jaime II
→ Almogávares catalano-aragoneses en defensa de Bizancio contra los turcos
▨ Conquistas aragonesas en el S. XIV
→ Expansión aragonesa en el S. XV
▨ Conquistas aragonesas en el S. XV. Alfonso V
○ Consulados comerciales catalanes

Fecha de conquista:
• Sicilia. 1282
• Atenas y Neopatria. 1310
• Cerdeña. 1324
• Nápoles. 1435

Los países europeos, en el siglo XV, estaban íntimamente relacionados. Los intercambios comerciales hacían llegar productos desde Escandinavia al sur de Italia, desde Castilla a Flandes. El cobre de Turquía y Alemania se utilizaba como materia prima en Francia, y las sedas, porcelanas, especias y piedras preciosas del lejano Oriente eran tesoros codiciados en las cortes europeas por su belleza y exotismo.

Todo ello era posible gracias a los caminos por los que circulaban los mercaderes y mercancías. Las rutas marítimas, tan importantes para el comercio a larga distancia, empezaban a ser más seguras y las ferias, que se celebraban en las ciudades enclavadas en puntos estratégicos, continuaban siendo los grandes centros de intercambio.

Las nuevas formas de pago —letras de cambio—, los mecanismos legales de protección del comercio —consulados del Mar— y los centros impulsores de la actividad comercial y financiera —lonjas— permitían a los comerciantes llevar a cabo operaciones de intercambio cada vez más complejas.

Al mismo tiempo, comenzaban a acumularse grandes capitales que serían la base del sistema económico capitalista.

DESARROLLO COMERCIAL DE EUROPA

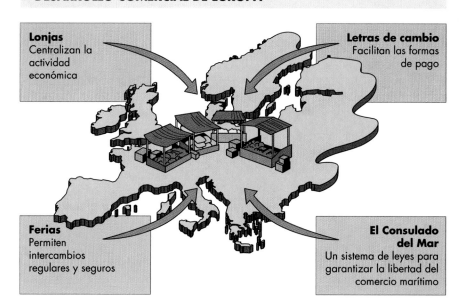

Lonjas
Centralizan la actividad económica

Letras de cambio
Facilitan las formas de pago

Ferias
Permiten intercambios regulares y seguros

El Consulado del Mar
Un sistema de leyes para garantizar la libertad del comercio marítimo

RUTAS COMERCIALES EN EUROPA EN EL SIGLO XV

Productos comerciales europeos en el s. XV

Madera
Cobre
Hierro
Paños
Caballos
Arenques
Trigo
Azafrán
Agrios
Sal
Lana
Sedas
Cueros
Estaño
Alumbre
Vino

Rutas italianas ——
Rutas de la Hansa ——
Rutas terrestres ——
Rutas castellanas ——
Rutas aragonesas ——
Rutas catalanas ——
Principales ferias ●
Factorías y centros comerciales castellanos ■
Consulados de Cataluña ■
Producción textil
Zonas mineras y metalurgia

Estocolmo
Gotemburgo
Riga
Hamburgo
Lübeck
Danzig
Londres
Amberes
Colonia
Leipzig
Breslau
Ruan
Fráncfort
Nuremberg
Cracovia
París
Viena
Nantes
Chalons
Burdeos
Lyon
Venecia
Medina
Bilbao
Marsella
Génova
Florencia
Burgos
Toledo
Barcelona
Ragusa
Lisboa
Valencia
Constantinopla
Sevilla
Granada
Nápoles
Cádiz
Bujía
Túnez
Famagusta
Damasco
Trípoli
Alejandría

MERCADOS Y DINERO. EUROPA ANTE LA MODERNIDAD

LOS INDICADORES DE LA NUEVA ÉPOCA

Armas de fuego
- Aumentan la capacidad destructora de los ejércitos
- Permiten conquistas y dominios sobre los pueblos más débiles

Imprenta
- Los avances de la ciencia y de la técnica se difunden con rapidez

Cambios de mentalidad
- Nuevos gustos literarios y estéticos
- Nuevas formas de vida

Nuevos medios financieros
- Letras de cambio
- Banca
- Facilitan operaciones comerciales a gran escala

Rutas comerciales
- Aportan materias primas y objetos de lujo
- Crean mercados

Sociedades de negocios
- Fines lucrativos
- Acumulación de grandes capitales

EL COMERCIO MUNDIAL HASTA 1450

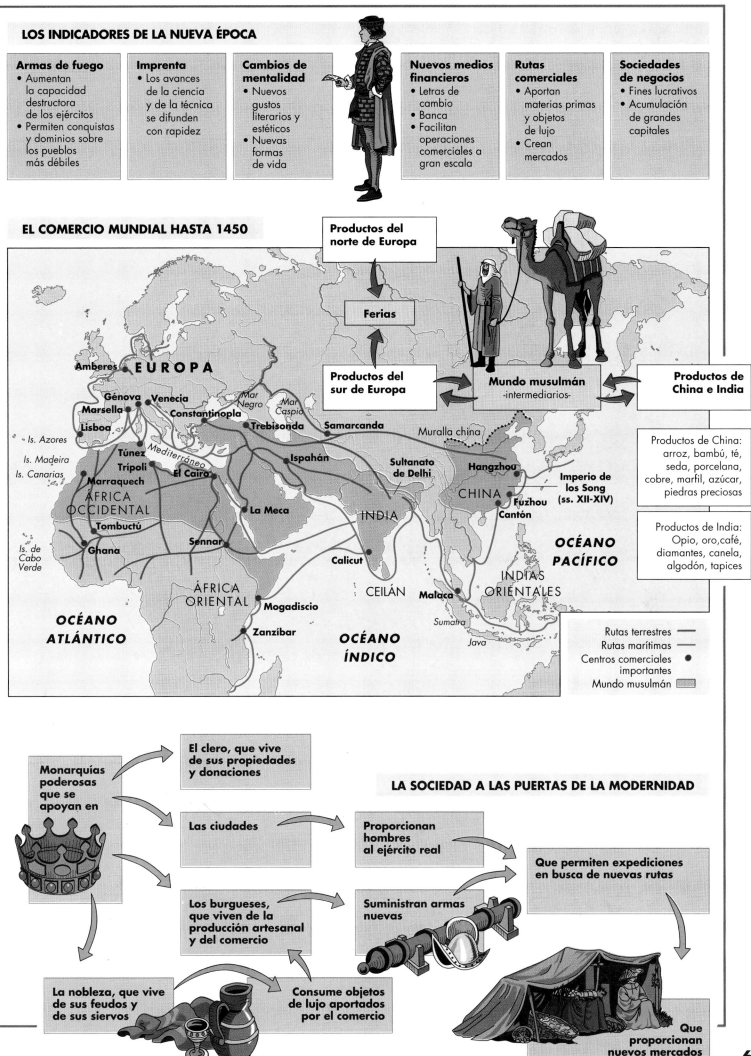

Productos del norte de Europa

Ferias

Productos del sur de Europa

Mundo musulmán -intermediarios-

Productos de China e India

Productos de China: arroz, bambú, té, seda, porcelana, cobre, marfil, azúcar, piedras preciosas

Productos de India: Opio, oro, café, diamantes, canela, algodón, tapices

Amberes · E U R O P A
Génova · Venecia
Marsella
Lisboa
Mar Negro
Mar Caspio
Constantinopla
Trebisonda
Samarcanda
Muralla china
Is. Azores
Is. Madeira
Is. Canarias
Túnez — Mediterráneo
Trípoli
Marraquech
El Cairo
Ispahán
Sultanato de Delhi
Hangzhou
Imperio de los Song (ss. XII-XIV)
CHINA
Fuzhou
Cantón
ÁFRICA OCCIDENTAL
La Meca
INDIA
Tombuctú
Is. de Cabo Verde
Ghana
Sennar
Calicut
OCÉANO PACÍFICO
ÁFRICA ORIENTAL
CEILÁN
Malaca
INDIAS ORIENTALES
OCÉANO ATLÁNTICO
Mogadiscio
Zanzíbar
OCÉANO ÍNDICO
Sumatra
Java

Rutas terrestres ——
Rutas marítimas ——
Centros comerciales importantes ●
Mundo musulmán ▢

LA SOCIEDAD A LAS PUERTAS DE LA MODERNIDAD

Monarquías poderosas que se apoyan en

El clero, que vive de sus propiedades y donaciones

Las ciudades

Proporcionan hombres al ejército real

Que permiten expediciones en busca de nuevas rutas

Los burgueses, que viven de la producción artesanal y del comercio

Suministran armas nuevas

La nobleza, que vive de sus feudos y de sus siervos

Consume objetos de lujo aportados por el comercio

Que proporcionan nuevos mercados

**Mapa mundi.
Abrahám Ortelius.
Siglo XVI.**
Los viajes de Cristóbal Colón
modificaron la idea que se
tenía sobre las dimensiones y
la configuración del planeta.
Un nuevo continente,
desconocido hasta entonces,
se interponía entre
Europa y Asia.

Arte maya. Ruinas de Palenque. Chiapas (México).
Las culturas americanas anteriores a 1492 eran muy diferentes
en cuanto a su nivel de evolución. La cultura maya, centrada en
el sur de México y la península de Yucatán, había logrado
un alto grado de desarrollo científico y artístico.

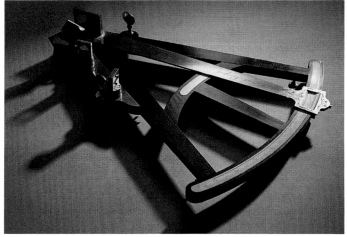

**Instrumento de navegación.
(Museo de Greenwich. Reino Unido)**
El desarrollo de la ciencia náutica y de las técnicas de navegación
permitió a los europeos alejarse de las costas e iniciar la navegación
de altura.

"Vista del puerto y la ciudad de Sevilla en el siglo XVI". Sánchez Coello.
La ciudad de Sevilla monopolizó, con la Casa de Contratación, el comercio con América.
Sevilla se convirtió en una de las ciudades de mayor población y riqueza de Europa,
pues sólo desde su puerto podían zarpar barcos a las Indias.

EUROPA, AL ENCUENTRO DEL MUNDO

Los viajes de exploración europeos de los siglos XV y XVI hacen que todos los grandes grupos humanos del planeta entren en contacto, iniciando una historia común, una historia universal. Hasta entonces la familia humana había vivido en universos cerrados, separados entre sí por desiertos, océanos y espacios infranqueables, o por actitudes de rechazo de los extranjeros. Aunque existieron contactos entre el continente africano, el asiático y el europeo, e incluso entre América y Europa —con la exploración y ocupación vikinga—, nunca fueron duraderos.

Hasta el siglo XV las comunicaciones entre los viejos continentes, dadas las dificultades de los intercambios, se habían limitado a productos de gran valor, como el oro —especialmente el africano—, las piedras preciosas, el marfil y las "especias", rúbrica bajo la que se incluían materias tintóreas, fármacos, productos químicos, especias, aditivos culinarios o incluso productos afrodisíacos y mágicos.

Desde el lanzamiento de la empresa portuguesa de exploración de las costas africanas rumbo al sur, y sobre todo desde la llegada a las costas americanas de tres barcos españoles en 1492, no existirá ya marcha atrás posible; los mundos desconocidos quedan trabados, definiéndose una historia de interrelación que llega hasta nuestros días.

"El prestamista y su mujer". Metsys. (Museo del Louvre).
La expansión europea consiguió la comunicación entre los continentes y el establecimiento de redes regulares de transporte de mercancías. El comercio ultramarino es la base del capitalismo moderno.

"Otto Venius y su familia". Van Veen. (Museo del Louvre).
La burguesía europea, que se beneficia de las operaciones comerciales con las colonias, se convierte en algunos Estados de Europa occidental en clase social dominante.

EUROPA A COMIENZOS DEL SIGLO XVI

▨ Unión de Kalmar: 1347-1521
▨ Posesiones de la Casa de Borgoña
▨ Dominios patrimoniales de la Casa de Habsburgo
▨ República de Venecia
▨ Área de expansión del Imperio Otomano

Fronteras del Imperio Germánico en 1493

Presión turca

R. DE NORUEGA
Oslo
Estocolmo
R. DE SUECIA
Gotland
ORDEN TEUTÓNICA
Riga
PRINCIPADO DE MOSCOVIA
Moscú

R. DE ESCOCIA
Edimburgo
IRLANDA
Dublín
Lancaster
York
R. DE INGLATERRA
Londres
Canterbury

Copenhague
R. DE DINAMARCA
Danzig
POMERANIA
Hamburgo
Lübeck
Amberes
FLANDES
Colonia
BRANDEBURGO
Berlín
SAJONIA
SILESIA
ORDEN TEUTÓNICA
GRAN DUCADO DE LITUANIA
R. DE POLONIA
Cracovia

D. DE LUXEMBURGO
París
Nantes
Orleans
PALATINADO
Praga
R. DE BOHEMIA
FRANCO CONDADO
D. DE BAVIERA
Viena
Budapest
Moldavia

Reino de Navarra: anexionado en 1515
D. DE BORGOÑA
R. DE FRANCIA
CONF. SUIZA
TIROL
Archiduc. DE AUSTRIA
R. DE HUNGRÍA
Valaquia

Santiago
Bilbao
D. DE SABOYA
D. DE MILÁN
Lyon
Belgrado
Oporto
Burgos
R. DE NAVARRA
Toulouse
Rep. DE GÉNOVA
Venecia
Siena
Rep. DE RAGUSA
R. DE PORTUGAL
Valladolid
Medina del Campo
Zaragoza
Marsella
Lisboa
Toledo
Barcelona
Córcega
Roma
ESTADOS PONTIFICIOS
IMPERIO
Estambul
Sevilla
R. DE CASTILLA
R. DE ARAGÓN
Valencia
Baleares
Cerdeña
Rep. DE FLORENCIA
Nápoles
OTOMANO
Tánger
R. DE NÁPOLES
Melilla
Orán
Argel
Bujía
Túnez
Palermo
Sicilia
Creta
Chipre

CRONOLOGÍA

1453
Fin de la Guerra de los Cien Años entre Francia e Inglaterra: los ingleses se retiran de territorio francés

1479
Comienzo del reinado de los Reyes Católicos

1485
La dinastía Tudor consolida el poder monárquico en Gran Bretaña

1492
Conquista de Granada por los Reyes Católicos: unidad religiosa de España

1517
Comienza el reinado de Carlos I de España

1547
Iván el Terrible asume el título de Zar (emperador) en Rusia

1556.
División del Imperio de Carlos V: Imperio Germánico e Imperio Hispánico.

LAS MONARQUÍAS MODERNAS

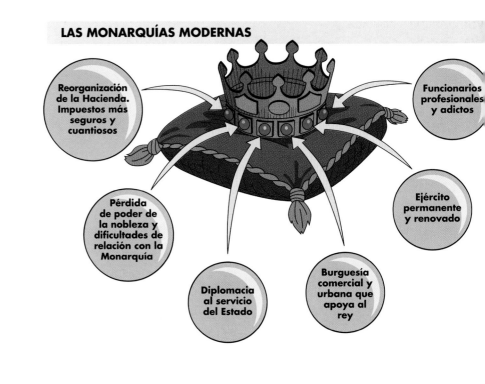

Reorganización de la Hacienda. Impuestos más seguros y cuantiosos

Funcionarios profesionales y adictos

Pérdida de poder de la nobleza y dificultades de relación con la Monarquía

Ejército permanente y renovado

Diplomacia al servicio del Estado

Burguesía comercial y urbana que apoya al rey

LAS MONARQUÍAS EUROPEAS DE LA EDAD MODERNA

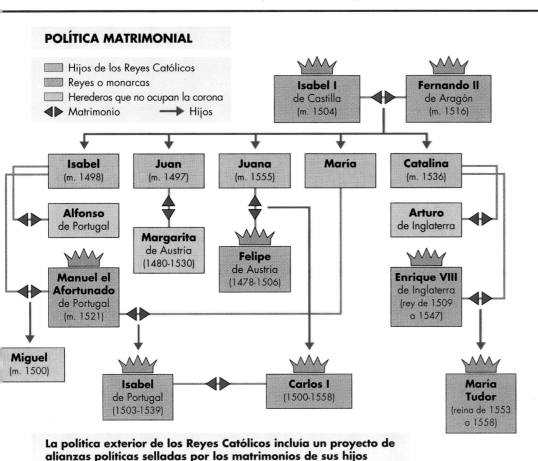

POLÍTICA MATRIMONIAL

- Hijos de los Reyes Católicos
- Reyes o monarcas
- Herederos que no ocupan la corona
- ◄► Matrimonio
- → Hijos

Isabel I de Castilla (m. 1504) ◄► **Fernando II** de Aragón (m. 1516)

Isabel (m. 1498) — **Juan** (m. 1497) — **Juana** (m. 1555) — **María** — **Catalina** (m. 1536)

Alfonso de Portugal

Margarita de Austria (1480-1530)

Arturo de Inglaterra

Felipe de Austria (1478-1506)

Manuel el Afortunado de Portugal (m. 1521)

Enrique VIII de Inglaterra (rey de 1509 a 1547)

Miguel (m. 1500)

Isabel de Portugal (1503-1539) ◄► **Carlos I** (1500-1558)

María Tudor (reina de 1553 a 1558)

La política exterior de los Reyes Católicos incluía un proyecto de alianzas políticas selladas por los matrimonios de sus hijos

---

Europa comienza una recuperación en la segunda mitad del siglo XV. En todo el continente aumenta la población, cesan las guerras civiles y se restaura el poder de un monarca, que es algo más que el señor feudal más importante, pues encarna la totalidad del Estado e intenta administrarlo con funcionarios dependientes de él.

Esa construcción de monarquías modernas comienza en Moscovia, con Iván III; en Francia e Inglaterra, que en 1453 finalizan la Guerra de los Cien Años con la retirada inglesa de territorios franceses; en Portugal; y en Castilla y Aragón, con los Reyes Católicos.

Los Reyes Católicos, Isabel de Castilla y Fernando II de Aragón, presentan un modelo de monarquía moderna, centralizada, que respetó la autonomía de cada uno de los reinos componentes. Con la conquista de Granada en 1492 concluía la presencia musulmana en España, y en el mismo año eran expulsados los judíos. No por ello se unía la Península, pues subsistía el reino de Portugal y el de Navarra, este último incorporado en 1515.

Las alianzas matrimoniales de sus hijos fueron un arma política más, en busca del engrandecimiento de la monarquía. De todos los enlaces proyectados, el más significativo será el de su hija Juana con Felipe de Austria, que puso en manos de Carlos I, su hijo, un amplio mosaico de tierras europeas y el Imperio. Apoyaron la política imperial los recursos del continente americano, que empezaba a ser rentable, y la colaboración de intelectuales y banqueros como los Fugger.

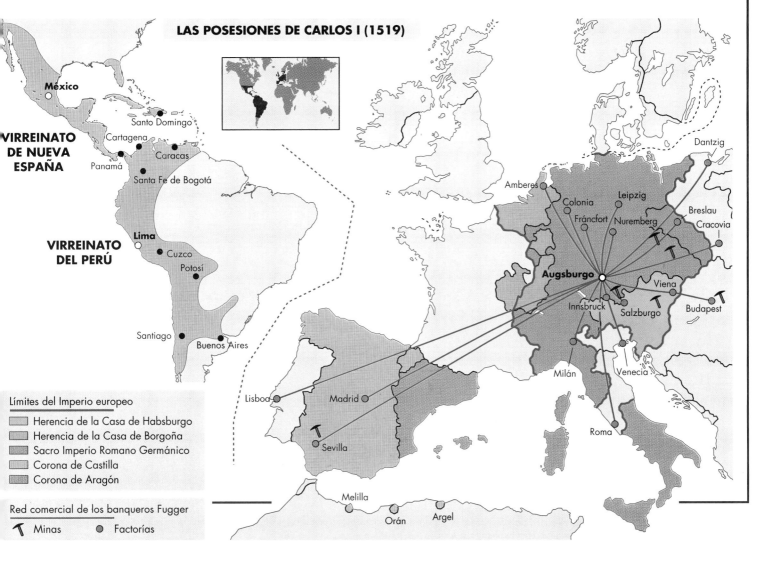

LAS POSESIONES DE CARLOS I (1519)

México
Santo Domingo
Cartagena
Caracas
Panamá
Santa Fe de Bogotá

VIRREINATO DE NUEVA ESPAÑA

VIRREINATO DEL PERÚ

Lima
Cuzco
Potosí
Santiago
Buenos Aires

Dantzig
Amberes
Colonia
Leipzig
Fráncfort
Nuremberg
Breslau
Cracovia
Augsburgo
Viena
Innsbruck
Salzburgo
Budapest
Milán
Venecia
Lisboa
Madrid
Roma
Sevilla
Melilla
Orán
Argel

Límites del Imperio europeo

- Herencia de la Casa de Habsburgo
- Herencia de la Casa de Borgoña
- Sacro Imperio Romano Germánico
- Corona de Castilla
- Corona de Aragón

Red comercial de los banqueros Fugger

- ⊤ Minas
- ● Factorías

Junto a las monarquías modernas, la burguesía comercial y urbana es la nueva fuerza europea y las ciudades se configuran como centro del poder y del saber.

En el mosaico europeo las ciudades de Italia, dividida en varios Estados, fueron pioneras en el desarrollo comercial, financiero, artístico y cultural.

Florencia, con Lorenzo de Médicis (1469-1492), y Milán, con Ludovico Sforza (1460-1499), son el modelo de Estados modernos, progresistas, con participación ciudadana en la gestión de la vida pública. Roma, sede del Papado, se convierte en el escaparate de los nuevos estilos artísticos. Génova y Venecia constituyen dos claros ejemplos del éxito burgués en la gestión del comercio a larga distancia por el Mediterráneo oriental —hasta el mar Negro y los universos islámico y asiático— y por el Mediterráneo occidental hasta Gran Bretaña y Flandes.

En cada ciudad europea, bajo el mecenazgo de monarcas, duques, señores u obispos, los intelectuales se replantean el mundo ayudados por los textos clásicos griegos. Un gran invento, la imprenta, permitirá la ampliación del público intelectual y la difusión de la cultura. Aparece hacia 1450 y pronto se extiende por todo el continente. A finales de siglo se producen obras de todo tipo que son adquiridas por un público entusiasta. Los textos bíblicos, los autores clásicos, las comedias de costumbres pueden llegar a miles de lectores con las mismas palabras de los autores, sin las manipulaciones inevitables de los copistas de épocas anteriores.

En las ciudades se renueva también la enseñanza universitaria y se crean nuevas universidades y academias que reúnen a artistas, poetas, intelectuales y científicos.

EVOLUCIÓN DE LA POBLACIÓN EN ALGUNOS PAÍSES EUROPEOS

Millones de habitantes en 1500
Millones de habitantes en 1600
Millones de habitantes en 1700

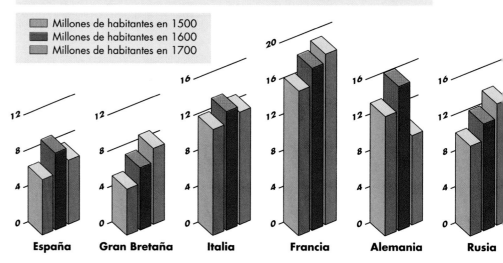

España   Gran Bretaña   Italia   Francia   Alemania   Rusia

CIUDADES EUROPEAS (S. XVI)

Áreas más urbanizadas de Europa
● Ciudades de más de 50.000 hab
● Ciudades entre 25.000 y 50.000 hab
• Ciudades de menos de 25.000 hab
📖 Centros humanistas
— Difusión de la imprenta

DIFUSIÓN DE LA IMPRENTA

1450. Maguncia
Gutenberg inprime los primeros libros

1458. Estrasburgo
Llegada de la imprenta

1470. París
Llegada de la imprenta

1474. Valencia
"Gloses e trobes en llaors de la Verge María", primer libro impreso en España

1490. Venecia
Desde ese año es la capital europea del libro impreso

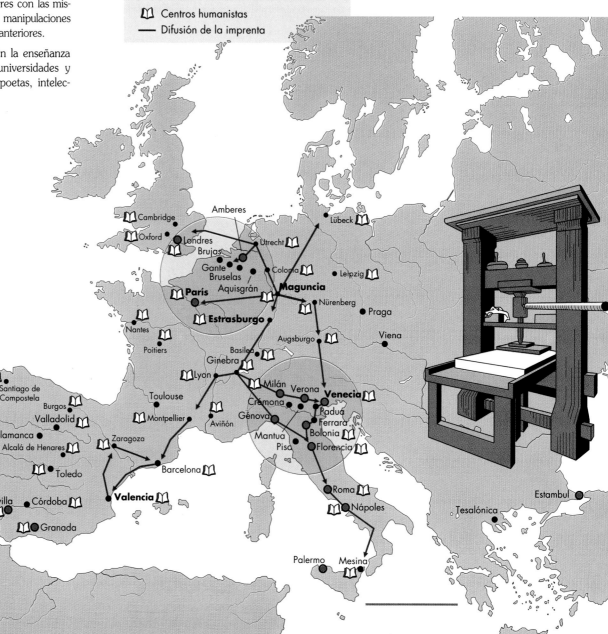

LAS CIUDADES Y LA CULTURA EUROPEA. SIGLOS XV Y XVI

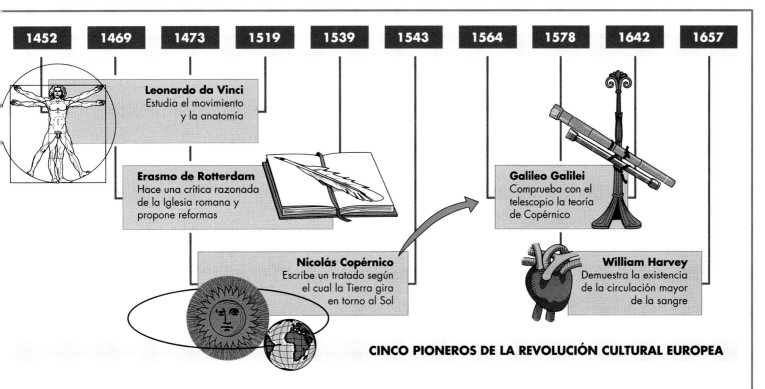

| 1452 | 1469 | 1473 | 1519 | 1539 | 1543 | 1564 | 1578 | 1642 | 1657 |

Leonardo da Vinci
Estudia el movimiento
y la anatomía

Erasmo de Rotterdam
Hace una crítica razonada
de la Iglesia romana y
propone reformas

Nicolás Copérnico
Escribe un tratado según
el cual la Tierra gira
en torno al Sol

Galileo Galilei
Comprueba con el
telescopio la teoría
de Copérnico

William Harvey
Demuestra la existencia
de la circulación mayor
de la sangre

CINCO PIONEROS DE LA REVOLUCIÓN CULTURAL EUROPEA

**UNA VIVIENDA COMERCIAL VENECIANA:
EL PALACIO CONTARINI**

granero

criados

criados

dormitorio

sala de
recepción

dormitorio

oficina

almacén

almacén

almacén

67

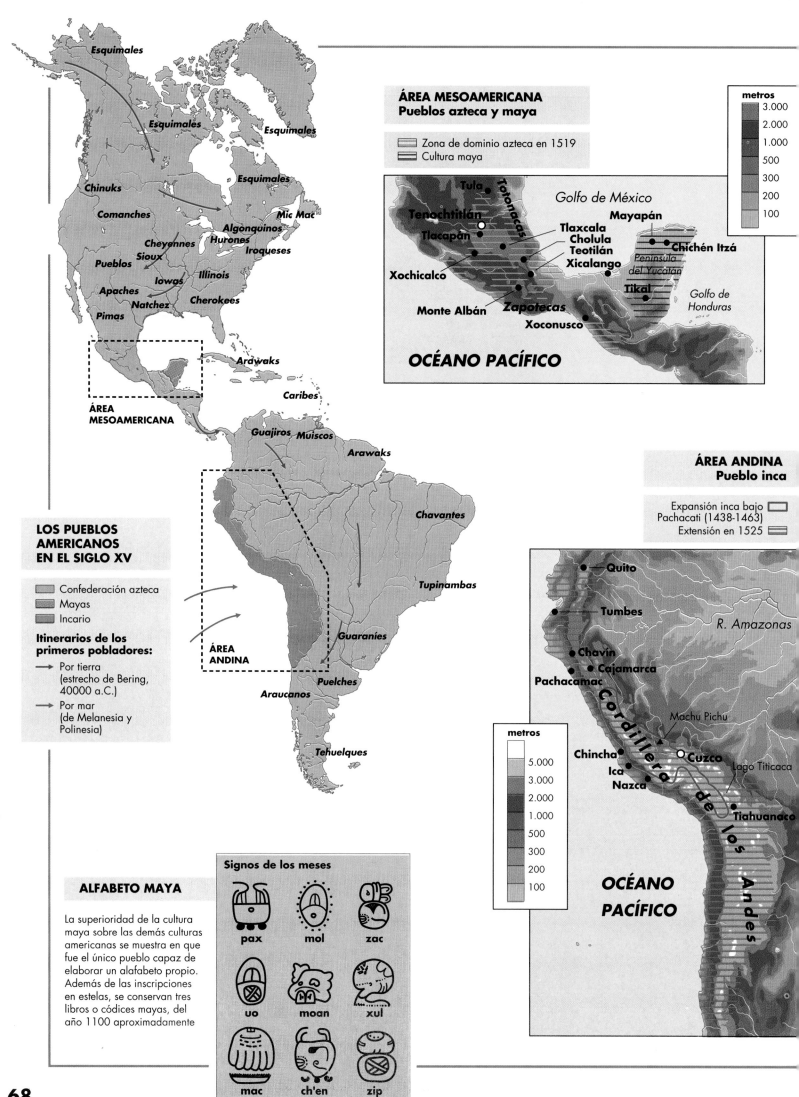

ÁREA MESOAMERICANA
Pueblos azteca y maya

Zona de dominio azteca en 1519
Cultura maya

metros
3.000
2.000
1.000
500
300
200
100

Golfo de México

Tula
Totonacas
Tenochtitlán
Tlacapán
Tlaxcala   Mayapán
Cholula
Teotilán   Chichén Itzá
Xochicalco   Xicalango
Península
del Yucatán
Monte Albán   Tikal
Zapotecas   Golfo de
Xoconusco   Honduras

OCÉANO PACÍFICO

Esquimales
Esquimales
Esquimales
Esquimales
Chinuks
Comanches
Mic Mac
Algonquinos
Cheyennes   Hurones
Sioux   Iroqueses
Pueblos
Iowas   Illinois
Apaches
Natchez   Cherokees
Pimas

ÁREA
MESOAMERICANA

Arawaks

Caribes

Guajiros Muiscos
Arawaks

Chavantes

Tupinambas

ÁREA
ANDINA

Guaraníes

Puelches

Araucanos

Tehuelques

LOS PUEBLOS AMERICANOS EN EL SIGLO XV

Confederación azteca
Mayas
Incario

Itinerarios de los primeros pobladores:

→ Por tierra (estrecho de Bering, 40000 a.C.)

→ Por mar (de Melanesia y Polinesia)

ÁREA ANDINA
Pueblo inca

Expansión inca bajo Pachacati (1438-1463)
Extensión en 1525

Quito

Tumbes   R. Amazonas

Chavín
Cajamarca
Pachacamac
Machu Pichu
Chincha   Cuzco
Ica   Lago Titicaca
Nazca
Tiahuanaco

Cordillera de los Andes

metros
5.000
3.000
2.000
1.000
500
300
200
100

OCÉANO PACÍFICO

ALFABETO MAYA

La superioridad de la cultura maya sobre las demás culturas americanas se muestra en que fue el único pueblo capaz de elaborar un alafabeto propio. Además de las inscripciones en estelas, se conservan tres libros o códices mayas, del año 1100 aproximadamente

Signos de los meses

pax   mol   zac

uo   moan   xul

mac   ch'en   zip

LA PIRÁMIDE SOCIAL INCA

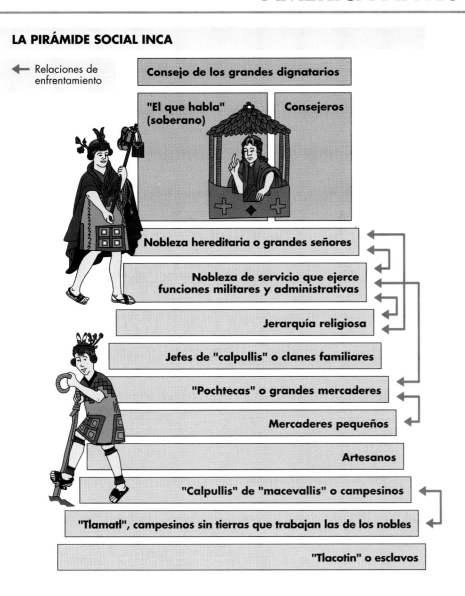

← Relaciones de enfrentamiento

Consejo de los grandes dignatarios

"El que habla" (soberano)

Consejeros

Nobleza hereditaria o grandes señores

Nobleza de servicio que ejerce funciones militares y administrativas

Jerarquía religiosa

Jefes de "calpullis" o clanes familiares

"Pochtecas" o grandes mercaderes

Mercaderes pequeños

Artesanos

"Calpullis" de "macevallis" o campesinos

"Tlamatl", campesinos sin tierras que trabajan las de los nobles

"Tlacotin" o esclavos

Los pueblos que habitaban América en 1492 no tenían conciencia de pertenecer al mismo continente ni de compartir una misma cultura. Sus niveles de evolución eran también muy distintos. Existían dos áreas de gran desarrollo político, económico y cultural, dos o tres zonas de desarrollo incipiente, y una serie numerosa de pueblos nómadas y cazadores con distintas tradiciones y lenguas.

En el altiplano mexicano existía una Confederación Azteca, liderada por la ciudad de Tenochtitlán, como resultado de la expansión del pueblo mexica, que había llegado al valle de México en el siglo XIII. Con el soberano Moctezuma II (1502-1520) alcanzan su máxima expansión territorial y un desarrollo agrícola y comercial notable. Un campesinado muy numeroso permite, por el mecanismo del tributo, la existencia de una minoría dirigente con rasgos sagrados.

En las regiones andinas de Suramérica se localizaba otro imperio, el inca. Su base social era el "calpulli", comunidad agrícola formada por familias campesinas, cuyo excedente era requisado y redistribuido por el Estado central y por sus funcionarios. El soberano máximo residía en la capital, Cuzco; tenía atribuciones divinas y procuraba incorporar a su corte a la nobleza de las tierras dominadas.

Tanto aztecas como incas lograron expresiones culturales y artísticas de gran perfección y desarrollaron sistemas religiosos complejos que rodeaban toda la vida humana.

Las dos "grandes culturas", al igual que la cultura muisca (o chibcha) de la actual Colombia, y la cultura maya, que se había extendido por el sur de México y la península del Yucatán hasta el siglo X, eran el resultado de una larga evolución, iniciada a partir de la llegada del hombre al continente americano, que debió producirse hace unos 40.000 años tanto por vía terrestre —a través del estrecho de Bering— como por emigraciones marítimas desde Polinesia y Melanesia.

TRES CULTURAS AVANZADAS

Calendario azteca
Piedra del Sol (Museo Nacional de Antropología. México)

Pirámide maya
Tikal (Guatemala)

Ciudad inca
Machu Pichu (Perú)

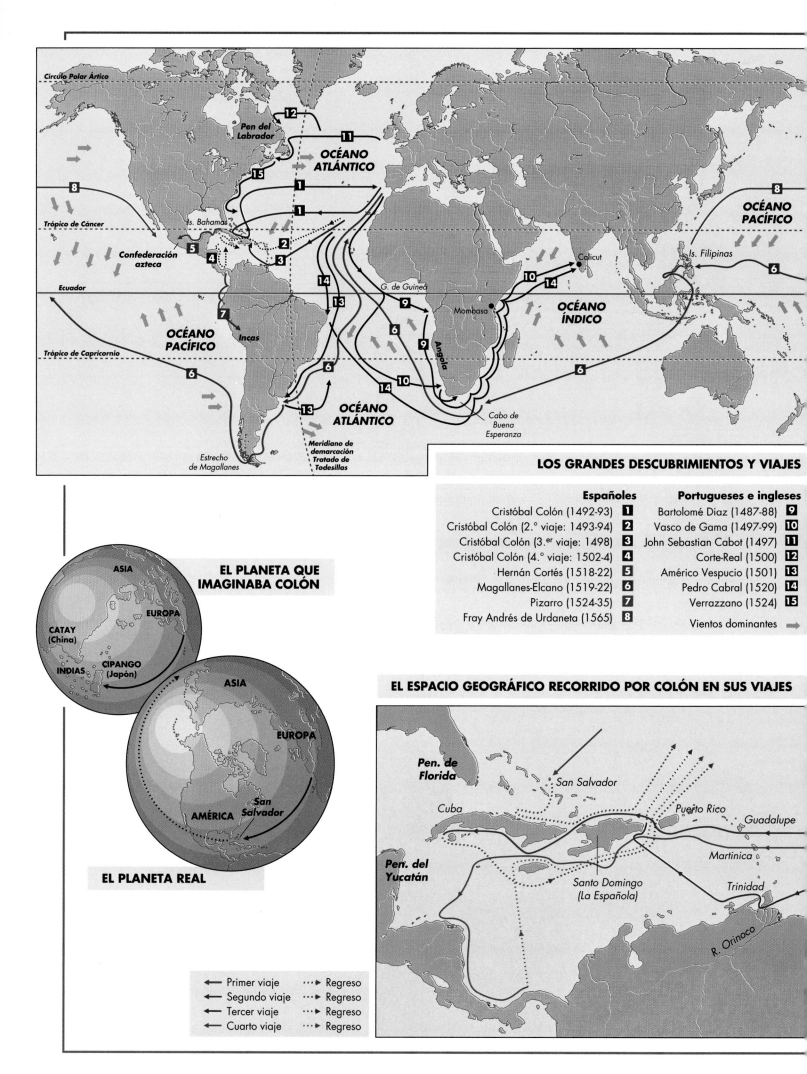

LOS GRANDES DESCUBRIMIENTOS Y VIAJES

Españoles		Portugueses e ingleses	
Cristóbal Colón (1492-93)	**1**	Bartolomé Diaz (1487-88)	**9**
Cristóbal Colón (2.° viaje: 1493-94)	**2**	Vasco de Gama (1497-99)	**10**
Cristóbal Colón (3.er viaje: 1498)	**3**	John Sebastian Cabot (1497)	**11**
Cristóbal Colón (4.° viaje: 1502-4)	**4**	Corte-Real (1500)	**12**
Hernán Cortés (1518-22)	**5**	Américo Vespucio (1501)	**13**
Magallanes-Elcano (1519-22)	**6**	Pedro Cabral (1520)	**14**
Pizarro (1524-35)	**7**	Verrazzano (1524)	**15**
Fray Andrés de Urdaneta (1565)	**8**		

Vientos dominantes ➜

EL PLANETA QUE IMAGINABA COLÓN

EL PLANETA REAL

EL ESPACIO GEOGRÁFICO RECORRIDO POR COLÓN EN SUS VIAJES

← Primer viaje ····▶ Regreso
← Segundo viaje ····▶ Regreso
← Tercer viaje ····▶ Regreso
← Cuarto viaje ····▶ Regreso

LOS GRANDES DESCUBRIMIENTOS

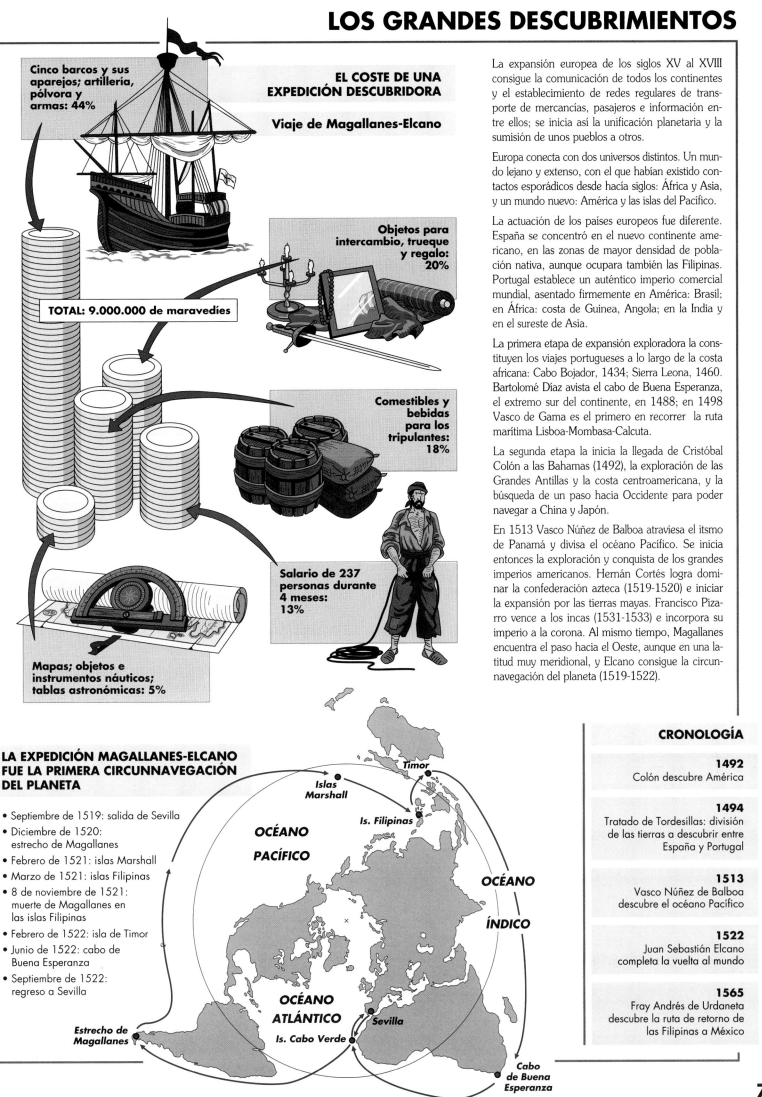

Cinco barcos y sus aparejos; artillería, pólvora y armas: 44%

EL COSTE DE UNA EXPEDICIÓN DESCUBRIDORA

Viaje de Magallanes-Elcano

TOTAL: 9.000.000 de maravedíes

Objetos para intercambio, trueque y regalo: 20%

Comestibles y bebidas para los tripulantes: 18%

Salario de 237 personas durante 4 meses: 13%

Mapas; objetos e instrumentos náuticos; tablas astronómicas: 5%

La expansión europea de los siglos XV al XVIII consigue la comunicación de todos los continentes y el establecimiento de redes regulares de transporte de mercancías, pasajeros e información entre ellos; se inicia así la unificación planetaria y la sumisión de unos pueblos a otros.

Europa conecta con dos universos distintos. Un mundo lejano y extenso, con el que habían existido contactos esporádicos desde hacía siglos: África y Asia, y un mundo nuevo: América y las islas del Pacífico.

La actuación de los países europeos fue diferente. España se concentró en el nuevo continente americano, en las zonas de mayor densidad de población nativa, aunque ocupara también las Filipinas. Portugal establece un auténtico imperio comercial mundial, asentado firmemente en América: Brasil; en África: costa de Guinea, Angola; en la India y en el sureste de Asia.

La primera etapa de expansión exploradora la constituyen los viajes portugueses a lo largo de la costa africana: Cabo Bojador, 1434; Sierra Leona, 1460. Bartolomé Díaz avista el cabo de Buena Esperanza, el extremo sur del continente, en 1488; en 1498 Vasco de Gama es el primero en recorrer la ruta marítima Lisboa-Mombasa-Calcuta.

La segunda etapa la inicia la llegada de Cristóbal Colón a las Bahamas (1492), la exploración de las Grandes Antillas y la costa centroamericana, y la búsqueda de un paso hacia Occidente para poder navegar a China y Japón.

En 1513 Vasco Núñez de Balboa atraviesa el itsmo de Panamá y divisa el océano Pacífico. Se inicia entonces la exploración y conquista de los grandes imperios americanos. Hernán Cortés logra dominar la confederación azteca (1519-1520) e iniciar la expansión por las tierras mayas. Francisco Pizarro vence a los incas (1531-1533) e incorpora su imperio a la corona. Al mismo tiempo, Magallanes encuentra el paso hacia el Oeste, aunque en una latitud muy meridional, y Elcano consigue la circunnavegación del planeta (1519-1522).

LA EXPEDICIÓN MAGALLANES-ELCANO FUE LA PRIMERA CIRCUNNAVEGACIÓN DEL PLANETA

- Septiembre de 1519: salida de Sevilla
- Diciembre de 1520: estrecho de Magallanes
- Febrero de 1521: islas Marshall
- Marzo de 1521: islas Filipinas
- 8 de noviembre de 1521: muerte de Magallanes en las islas Filipinas
- Febrero de 1522: isla de Timor
- Junio de 1522: cabo de Buena Esperanza
- Septiembre de 1522: regreso a Sevilla

Timor

Islas Marshall

Is. Filipinas

OCÉANO PACÍFICO

OCÉANO ÍNDICO

OCÉANO ATLÁNTICO

Sevilla

Is. Cabo Verde

Estrecho de Magallanes

Cabo de Buena Esperanza

CRONOLOGÍA

1492
Colón descubre América

1494
Tratado de Tordesillas: división de las tierras a descubrir entre España y Portugal

1513
Vasco Núñez de Balboa descubre el océano Pacífico

1522
Juan Sebastián Elcano completa la vuelta al mundo

1565
Fray Andrés de Urdaneta descubre la ruta de retorno de las Filipinas a México

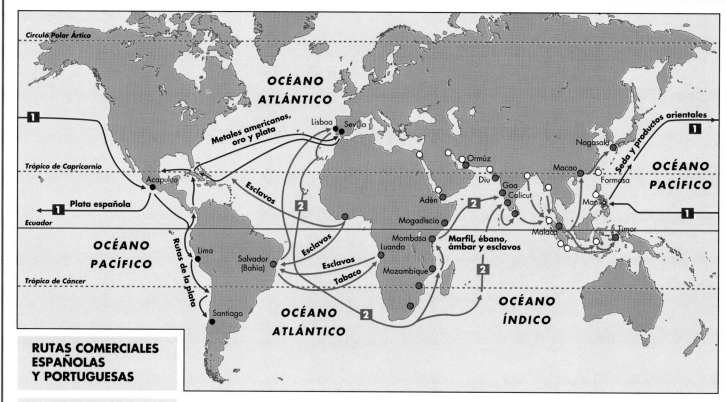

RUTAS COMERCIALES ESPAÑOLAS Y PORTUGUESAS

← Rutas españolas
1 "Galeón de Manila"

← Rutas portuguesas
2 La "Carreira da India"
● Posesiones portuguesas
○ Agencia comercial portuguesa

CRONOLOGÍA

1503
Creación de la "Casa de Contratación" para monopolizar el comercio español en el mundo descubierto

1513
Descubrimiento del océano Pacífico

1522
Los portugueses crean factorías en las Molucas

1542
Los portugueses inician el comercio con Japón

1546-1547
Los españoles descubren las minas de México y Perú

1570
Fundación de Manila, en Filipinas, por los españoles

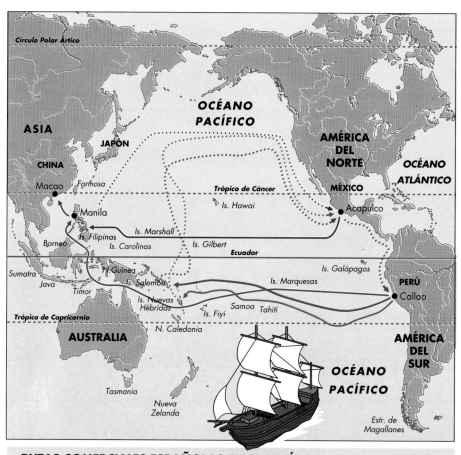

RUTAS COMERCIALES ESPAÑOLAS EN EL PACÍFICO

En el siglo XVI el océano Pacífico se convierte en un "mar español"

← Ruta de ida del "Galeón de Manila"
···▶ Ruta de vuelta
← Expedición de Álvaro de Mendaña a las islas Salomón (1567-1569)
···▶ Regreso
← Expedición de Quirós-Torres a "Nueva Australia del Espíritu Santo" (islas Hébridas, 1605-1606)
···▶ Regreso
← Rutas chinas de la seda a Manila

COMERCIO E INTERCAMBIO EN LOS IMPERIOS IBÉRICOS

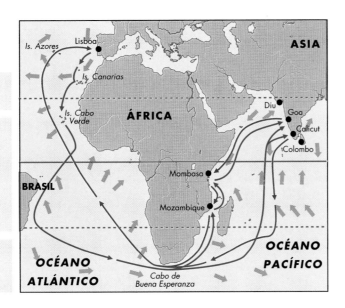

LA "CARREIRA DA INDIA"

La "Carrera da India" de los portugueses es un ejemplo de la utilización de las corrientes y vientos dominantes para desarrollar una amplia navegación regular de altura

← Viaje de ida
← Viaje de vuelta
⇐ Vientos dominantes

El objetivo comercial había sido el motor de las expediciones portuguesas y españolas en el océano Atlántico; la explotación de los nuevos territorios y la exportación a Europa de sus recursos serán la base de la organización política y social de estos imperios.

Los portugueses se convierten en grandes proveedores de especias, que llegan directamente a Lisboa desde la India y el sureste de Asia, para ser reexportadas. La "Carreira da India" era un largo periplo por los océanos Atlántico e Índico, con algunas bases costeras en donde se almacenaban y protegían los productos. África proporcionaba especias baratas y, sobre todo, esclavos, pero las verdaderas riquezas se encontraban en Asia, y allí fue donde se instalaron pequeños enclaves coloniales en territorios indígenas o musulmanes y en puertos de China y Japón.

Los españoles, después de algunos ensayos iniciales infructuosos, logran descubrir minas de oro y, sobre todo, de plata en México y Perú —especialmente la del cerro de Potosí—, que tendrán una producción fabulosa, superior a todo lo conocido hasta la fecha. Los metales llegan a Sevilla y entran en el circuito comercial europeo. La ciudad se convierte en una de las de mayor población y riqueza de Europa, y antesala del mundo americano, pues sólo desde allí pueden zarpar barcos a las Indias.

Tanto España como Portugal impusieron un monopolio comercial en sus territorios, espacio exclusivo de comerciantes y navíos nacionales. Esta política del "mar cerrado" y de monopolio tiene como objetivo el enriquecimiento nacional.

Ingleses, franceses y holandeses supieron romper el monopolio comercial hispano mediante el contrabando y la actuación pirática contra ciudades y navíos. Para evitar los ataques de filibusteros y corsarios, el comercio entre España y las Indias se efectuaba por el sistema de grandes flotas anuales, protegidas por barcos armados.

CIRCUITO DE LAS EXPORTACIONES AMERICANAS A EUROPA EN EL S. XVI

Oro y plata de México

Sevilla

Santo Domingo

Veracruz

Portobelo

Callao-Lima

Oro y plata del Perú

Plata: 80%

Oro: 19%

Perlas: 1%

TRÁFICO DE SEVILLA CON AMÉRICA

La cifra en azul indica el número total de navíos utilizados en cada decenio

Miles de toneladas

829 — 1512-30
1.097 — 1531-40
1.542 — 1541-50
1.225 — 1551-60
1.324 — 1561-70
1.237 — 1571-80
1.551 — 1581-90
1.663 — 1591-1600
1.723 — 1601-10
1.693 — 1611-20

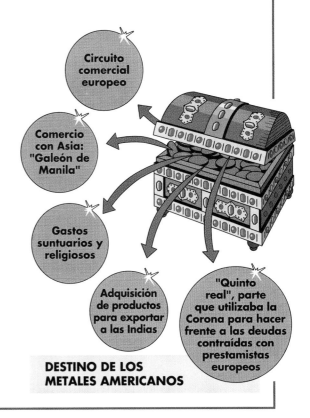

Circuito comercial europeo

Comercio con Asia: "Galeón de Manila"

Gastos suntuarios y religiosos

Adquisición de productos para exportar a las Indias

"Quinto real", parte que utilizaba la Corona para hacer frente a las deudas contraídas con prestamistas europeos

DESTINO DE LOS METALES AMERICANOS

AMÉRICA HISPANA

Posesiones españolas
Virreinato de Nueva España
Virreinato del Perú
Unidades administrativas posteriores ←
Límite de Audiencia
Sede de Audiencia* ○
Capital de Virreinato* ■
Otras ciudades importantes •
Área de las misiones jesuíticas ▨
Posesiones portuguesas hasta 1600
Territorio holandés de 1627 a 1654 ▨

La fecha que acompaña a las sedes indica su año de constitución

GOB. DE LAS FLORIDAS

San Agustín

AUDIENCIA DE NUEVA GALICIA
Guadalajara 1548

México 1527

La Habana

AUDIENCIA DE LA ESPAÑOLA

Mérida

AUDIENCIA DE MÉXICO

Guatemala 1543

AUDIENCIA DE GUATEMALA

CAP. GENERAL DE GUATEMALA

Santo Domingo 1511

Santa Fe de Bogotá 1518

CAPITANÍA GENERAL DE CUBA, SANTO DOMINGO Y PUERTO RICO

CAPITANÍA GENERAL DE VENEZUELA

Caracas

Panamá 1538

AUDIENCIA DE PANAMÁ

VIRREINATO DE NUEVA GRANADA

Quito 1563

AUDIENCIA DE QUITO

AUDIENCIA DE NUEVA GRANADA

Línea del Tratado de Tordesillas (1494)

AUDIENCIA DE LIMA

Lima 1543

B R A S I L

Bahía

Línea de demarcación de Tordesillas

Charcas 1559

AUDIENCIA DE CHARCAS

Asunción

Río de Janeiro

RÍO GRANDE

PARAÍBA

ITAMARACA   Olinda

PERNAMBUCO

BAHÍA   Salvador (Bahía)

San Cristóbal

Santiago de Chile 1563

AUDIENCIA DE CHILE

Buenos Aires

VIRREINATO DE LA PLATA

CAPITANÍA GENERAL DE CHILE

ITAPARICA PARAGUACU

ILHÉUS   San Jorge

PORTO SEGURO   Porto Seguro

ESPÍRITU SANTO   Espíritu Santo

SANTO TOMÉ

Río de Janeiro   RÍO DE JANEIRO

SANTO AMARO

São Paulo

SAN VICENTE

SANTA ANA

CAPITANÍAS PORTUGUESAS EN BRASIL (S. XVII)

En el nuevo continente, España y Portugal intentan organizar sociedades que sigan el modelo de las metrópolis, pero el resultado será muy distinto; los monarcas impiden el desarrollo de una nobleza terrateniente y, representados por virreyes, ostentan todo el poder; la organización de la Iglesia depende también del monarca, al haberle autorizado el Papa a instituir un Regio Patronato.

En América, a las diferencias europeas basadas en el nacimiento o la fortuna, se añade la pertenencia a distintos grupos étnicos de rasgos muy marcados: los indígenas, los esclavos africanos, y "las castas" o mezclas de razas.

Los nativos, súbditos de la corona y en teoría iguales a los españoles, eran considerados como pueblo protegido y tutelado, mano de obra abundante y barata en las minas y en las haciendas. Su número disminuyó de forma muy acusada en los primeros siglos de la conquista. Los mestizos, resultado de la unión de españoles e indios, fueron despreciados por los unos y por los otros. Los esclavos africanos eran un elemento intruso, privado de derechos, socialmente inferior al indio.

En la América hispana se distingue claramente la "república de españoles" y la "república de indios". En la primera, la cumbre de la sociedad la ocupan los altos funcionarios reales; los encomenderos —luego convertidos en grandes propietarios rurales—que se benefician del trabajo o del tributo gratuito de los indígenas; los mineros, y los grandes comerciantes. Pero no todos los españoles consiguen "hacer la América". Muchos no tienen acceso a la propiedad y deben sobrevivir como artesanos o trabajadores. La Iglesia tiene un poder paralelo al del Estado.

La sociedad colonial hispana, en términos generales, fue una sociedad violenta, basada en la explotación y la desigualdad.

Brasil se pobló mucho más lentamente. En el esquema imperial portugués no existían riquezas en esas tierras americanas que justificaran su explotación. La expansión del cultivo del azúcar con mano de obra africana consolidará la colonia en el siglo XVII.

Parcelas de cultivo de caña explotadas por los "lavradores de caña"

caña de azúcar

Poblado jesuita

mano de obra indígena

ganado

UN "ENGENHO" O PLANTACIÓN DE CAÑA EN LA CAPITANÍA DE BAHÍA (BRASIL)

Residencia de los dueños y dependencias

Aportaciones y exportaciones

madera

De Salvador (Bahía): utensilios, vino, tejidos, esclavos, artesanos...

mandioca

A Salvador (Bahía): azúcar y ron

LA SOCIEDAD COLONIAL AMERICANA. SIGLOS XVI Y XVII

PLAZA MAYOR DE VALLADOLID (NUEVA ESPAÑA)

s ciudades construidas por los españoles en América
entan racionalizar y
arquizar el espacio

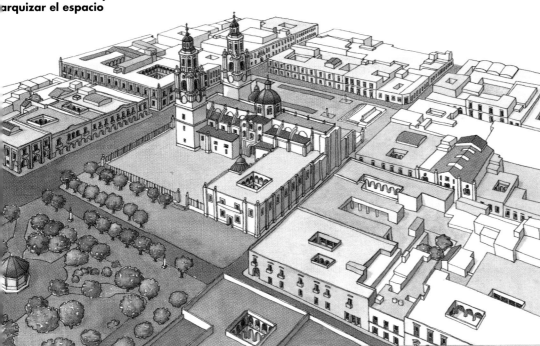

ESQUEMA DEL TRAZADO DE UNA CIUDAD INDIANA

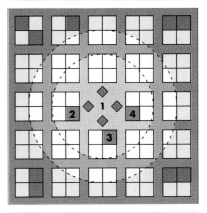

Zonas de viviendas
Círculo interior: encomenderos
Círculo intermedio: españoles de menor rango social
Zona exterior: indios

1. Plaza mayor
2. Palacio del gobernador
3. Ayuntamiento o cabildo
4. Catedral o iglesia importante

Huertas y jardines ▢
Tiendas en la plaza mayor ◆

ESTRUCTURA POLÍTICO-ADMINISTRATIVA DEL IMPERIO ESPAÑOL EN INDIAS

Instituciones metropolitanas ▢
Grandes unidades administrativas en Indias ▢
Instituciones españolas a nivel local ▢
Instituciones indígenas a nivel local ▨

- REY
- Casa de Contratación
- Consejo de Indias
- Virreyes
- Capitanes generales
- Gobernadores
- Audiencia
- Oficiales reales
- Obispos y altos cargos religiosos
- Cabildos municipales
- Corregidores y alcaldes mayores
- Corregidores de indios
- Caciques indígenas

CRONOLOGÍA

1511
Primera Audiencia: Santo Domingo

1521
Conquista de México

1542
La Leyes Nuevas restringen las encomiendas

1543
Lima, capital del Virreinato

1545-1546
Descubrimiento de minas de plata en México y Perú

1577
Río de Janeiro, capital de Brasil

EL DECLIVE DE LA POBLACIÓN INDÍGENA

Indios ▢
Castas ▢
Españoles ▢

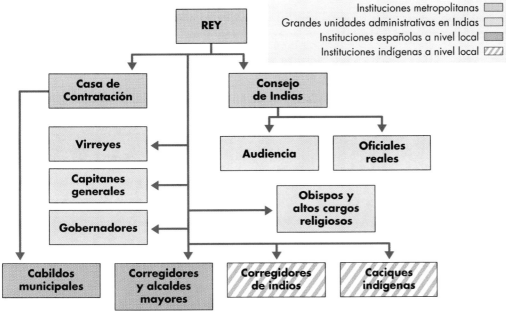

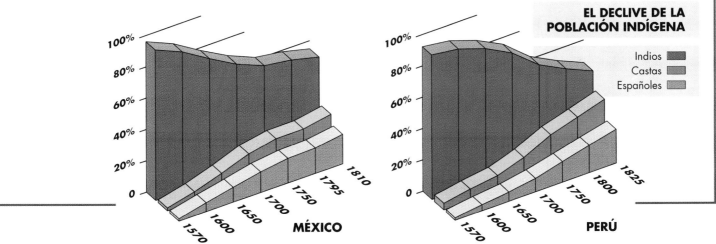

MÉXICO

PERÚ

Durante la Edad Media perduró el deseo de recuperar una "Universidad Christiana", una Europa unida en la fe, en la obediencia a Roma y al emperador. Con el imperio de Carlos I ese sueño pareció convertirse en realidad. Sin embargo, en los siglos XVI y XVII se desencadenaron importantes conflictos, iniciados por motivos religiosos, que desgarraron a Europa.

El fraile agustino Lutero era un reformador indignado por la corrupción del papado, de los obispos y de los monasterios, y por la pérdida de una espiritualidad auténtica y profunda. Al rechazar, en 1517, la autoridad del Papa y los obispos y proponer el sacerdocio de los fieles y el valor exclusivo de la fe, dejó la puerta abierta a muchos movimientos de reforma y a guerras de religión en los territorios del Imperio.

En 1520, debido a la influencia del reformador Zuinglio, la ciudad de Zurich se separa de Roma. Siguen su ejemplo muchas regiones de Francia y de la Europa central y nórdica. Calvino, a su vez, instaura en Ginebra una teocracia intransigente, que da gran importancia a la predestinación y favorece la actividad burguesa; el calvinismo se extiende por Francia, Polonia, Hungría y Escocia, donde se convierte en religión oficial.

En los Países Bajos la Reforma se une a la ideología de rebelión contra la corona española. En Inglaterra, Enrique VIII separa a su Iglesia del papado, consiguiendo incorporar a la corona el patrimonio eclesiástico.

La fabulosa difusión de la Reforma motiva la celebración del Concilio de Trento (1545-1563) para la renovación de la Iglesia romana. A partir del concilio, en la segunda mitad del siglo XVI se difunde la Contrarreforma, en la que destaca la orden de los jesuitas.

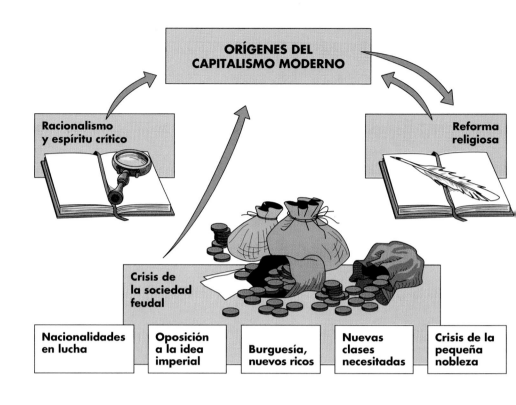

ORÍGENES DEL CAPITALISMO MODERNO

Racionalismo y espíritu crítico

Reforma religiosa

Crisis de la sociedad feudal

Nacionalidades en lucha | Oposición a la idea imperial | Burguesía, nuevos ricos | Nuevas clases necesitadas | Crisis de la pequeña nobleza

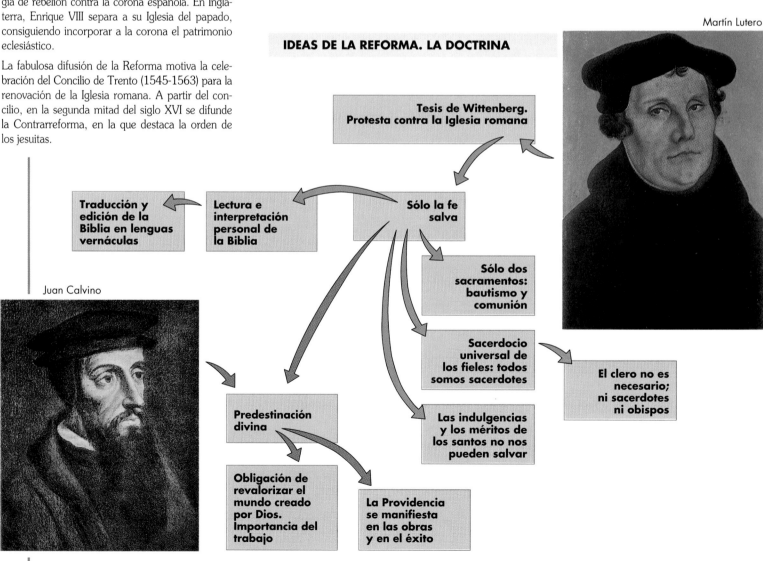

IDEAS DE LA REFORMA. LA DOCTRINA

Martín Lutero

Juan Calvino

Tesis de Wittenberg. Protesta contra la Iglesia romana

Traducción y edición de la Biblia en lenguas vernáculas

Lectura e interpretación personal de la Biblia

Sólo la fe salva

Sólo dos sacramentos: bautismo y comunión

Sacerdocio universal de los fieles: todos somos sacerdotes

El clero no es necesario; ni sacerdotes ni obispos

Predestinación divina

Las indulgencias y los méritos de los santos no nos pueden salvar

Obligación de revalorizar el mundo creado por Dios. Importancia del trabajo

La Providencia se manifiesta en las obras y en el éxito

LA REFORMA PROTESTANTE Y LOS CONFLICTOS RELIGIOSOS

CRONOLOGÍA

1517
Lutero inicia la Reforma con las tesis de Wittenberg

1520
Reforma de Zuinglio

1525
Alemania: revuelta de campesinos. Sublevaciones contra los nobles

1531
Enrique VIII se separa de Roma

1541-1564
Teocracia de Calvino

1545-1563
Concilio de Trento. Renovación de la Iglesia, Contrarreforma

1547
Batalla de Mühlberg. Carlos V derrota a los luteranos

1555
Paz de Augsburgo. Libertad religiosa del Imperio

1598
Edicto de Nantes. Libertad religiosa para los hugonotes

Enrique VIII se separa de Roma

Edicto de Nantes (1598). Fin de la guerra de religión en Francia

Teocracia de Calvino

Nacimiento de la Reforma de Lutero

Paz de Augsburgo (1555). Fin de la guerra de religión en Alemania

Zuinglio se separa de Roma

REFORMA PROTESTANTE Y CONFLICTOS RELIGIOSOS EN EL SIGLO XVI

◼ Centros de difusión de la Reforma

◪ Universidades y colegios focos de la Reforma

★ Batallas y revueltas:
1. Batalla de Mühlberg (1547)
2. Revuelta de campesinos (1525)

LA SITUACIÓN RELIGIOSA EN EL SIGLO XVI

- - - Separación de cristianos y ortodoxos

Católicos

Luteranos

Anglicanos

Calvinistas

Ortodoxos

Musulmanes

EL ESCENARIO DE LA PRIMERA GRAN GUERRA EUROPEA (1618)

En el siglo XVII se mantiene la rivalidad entre los distintos Estados europeos.

Las causas de los conflictos no sólo son religiosas; en realidad, Europa entera se enfrenta al Imperio y a los Habsburgo para acabar con su hegemonía política y territorial.

Todo el continente se convierte en escenario de guerras civiles e internacionales entre potencias católicas y protestantes, que culminan en la guerra de los Treinta Años (1618-1648).

Con el final de la guerra comienza la decadencia del Imperio de los Habsburgo y el fortalecimiento de los Estados nacionales: Francia, Holanda e Inglaterra.

A partir de los tratados de paz de Westfalia se inicia una nueva Europa basada en el equilibrio entre las potencias y no en la supremacía de unos Estados frente a otros.

Luteranos
Calvinistas
Católicos
Posesiones de los Habsburgo de Austria
Posesiones de los Habsburgo de España
Límites del Sacro Imperio

CRONOLOGÍA

1619
Alianza entre los Habsburgo: Fernando II, emperador de Alemania, y Felipe III, rey de España

1620
Victoria de los Habsburgo en la Montaña Blanca

1625-1629
Dinamarca interviene en la guerra de los Treinta Años

1630
Suecia interviene en la guerra

1632
Victoria sueca de Lützen

1634
Victoria de los Habsburgo en Nördlingen

1635-1648
Francia interviene en la guerra

1643
Derrota del ejército español en Rocroi

1648
Tratados de Westfalia

1659
Paz de los Pirineos entre España y Francia

LA GUERRA DE LOS TREINTA AÑOS

Primera etapa de la guerra en Bohemia y el Palatinado

Victoria de los Habsburgo sobre los luteranos

Ataques de los Habsburgo contra Bohemia y el Palatinado, enclaves luteranos

Intervención danesa contra los ejércitos de los Habsburgo

Territorios ocupados por Christian IV de Dinamarca
Límite del avance danés
Ofensivas de los Habsburgo

La intervención sueca

Victoria sueca de Lützen
Territorios ocupados por Gustavo Adolfo de Suecia
Límite del avance sueco
Ofensivas de los Habsburgo

La intervención francesa

Derrota definitiva de los Habsburgo
Territorios ocupados por Francia
Ofensiva francesa
Ofensiva española contra los franceses

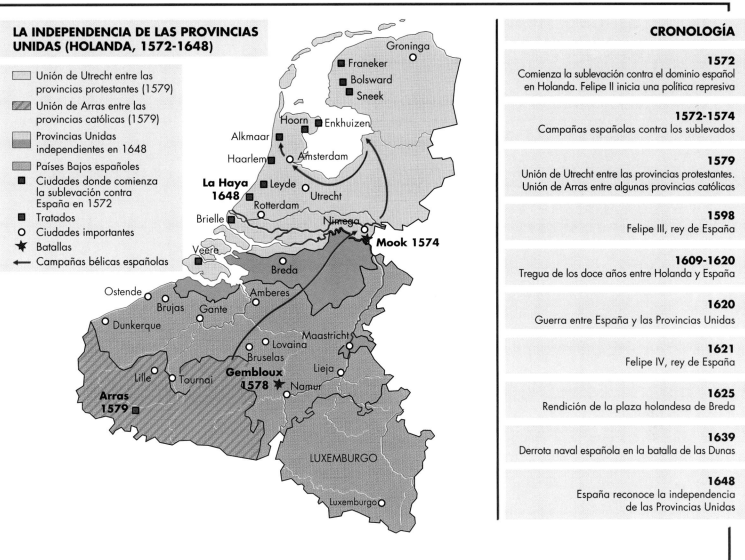

LA INDEPENDENCIA DE LAS PROVINCIAS UNIDAS (HOLANDA, 1572-1648)

- Unión de Utrecht entre las provincias protestantes (1579)
- Unión de Arras entre las provincias católicas (1579)
- Provincias Unidas independientes en 1648
- Países Bajos españoles
- ■ Ciudades donde comienza la sublevación contra España en 1572
- ■ Tratados
- ○ Ciudades importantes
- ★ Batallas
- ← Campañas bélicas españolas

CRONOLOGÍA

1572
Comienza la sublevación contra el dominio español en Holanda. Felipe II inicia una política represiva

1572-1574
Campañas españolas contra los sublevados

1579
Unión de Utrecht entre las provincias protestantes. Unión de Arras entre algunas provincias católicas

1598
Felipe III, rey de España

1609-1620
Tregua de los doce años entre Holanda y España

1620
Guerra entre España y las Provincias Unidas

1621
Felipe IV, rey de España

1625
Rendición de la plaza holandesa de Breda

1639
Derrota naval española en la batalla de las Dunas

1648
España reconoce la independencia de las Provincias Unidas

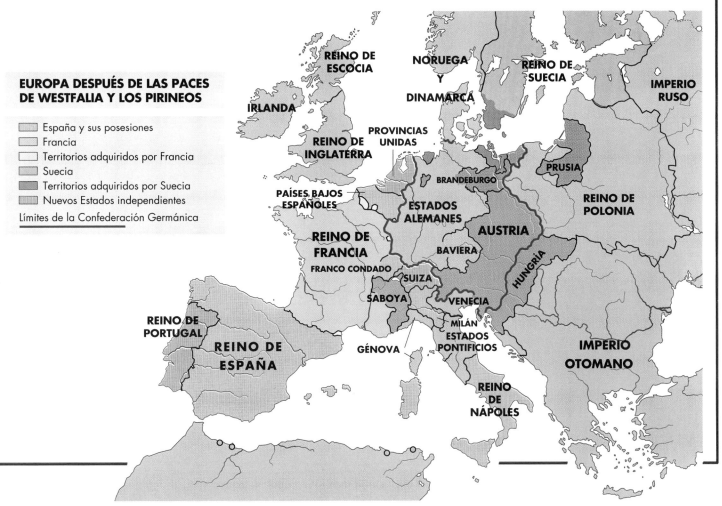

EUROPA DESPUÉS DE LAS PACES DE WESTFALIA Y LOS PIRINEOS

- España y sus posesiones
- Francia
- Territorios adquiridos por Francia
- Suecia
- Territorios adquiridos por Suecia
- Nuevos Estados independientes
- Límites de la Confederación Germánica

El imperio comercial holandés es una consecuencia del desarrollo y la expansión de la burguesía de las ciudades de las Provincias Unidas, en el curso de su lucha de independencia contra la monarquía española.

Holanda poseía capacidad de expansión marítima, estructuras comerciales avanzadas, centros manufactureros y una agricultura intensiva, con rotación de cultivos, en las tierras ganadas al mar.

A fines del siglo XVI, con la Compañía de las Indias Orientales —auténtico ministerio de colonias, con sede en Amsterdam, en la que participaban numerosos burgueses de la ciudad—, los holandeses consiguen llegar al sureste de Asia y hacerse con el monopolio comercial portugués en la India y China. En 1619 escogen como centro de operaciones la ciudad de Batavia (Yakarta), en la isla de Java, y conquistan algunos enclaves lusitanos, como Malaca, Goa y Ceilán, impidiendo la expansión inglesa en la zona. Holanda se convertirá en una gran metrópoli colonial y controlará el tráfico de especias, metales preciosos y esclavos africanos.

Los navíos holandeses —Compañía de las Indias Occidentales, 1621— llegaron también a América. Lograron ocupar algunas islas de las Antillas y adueñarse del nordeste del Brasil en 1624, de donde fueron expulsados en 1654. En el continente norte controlaron el enclave comercial de Nueva Amsterdam (luego Nueva York) desde 1614 hasta 1664.

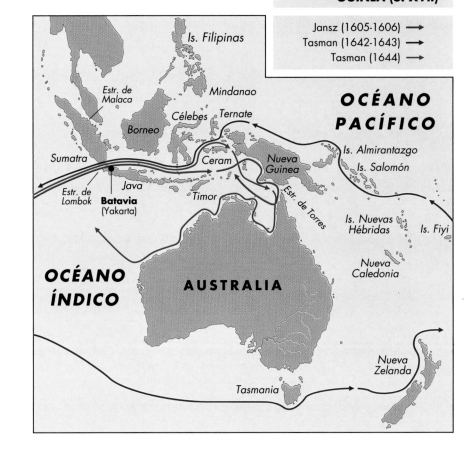

VIAJES DE EXPLORACIÓN DE LOS HOLANDESES A AUSTRALIA Y NUEVA GUINEA (S. XVII)

Jansz (1605-1606) →
Tasman (1642-1643) →
Tasman (1644) →

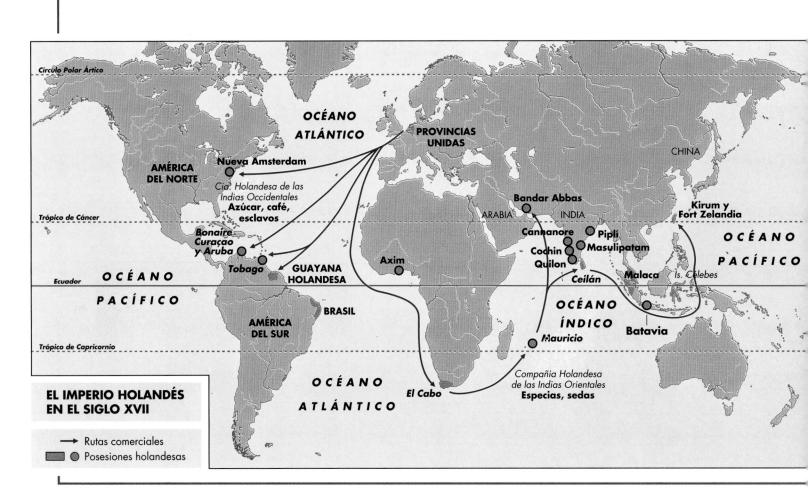

EL IMPERIO HOLANDÉS EN EL SIGLO XVII

→ Rutas comerciales
▨ ● Posesiones holandesas

HOLANDA, FRANCIA Y SUS IMPERIOS

LA MONARQUÍA DE LUIS XIV

Luis XIV, monarca absoluto, organiza la administración y el gobierno y convierte a Francia en una gran potencia

REY

- Canciller
- Supervisor General de Finanzas
- Secretario de Estado de Guerra
- Secretario de Estado de Marina
- Secretario de Estado de la Casa Real (Interior)
- Secretario de Estado de Asuntos Exteriores

Consejos
- Superior
- Finanzas
- Información
- Gastos

Intendentes de Justicia, Policía y Finanzas

EXPLORACIONES FRANCESAS (SS. XVI-XVII)

J. Cartier (1534-1536) →
Champlain (1603-1616) →
La Salle (1669-1682) →
Otras rutas →
Fuertes franceses ■

Francia intentó situarse en Brasil, Florida, el Caribe y Norteamérica, pero sólo lo consiguió en las dos últimas. El imperio francés americano lo iniciaron Jacques Cartier, con sus tres viajes al golfo de San Lorenzo de 1534 a 1541, y Samuel de Champlain, que llevó colonos y fundó Quebec en 1608. La Nueva Francia fue avanzando en dirección sur, siguiendo el tráfico de pieles y estableciendo fuertes en esa ruta: Detroit, Niágara, Sault y St. Marie.

A mediados del siglo XVII la monarquía intenta imitar el modelo holandés de compañías y fomentar la emigración. Prosiguiendo la exploración geográfica, los franceses recorren el Missouri y el Mississippi hasta su desembocadura, donde fundan la colonia de Luisiana, en un punto estratégico para controlar la posible expansión de las colonias inglesas o españolas.

En el Caribe actuaban aventureros y piratas franceses, al acecho de las flotas españolas. Para poner remedio a esa situación, Francia ocupó oficialmente Guadalupe y Martinica en 1635. Las costas occidentales y septentrionales de La Española, bases de filibusteros, fueron incorporadas por Francia desde mediados de siglo.

La gran expansión comercial francesa ultramarina coincide con el reinado de Luis XIV y se inscribe en la política de desarrollo de la economía iniciada por su supervisor general de finanzas Colbert.

EXPANSIÓN FRANCESA EN EL SIGLO XVII

Compañías comerciales:
- De las Indias Orientales →
- De las Indias Occidentales →
- Del Norte →
- De Levante →
- Del Senegal →
- Posesiones francesas ■ ●

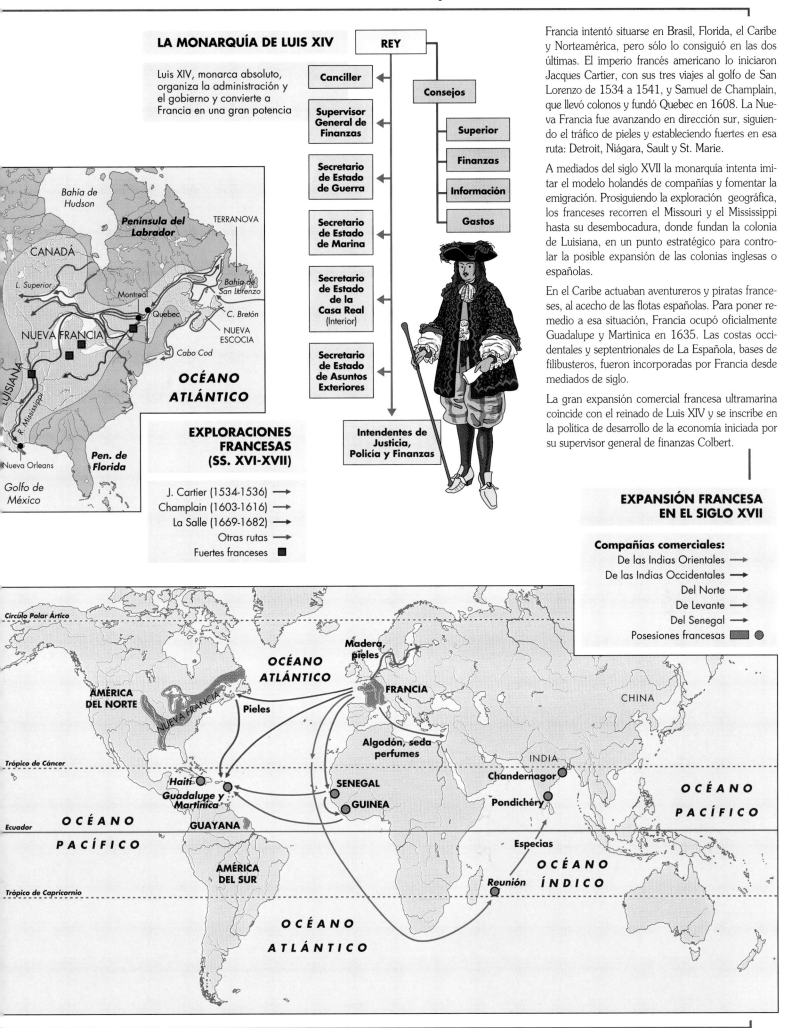

Inglaterra se lanzó a la política colonial impulsada por los descubrimientos españoles y portugueses en los continentes americano y asiático.

Después de los primeros viajes de exploración —J. Cabot a Terranova (1497) y Corte Real a Groenlandia— la actuación inglesa en América en el siglo XVI está relacionada con la guerra que enfrenta a su reina Isabel I con el monarca español Felipe II, líder del bando católico, en la que se mezclan intereses territoriales, comerciales y religiosos. Al mismo tiempo, la burguesía comercial inglesa, que ya en 1544 había creado la Compañía de las Indias Orientales, impulsa la colonización en busca de nuevos mercados.

La misma burguesía protagoniza en el siglo XVII una revolución y una guerra civil contra el modelo de monarquía autoritaria, que consigue la limitación del poder real y el afianzamiento del Parlamento y de los grupos burgueses, partidarios de la expansión colonial.

La expansión inglesa se centra en dos direcciones: Asia, donde consolidan su imperio al dominar la India, y las islas del Caribe y Centroamérica, focos del comercio de esclavos y de acciones de piratería y contrabando.

Muy distinta fue la motivación de los asentamientos ingleses en la costa atlántica de América del Norte, a partir del siglo XVII, subvencionados por compañías autorizadas por la Corona. En 1607 se funda Virginia; en 1620, un centenar de emigrantes, los llamados "Padres Peregrinos", puritanos que buscaban una tierra donde ejercer libremente su religión, establecen la colonia de Plymouth. Otros colonos forman la colonia de Massachusetts, y así van apareciendo colonias autónomas a lo largo de la costa. Constituyen un enclave al norte de las posesiones españolas y al sur de las francesas.

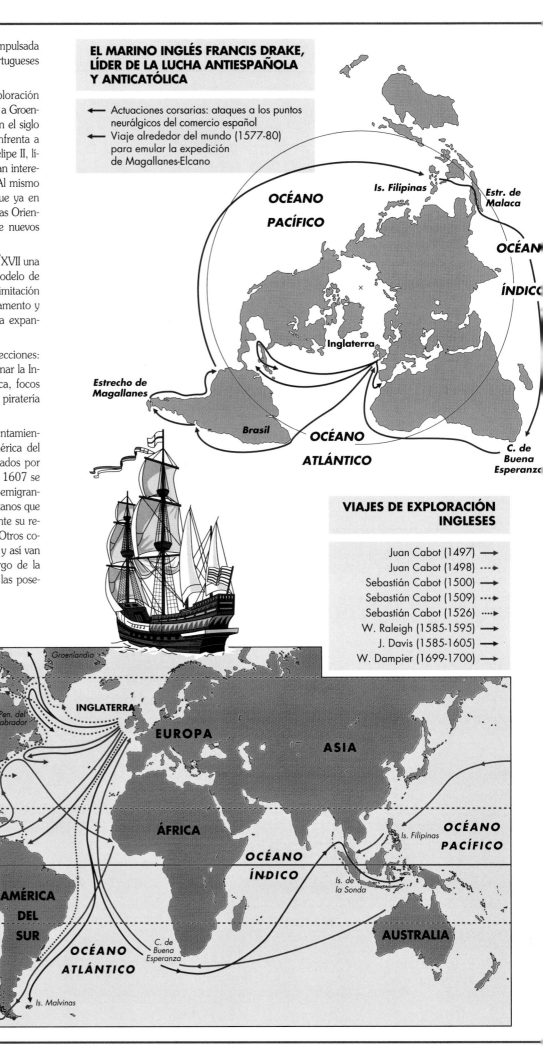

EL MARINO INGLÉS FRANCIS DRAKE, LÍDER DE LA LUCHA ANTIESPAÑOLA Y ANTICATÓLICA

← Actuaciones corsarias: ataques a los puntos neurálgicos del comercio español
← Viaje alrededor del mundo (1577-80) para emular la expedición de Magallanes-Elcano

OCÉANO PACÍFICO

Is. Filipinas
Estr. de Malaca
OCÉAN
ÍNDICO
Inglaterra
Estrecho de Magallanes
Brasil
OCÉANO ATLÁNTICO
C. de Buena Esperanza

VIAJES DE EXPLORACIÓN INGLESES

Juan Cabot (1497) →
Juan Cabot (1498) ··→
Sebastián Cabot (1500) →
Sebastián Cabot (1509) ··→
Sebastián Cabot (1526) ···→
W. Raleigh (1585-1595) →
J. Davis (1585-1605) →
W. Dampier (1699-1700) →

Groenlandia
Círculo Polar Ártico
INGLATERRA
Pen. del Labrador
AMÉRICA DEL NORTE
EUROPA
ASIA
Trópico de Capricornio
ÁFRICA
Is. Filipinas
OCÉANO PACÍFICO
Ecuador
OCÉANO ÍNDICO
Is. de la Sonda
OCÉANO PACÍFICO
AMÉRICA DEL SUR
C. de Buena Esperanza
AUSTRALIA
Trópico de Cáncer
OCÉANO ATLÁNTICO
Estr. de Magallanes
Is. Malvinas

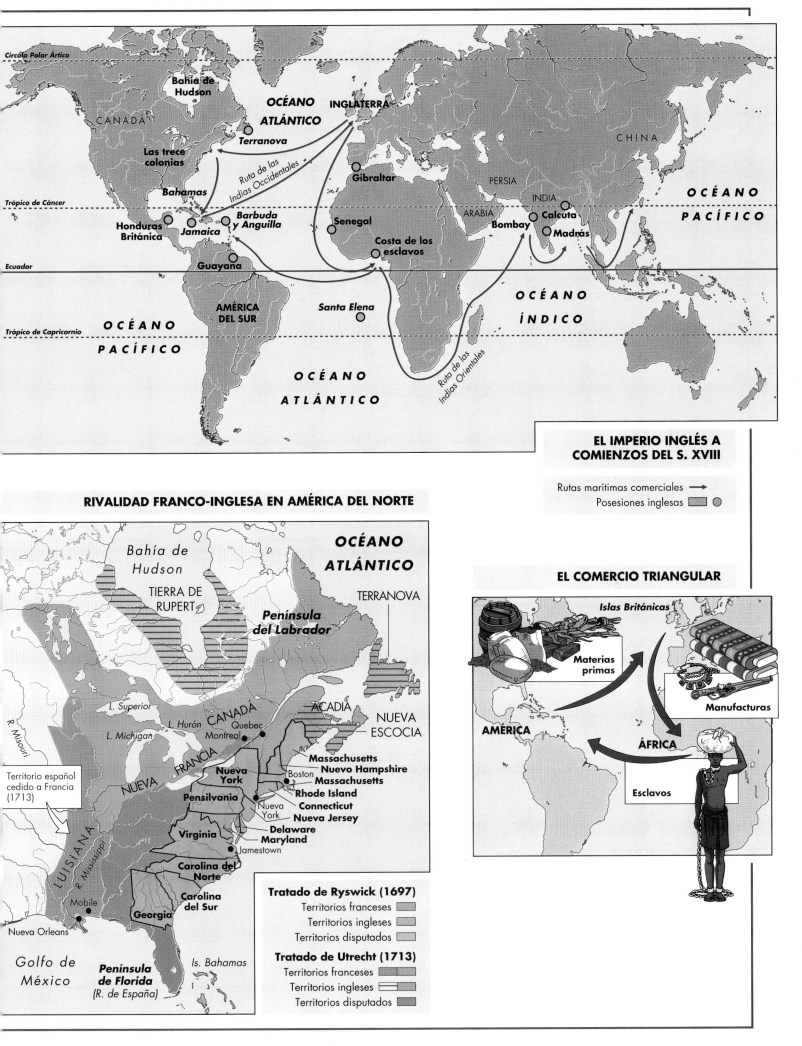

INGLATERRA Y LA FORMACIÓN DEL IMPERIO INGLÉS

Círculo Polar Ártico

Bahía de Hudson

CANADÁ

OCÉANO ATLÁNTICO

INGLATERRA

CHINA

Terranova

Las trece colonias

Ruta de las Indias Occidentales

Gibraltar

Trópico de Cáncer

Bahamas

OCÉANO PACÍFICO

PERSIA

INDIA

Honduras Británica

Jamaica

Barbuda y Anguilla

Senegal

ARABIA

Bombay

Calcuta

Madrás

Costa de los esclavos

Ecuador

Guayana

AMÉRICA DEL SUR

Santa Elena

OCÉANO ÍNDICO

Trópico de Capricornio

OCÉANO PACÍFICO

OCÉANO ATLÁNTICO

Ruta de las Indias Orientales

EL IMPERIO INGLÉS A COMIENZOS DEL S. XVIII

Rutas marítimas comerciales →
Posesiones inglesas

RIVALIDAD FRANCO-INGLESA EN AMÉRICA DEL NORTE

Bahía de Hudson

OCÉANO ATLÁNTICO

TIERRA DE RUPERT

TERRANOVA

Península del Labrador

L. Superior

ACADIA

CANADÁ

NUEVA ESCOCIA

L. Hurón

Quebec

FRANCIA

Montreal

R. Misouri

L. Michigan

Massachusetts

Nueva York

Nuevo Hampshire

Boston

Massachusetts

Territorio español cedido a Francia (1713)

NUEVA

Pensilvania

Nueva York

Rhode Island

Connecticut

Nueva Jersey

LUISIANA

R. Mississippi

Virginia

Delaware

Maryland

Jamestown

Carolina del Norte

Mobile

Carolina del Sur

Georgia

Nueva Orleans

Golfo de México

Península de Florida
(R. de España)

Is. Bahamas

Tratado de Ryswick (1697)

Territorios franceses
Territorios ingleses
Territorios disputados

Tratado de Utrecht (1713)

Territorios franceses
Territorios ingleses
Territorios disputados

EL COMERCIO TRIANGULAR

Islas Británicas

Materias primas

Manufacturas

AMÉRICA

ÁFRICA

Esclavos

En los siglos XV y XVI se extendió por toda Europa un lenguaje y una actitud artística que conocemos como "Renacimiento". Este nuevo estilo surgió en las ciudades italianas y dio lugar a estilos regionales variados en Flandes, Alemania, Castilla (plateresco) y Portugal (manuelino).

El punto de partida es la concepción humanista del mundo: el hombre y sus preocupaciones adquieren un lugar central: el arte debe obedecer a un esquema de proporciones formales; se debe captar la realidad y visión del mundo con la mentalidad de los clásicos griegos y romanos, aunque sin olvidar la inspiración cristiana. Los burgueses de las ciudades o los soberanos se consideran parte de la minoría culta y patrocinan las creaciones artísticas.

En arquitectura se abandonan los amplios espacios góticos, se aplican soluciones estilísticas romanas y se busca la medida, el equilibrio, la simetría; el cambio, iniciado por Brunelleschi con la cúpula de Santa Maria dei Fiori, en Florencia (1418), queda completado con Bramante y Miguel Ángel en el siglo siguiente.

En pintura se conquista un nuevo lenguaje basado en la perspectiva, en el dominio de la anatomía y del movimiento, en el estudio de la luz y la expresión; Leonardo da Vinci, Rafael y Miguel Ángel son algunos de sus ilustres representantes. Este último encarna también el apogeo de la escultura renacentista y de la representación del cuerpo humano.

La ruptura del equilibrio europeo a consecuencia de la Reforma y de las guerras de los siglos XVI y XVII pone fin al Renacimiento y provoca una crisis de la sensibilidad, cuya expresión artística será el estilo llamado Barroco, que en los países católicos corresponde a la ofensiva ideológica de la Contrarreforma y a su deseo de presentar al pueblo una religiosidad cotidiana y emocionante.

Los arquitectos intentan conseguir efectos teatrales y escenográficos mediante el uso caprichoso y atrevido de frontones, columnas, fachadas y plantas, y la combinación de elementos. La columnata de la plaza de San Pedro, de Bernini, y las iglesias jesuitas son modelos de amplia repercusión en Europa y en América Latina. Escultores y pintores huyen del equilibrio clásico y buscan efectos de profundidad o de claroscuro —Caravaggio, Rembrandt, Rubens—. Se busca la naturalidad, sin rehuir los aspectos grotescos, vulgares o desagradables.

ALGUNOS RASGOS DEL RENACIMIENTO

Curiosidad

Estudio del pasado

Observación de la realidad

Recuperación de los textos clásicos

Estudio y admiración por el mundo clásico

Difusión del Derecho romano

Difusión de filosofías no cristianas

Espíritu crítico

Rechazo de los principios políticos e intelectuales tradicionales

Experimentación

El hombre, medida de todas las cosas

Rechazo de las explicaciones teológicas

Exaltación del individualismo

Arte del Renacimiento

Búsqueda de una nueva religiosidad

Difusión de estilos artísticos clásicos

EL RENACIMIENTO EN EUROPA

- Renacimiento italiano
- □ Principales focos de difusión
- ● Principales centros del Renacimiento y humanismo
- • Principales centros de arquitectura renacentista
- 📖 Centros de impresión y de difusión del libro
- → Dirección de la expansión

Upsala

Copenhague

Lübeck Rostock Danzig

Oxford Cambridge Leyde Deventer

Londres Amberes Utrecht Colonia Wittenberg Leipzig

Brujas Bruselas Marburgo Erfurt Breslau Cracovia

Lovaina Maguncia Offenbach

Chantilly Nancy Heidelberg Nuremberg

Caen Ruán París Fontainebleau Estrasburgo Tubinga Ingoldstadt

Castillos del Loira Augsburgo

Poitiers Bourges Basilea

A América Ginebra Bérgamo

Burdeos Lyon Verona

León Mantua Venecia

Pau Toulouse Milán Ferrara

Valladolid Montpelier Aix Bolonia Florencia

Coimbra Salamanca Zaragoza Lucca Urbino

El Escorial Pisa Perusa

Lisboa Toledo Alcalá de Henares Barcelona Roma

Évora Badajoz Valencia Nápoles Bari

Sevilla Úbeda Salerno

Granada

EL ARTE. DEL RENACIMIENTO AL BARROCO

DEL RENACIMIENTO AL BARROCO

Renacimiento

- Razón
- Equilibrio
- Arcos de medio punto
- Muros planos
- Plantas rectangulares
- Artes separadas; escultura, pintura, arquitectura
- Armonía en las líneas, simetría

Villa Capra o "La Rotonda".
Palladio.
(Vicenza. Italia)

Barroco

- Sensación
- Desequilibrio
- Repertorio de diferentes arcos
- Muros curvados
- Plantas elípticas
- Fusión y amalgama de las artes en la misma obra
- Efectos teatrales y escenográficos

Palacio de San Telmo.
Leonardo de Figueroa.
(Sevilla)

EL BARROCO EN EUROPA

- ■ Foco originario
- O Principales focos de difusión
- • Principales centros de arquitectura barroca
- → Dirección de la expansión

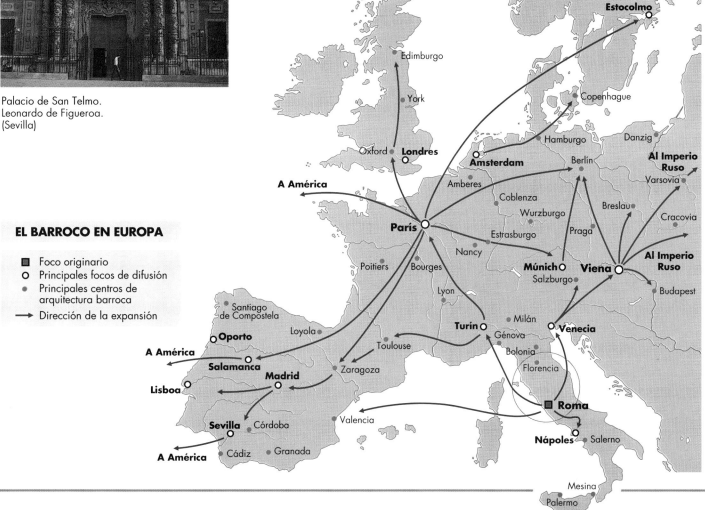

Carlos I reúne las coronas de Castilla y Aragón y es elegido emperador de Alemania. Bajo su reinado, la política internacional pasa a ocupar el primer plano, a costa de rebeliones internas, como las Comunidades y las Germanías.

Durante todo el siglo XVI y primer tercio del XVII Castilla debe costear con soldados y con impuestos su hegemonía europea. Flandes, Luxemburgo, el Franco Condado, Austria, el Reino de Nápoles y España serán los componentes de un imperio multinacional y multiétnico, que se desmonta a partir de la Reforma.

Con la división de la herencia de Carlos I entre su hermano Fernando y su hijo el rey Felipe II, correspondieron a éste los Países Bajos, que iniciaron pronto su rebelión nacional. Pese a ello, al acceder el monarca español a la corona de Portugal y unir a sus imperios americanos los portugueses de América y Asia, bien pudo decirse que en sus dominios "nunca se ponía el sol".

La presencia española en el mundo sólo duró cien años y nunca gozó de buena salud económica ni de respaldo social. Su soporte financiero era el imperio americano y la extraordinaria producción de metales preciosos. En el orden social, la lucha contra los turcos dificultó las relaciones con los moriscos españoles, que acabaron siendo expulsados a comienzos del siglo XVII. El descenso demográfico provocó una disminución de las actividades productivas y un aumento de los grupos nobiliarios. La riqueza de las Indias —según los comentaristas de la época— acabó empobreciendo a España, que prefería comprar en el extranjero los productos que enviaba a Indias. Las crisis estallan en 1640 con las revueltas catalana, portuguesa y napolitana; el imperio está a punto de desmembrarse mientras sigue la guerra de los Treinta Años. Los tratados de Westfalia de 1648 pondrán fin a la hegemonía hispánica, aunque el imperio americano continúe intacto.

LOS PROBLEMAS INTERNOS EN EL REINADO DE CARLOS I DE ESPAÑA
Comunidades y Germanías

Principales poblaciones comuneras ○
Principales poblaciones leales al rey ●
Principales poblaciones agermanadas ●
Batallas ★

EL IMPERIO DE FELIPE II DESPUÉS DE LA ANEXIÓN DE PORTUGAL (1580)

Límites del Sacro Imperio ——
Posesiones españolas ●
Posesiones portuguesas anexionadas ●

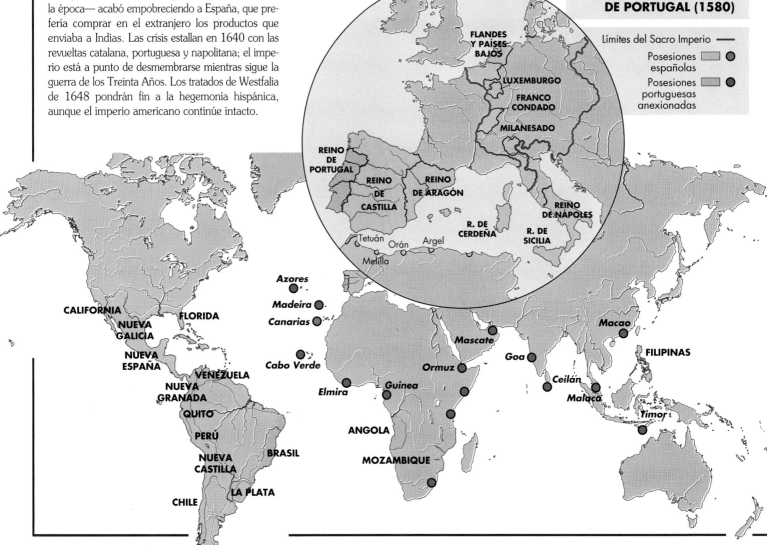

HEGEMONÍA Y DECADENCIA ESPAÑOLA. SIGLOS XVI Y XVII

LA CONFLICTIVIDAD SOCIAL EN ESPAÑA EN EL SIGLO XVII

Crisis de la producción metalífera americana

Disminución de los ingresos fiscales de la Corona

Disminución de los ingresos de la nobleza y del clero

Crisis económicas y carestías

Desempleo, gente desocupada

Emigración

Degradación de la justicia

Aumento de la presión fiscal, más impuestos

Bandolerismo y marginación

Agitaciones y revueltas campesinas y urbanas

CRONOLOGÍA

1519-1556. Reinado de Carlos I
1521. Derrota de los Comuneros de Castilla en Villalar
1529. Sitio de Viena por Solimán el Magnífico
1555. Carlos I y los príncipes protestantes firman la Paz de Augsburgo

1556-1598. Reinado de Felipe II
1568. Rebelión de los moriscos del reino de Granada
1571. Victoria naval de Lepanto contra los turcos
1580. Anexión de Portugal
1588. Fracaso de la Armada Invencible

1598-1621. Reinado de Felipe III
1609. Expulsión de los moriscos

1621-1665. Reinado de Felipe IV
1621. Reanudación de la guerra en Flandes
1640. Revuelta catalana. Pérdida de Portugal
1648. Acaba la guerra de los Treinta Años con la Paz de Westfalia
1659. Tratado de los Pirineos entre España y Francia

1665-1700. Reinado de Carlos II
1678. Paz de Nimega. Carlos II cede a Francia el Franco Condado
1700. Guerra de Sucesión española

POBLACIÓN Y ECONOMÍA HACIA 1600

Densidad de población:
- De 1 a 10 hab/km²
- De 10 a 15 hab/km²
- De 15 a 20 hab/km²
- Más de 20 hab/km²

Principales centros económicos:
- Más de 100.000 hab
- De 50.000 a 100.000 hab
- Menos de 50.000 hab

- Comercio lanero
- Industria pañera
- Industria sedera
- Minería
- Vidrio
- Cerámica
- Orfebrería
- Cuero
- Construcciones navales
- Centros exportadores

- Movimientos migratorios
- Hugonotes franceses
- Turcos y piratas del norte de África
- Rutas exportadoras
- Principales ferias
- Consulados
- Población morisca
- Bandolerismo pirenaico

LA DECADENCIA DEL IMPERIO ESPAÑOL

- Naufragio de la Armada Invencible (1588)
- Revuelta catalana (1640-1652)
- Países independizados
- Territorios cedidos a Francia. Paz de los Pirineos (1659)
- Territorios cedidos a Francia. Paz de Nimega (1678)
- Territorios cedidos a Austria. Tratado de Utrecht (1713)

87

El Renacimiento fue un fenómeno original de Italia; sin embargo, su extensión hacia otras tierras de Europa lo transformó en un movimiento europeo.

En España, el Renacimiento tuvo un fuerte desarrollo en Castilla, especialmente en Salamanca y Toledo, sedes respectivas de la universidad más importante del país y de la monarquía. Andalucía, vinculada al comercio americano, y Extremadura, patria de conquistadores ilustres, también conocieron un Renacimiento importante. El primer estilo renacentista español es el denominado plateresco, con influencias clásicas, mudéjares y góticas.

La segunda fase del Renacimiento español es la fase romana o italiana. Los vínculos con Italia, a través de los países de la Corona de Aragón, introdujeron la moda purista romana, con arquitectos como Alonso de Covarrubias, Diego de Siloé y Pedro Machuca. Andalucía y Castilla fueron los grandes focos de este segundo Renacimiento.

La primera mitad del siglo XVII estuvo dominada por el llamado estilo herreriano (de Juan de Herrera), a causa de la gran influencia que tuvo la construcción de El Escorial. A esta fase, sobria y de una gran pureza de líneas, le sucede otra plenamente barroca, de gran exuberancia decorativa, llamada churrigueresca, que se extiende también por toda la América hispana.

La pintura española de esta época es muy importante. Se inicia con un estilo muy vinculado al tenebrismo italiano, pero culmina con pintores tan singulares como Diego de Silva Velázquez, pintor de cámara de Felipe IV.

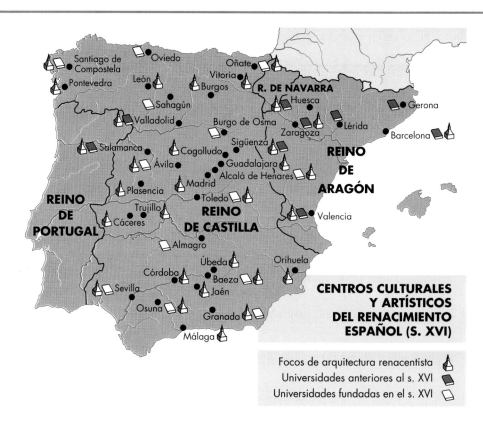

CENTROS CULTURALES Y ARTÍSTICOS DEL RENACIMIENTO ESPAÑOL (S. XVI)

Focos de arquitectura renacentista
Universidades anteriores al s. XVI
Universidades fundadas en el s. XVI

LA ARQUITECTURA DEL RENACIMIENTO

Primer Renacimiento español. Plateresco

- Influencias góticas
- Influencias mudéjares
- Influencias clásicas

Segundo Renacimiento español. Estilo clasicista o romano

- Influencia italiana
- Edificios proyectados con unidad de estilo
- Arquitectura ligada a los reyes y la Iglesia

Fachada de la Universidad de Salamanca

- Agujas góticas
- Distribución del espacio como un retablo gótico
- Elementos clásicos: medallones, escudos
- Decoración abundante al estilo mudéjar

Palacio de Carlos V. Pedro Machuca. Granada

- Patio circular
- Sobriedad y elegancia clásica
- Columnas de orden dórico
- Armonía en el conjunto

RENACIMIENTO Y BARROCO ESPAÑOL

ARTE BARROCO ESPAÑOL

Santiago de Compostela
Valladolid
Zaragoza
Gerona
Barcelona
Salamanca
La Granja
El Escorial
Madrid
Toledo
Aranjuez
Valencia
Sevilla
Murcia
Granada
Cádiz

Edificios de estilo herreriano
Edificios barrocos
Arquitectura palaciega borbónica
Escuelas de imagineros
Escuelas de pintura barroca

ALGUNOS TEMAS DEL PENSAMIENTO Y LA LITERATURA BARROCA

- Amor
- Dolor
- Tiempo
- Desengaño
- Angustia interior
- Decadencia
- Apariencias engañosas
- Deformidad, contrastes

Estilo herreriano o escurialense

- Sobriedad decorativa
- Pureza de líneas

Estilo churrigueresco

- Exuberancia decorativa
- Exceso de imaginación
- Formas complicadas

LA ARQUITECTURA BARROCA

Monasterio de El Escorial.
Juan de Herrera

Palacio del Marqués de Dos Aguas.
Rovira. (Valencia)

ALGUNAS CARACTERÍSTICAS DE LA PINTURA BARROCA ESPAÑOLA

Fuerte influencia del tenebrismo italiano

Contrastes luz/sombra

Las figuras no están preparadas de antemano para el retrato

Composiciones con diagonales muy marcadas

Un arte al servicio de la religión católica y la Contrarreforma
Temática religiosa predominante

Un arte al servicio de los sentimientos
Pretende conmover, provocar sentimientos, educar actitudes

Un arte al servicio de los poderosos
Temática de retrato

Martirio de San Bartolomé.
Ribera.
(Museo del Prado. Madrid)

Retrato ecuestre del Conde-Duque.
Velázquez.
(Museo del Prado. Madrid)

"Fiesta del 30 de junio de 1878 en París".
C. Monet.
En el siglo XIX Europa vive la agitación
del nacionalismo, ideología basada en la
exaltación del Estado nacional y en el derecho
de los pueblos a luchar por su independencia.

"La toma de la Bastilla por el pueblo de París".
La Revolución francesa dio lugar al conjunto de reformas políticas, económicas
y sociales que definen a los actuales Estados liberales y burgueses.

Máquina de vapor de Watt.
(Museo de la Ciencia y de la Técnica. Londres)
La máquina de vapor de Watt (1780) fue la base de la revolución industrial
del siglo XIX. El agua hirviendo, utilizada como fuente de energía, permitía
accionar enormes máquinas y producir más con menos esfuerzo.

"La estación de St. Lazare". C. Monet.
(National Gallery. Londres).
El vapor se aplicó al transporte marítimo y al terrestre.
El ferrocarril permitía superar la velocidad máxima conocida,
conectar regiones y abrir nuevos mercados

FORMACIÓN DEL MUNDO CONTEMPORÁNEO

A lo largo de los siglos XVIII y XIX una serie de cambios políticos, sociales y económicos sentarán las bases de los tiempos modernos. Se trata de la "Ilustración" del siglo XVIII y del inicio de tres procesos revolucionarios: la toma del poder por la burguesía y la destrucción del "Antiguo Régimen"; el comienzo de la revolución industrial en Inglaterra, y el desarrollo de las ideas nacionalistas en ambos lados del Atlántico.

La Ilustración es un movimiento de intelectuales que se proponen aplicar la razón humana y el conocimiento científico a la solución de todos los problemas. Los ilustrados son elitistas y confían en la monarquía y en los nobles progresistas como instrumento de renovación y de progreso.

En el orden político, la Revolución francesa, que se inicia en 1789, intenta cambiar el Antiguo Régimen por un orden nuevo en que predominen los valores burgueses y los regímenes democráticos.

Antes del estallido revolucionario francés ya se había producido al otro lado del Atlántico una rebelión de los colonos ingleses que consiguieron crear una nación independiente: Estados Unidos. A consecuencia de ese ejemplo y de la crisis provocada por las guerras napoleónicas en España, las colonias españolas de América se independizan en el primer cuarto del siglo XIX.

Al mismo tiempo, se consolidan inmensos imperios coloniales en África y Asia y se mantienen las relaciones de dependencia entre los distintos pueblos del planeta.

La revolución industrial se inició en Gran Bretaña, con la utilización de nuevas técnicas fabriles y energéticas para el abastecimiento de los grandes mercados mundiales. La difusión de las innovaciones industriales en la Europa continental permitirá ampliar el "club" de los países que controlan la economía mundial.

"Escena de París en el siglo XIX". Jean Beraud. (Museo Carnavalet).
El incremento de la población urbana es una constante del siglo XIX.
La ciudad se agranda con la aparición de barrios nuevos, los ensanches, y se dota de los avances del progreso: alcantarillado, iluminación a gas, grandes avenidas, tranvías y monumentos públicos.

Jóvenes trabajadoras.
Consecuencia de la revolución industrial fue la aparición de una nueva clase social, la formada por los trabajadores de las fábricas, denominada proletariado. Sus injustas condiciones de vida dieron lugar a un activo movimiento obrero.

El siglo XVIII se inició en España con un cambio de dinastía, la de la casa de Borbón. De origen francés, la nueva dinastía trajo consigo los aires del reformismo y de la Ilustración.

El primer Borbón que reinó en España, Felipe V, tuvo que afrontar una dura oposición por parte de un sector del país que no lo admitió. Fue la llamada "guerra de Sucesión", cuyas operaciones militares se desarrollaron especialmente en Aragón, Valencia y Cataluña. El conflicto finalizó con el Tratado de Utrecht, por el que un conjunto de territorios de la Corona española fueron cedidos a las naciones que habían intervenido en la guerra a cambio de que aceptaran a Felipe de Borbón como rey de España.

A lo largo del siglo XVIII la población peninsular aumentó en la periferia en detrimento del centro, debido a las corrientes migratorias hacia las regiones costeras. La agricultura experimentó un moderado desarrollo en algunas zonas, con la implantación de nuevos cultivos.

Las manufacturas adquirieron un auge importante, especialmente las de algodón en Cataluña, las de sedas en Valencia, las de hierro en el País Vasco y paños, tapices, porcelanas, cristal y cuero en algunas zonas de Castilla.

Finalmente, junto a las instituciones universitarias se desarrollaron las Sociedades de Amigos del País, auténticos símbolos de la Ilustración española.

CRONOLOGÍA

1700-1713
Guerra de Sucesión española

1701
Proclamación de Felipe V como rey

1713
Tratado de Utrecht

1724
Abdicación de Felipe V en su hijo Luis I. Comienzo del segundo reinado de Felipe V

1746
Reinado de Fernando VI

1759
Reinado de Carlos III

1788
Reinado de Carlos IV

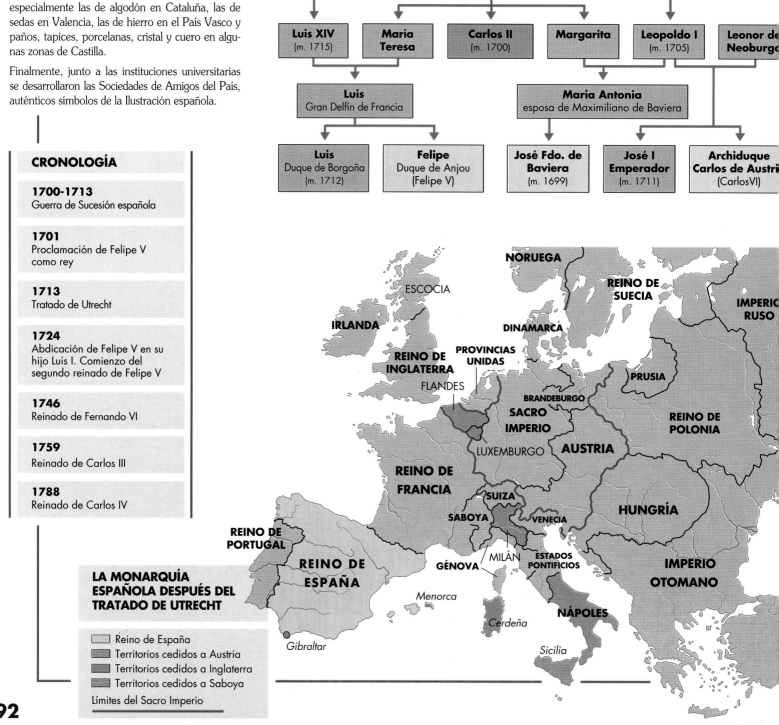

LA GUERRA DE SUCESIÓN ESPAÑOLA (1700-1713)

Ofensivas de Austria y aliados a favor del Archiduque Carlos →
Ofensivas francesas a favor de Felipe de Anjou →
Conquistas inglesas ○
Batallas importantes ★
Escenario principal de la guerra ▣

Pretendientes a la sucesión de la corona de Carlos II ▢

LA MONARQUÍA ESPAÑOLA DESPUÉS DEL TRATADO DE UTRECHT

Reino de España
Territorios cedidos a Austria
Territorios cedidos a Inglaterra
Territorios cedidos a Saboya
Límites del Sacro Imperio

EL REFORMISMO BORBÓNICO ESPAÑOL

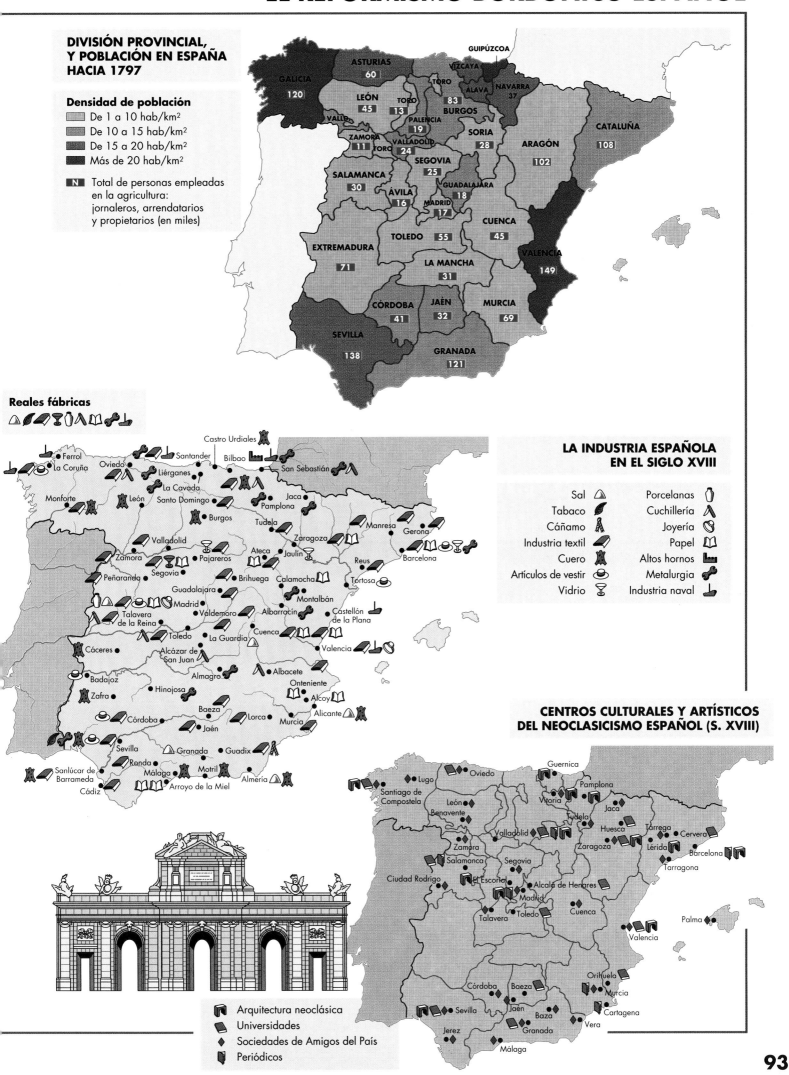

DIVISIÓN PROVINCIAL, Y POBLACIÓN EN ESPAÑA HACIA 1797

Densidad de población
- De 1 a 10 hab/km²
- De 10 a 15 hab/km²
- De 15 a 20 hab/km²
- Más de 20 hab/km²

N Total de personas empleadas en la agricultura: jornaleros, arrendatarios y propietarios (en miles)

GALICIA 120
ASTURIAS 60
GUIPÚZCOA
VIZCAYA
ÁLAVA 83
NAVARRA 37
TORO
LEÓN 45
TORO 13
BURGOS
PALENCIA 19
SORIA 28
ARAGÓN 102
CATALUÑA 108
ZAMORA 11
TORO
VALLADOLID 24
SEGOVIA 25
GUADALAJARA 18
SALAMANCA 30
ÁVILA 16
MADRID 17
CUENCA 45
VALENCIA 149
TOLEDO 55
LA MANCHA 31
EXTREMADURA 71
CÓRDOBA 41
JAÉN 32
MURCIA 69
SEVILLA 138
GRANADA 121

Reales fábricas

Ferrol, La Coruña, Monforte, Oviedo, Liérganes, La Cavada, León, Santo Domingo, Castro Urdiales, Santander, Bilbao, San Sebastián, Jaca, Pamplona, Tudela, Burgos, Valladolid, Zamora, Pajareros, Segovia, Peñaranda, Guadalajara, Brihuega, Ateca, Jaulin, Zaragoza, Manresa, Gerona, Reus, Barcelona, Tortosa, Calamocha, Montalbán, Albarracín, Castellón de la Plana, Madrid, Talavera de la Reina, Valdemoro, Toledo, La Guardia, Cuenca, Valencia, Cáceres, Alcázar de San Juan, Almagro, Albacete, Badajoz, Hinojosa, Onteniente, Alcoy, Zafra, Baeza, Lorca, Murcia, Alicante, Córdoba, Jaén, Sevilla, Granada, Guadix, Sanlúcar de Barrameda, Ronda, Málaga, Motril, Almería, Cádiz, Arroyo de la Miel

LA INDUSTRIA ESPAÑOLA EN EL SIGLO XVIII

- Sal
- Tabaco
- Cáñamo
- Industria textil
- Cuero
- Artículos de vestir
- Vidrio
- Porcelanas
- Cuchillería
- Joyería
- Papel
- Altos hornos
- Metalurgia
- Industria naval

CENTROS CULTURALES Y ARTÍSTICOS DEL NEOCLASICISMO ESPAÑOL (S. XVIII)

Guernica, Lugo, Oviedo, Santiago de Compostela, León, Benavente, Pamplona, Vitoria, Tudela, Jaca, Huesca, Tárrega, Cervera, Valladolid, Zaragoza, Lérida, Barcelona, Zamora, Segovia, Tarragona, Salamanca, Ciudad Rodrigo, El Escorial, Alcalá de Henares, Madrid, Talavera, Toledo, Cuenca, Palma, Valencia, Córdoba, Baeza, Orihuela, Murcia, Sevilla, Jaén, Baza, Cartagena, Jerez, Granada, Vera, Málaga

- Arquitectura neoclásica
- Universidades
- Sociedades de Amigos del País
- Periódicos

93

Los problemas económicos de la monarquía francesa, y las dificultades de funcionamiento del Antiguo Régimen, obligaron al rey Luis XVI a convocar Estados Generales en 1789. La burguesía, aliada con el pueblo y parte del clero, consigue convertir esa asamblea en el instrumento de una serie de cambios profundos en la sociedad y la política francesa, mediante la puesta en práctica de los principios teóricos y las ideas de la Ilustración.

En las primeras etapas de la revolución los grupos populares y exaltados del pueblo de París —los "sans culottes"— y el club político "jacobino" consiguen la ejecución del monarca y establecen la dictadura revolucionaria y la Constitución de 1793, que concede el voto a todos los ciudadanos. En julio de 1794 los burgueses recuperan el poder y Francia evoluciona hacia una república burguesa a través de la Constitución de 1795 y del imperio de Napoleón Bonaparte.

El éxito revolucionario francés motivó la reacción armada en forma de coaliciones de las monarquías vecinas, temerosas de posibles contagios. Francia debió luchar a la vez contra las invasiones enemigas y contra grupos de oposición internos. En ese proceso, victorioso, se forjó un nuevo ejército popular, que se transformó en el instrumento de expansión revolucionaria. Con él, Napoleón conquista numerosos territorios europeos —entre ellos España—, donde depone el "Antiguo Régimen" e instaura un nuevo orden político y social, con autoridades francesas y supeditado a la hegemonía imperial de Francia.

En muchos países —desde España a Rusia— la ocupación despierta sentimientos nacionalistas y guerras de liberación como la guerra de independencia española, que culmina con la derrota de Napoleón y la restauración de la dinastía Borbónica en el poder con el rey Fernando VII.

En América las ideas francesas son acogidas por los grupos de criollos revolucionarios; la liberación de los esclavos decretada por la Revolución es la causa del levantamiento negro de Haití, que se convierte en 1804 en la primera república independiente de América Latina.

DE LOS ESTADOS GENERALES AL IMPERIO

Radicalismo
Conservadurismo

5 de mayo 1789	Estados Generales
16 de junio 1789	Asamblea Nacional
Septiembre 1792	Convención Girondina
2 de junio 1793	Convención Montañesa
10 octubre 1793	Terror
27 de julio 1794	Convención Termidoriana
Septiembre 1795	Directorio
18 "brumario" 1799	Consulado
1804	Imperio

14 de julio de 1789. Toma de la Bastilla

21 de enero de 1793. Ejecución de Luis XVI

17 de julio de 1793. Abolición de los derechos feudales

Junio y julio de 1794. "El gran terror"

Napoleón, Primer Cónsul

Napoleón, Emperador de los franceses

LA EUROPA DE NAPOLEÓN

Europa en 1811
- Imperio francés
- Estados satélites
- Estados aliados
- Estados independientes

DINAMARCA
SUECIA
IMPERIO RUSO
Estocolmo
Edimburgo
Copenhague
Dublín
R. DE HOLANDA
GRAN BRETAÑA E IRLANDA
PRUSIA
Londres
Bremen
Berlín
GRAN DUCADO DE VARSOVIA
Amberes
CONFEDERACIÓN DEL RHIN
París
FRANCIA
Múnich
Viena
IMPERIO AUSTRIACO
SUIZA
Lyon
Burdeos
SABOYA PIAMONTE
Milán
REINO DE ITALIA
ILIRIA
Génova
PORTUGAL
Madrid
Lisboa
MONTENEGRO
Córcega
Roma
R. DE NÁPOLES
IMPERIO OTOMANO
ESPAÑA
Is. Baleares
Nápoles
Gibraltar
R. DE CERDEÑA
Palermo
R. DE SICILIA

LA REVOLUCIÓN FRANCESA (1789-1815)

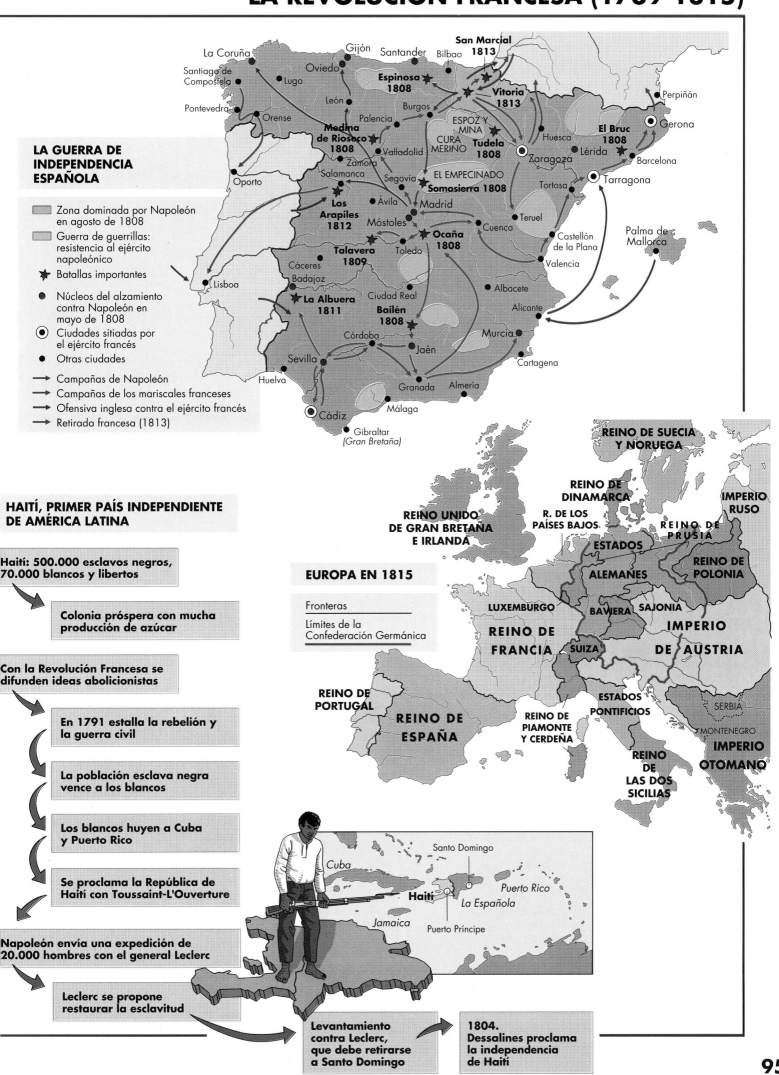

LA GUERRA DE INDEPENDENCIA ESPAÑOLA

Zona dominada por Napoleón en agosto de 1808

Guerra de guerrillas: resistencia al ejército napoleónico

★ Batallas importantes

● Núcleos del alzamiento contra Napoleón en mayo de 1808

◉ Ciudades sitiadas por el ejército francés

● Otras ciudades

→ Campañas de Napoleón

→ Campañas de los mariscales franceses

→ Ofensiva inglesa contra el ejército francés

→ Retirada francesa (1813)

La Coruña · Gijón · Santander · Bilbao · **San Marcial 1813**
Santiago de Compostela · Lugo · Oviedo · **Espinosa 1808** · **Vitoria 1813** · Perpiñán
Pontevedra · Orense · León · Burgos · Palencia · ESPOZ Y MINA · Gerona
Medina de Rioseco 1808 · Valladolid · CURA MERINO · **Tudela 1808** · Huesca · **El Bruc 1808**
Oporto · Zamora · Salamanca · Segovia · EL EMPECINADO · Zaragoza · Lérida · Barcelona
Los Arapiles 1812 · Ávila · **Somosierra 1808** · Madrid · Tortosa · Tarragona
Lisboa · Móstoles · Toledo · **Ocaña 1808** · Cuenca · Teruel · Castellón de la Plana · Palma de Mallorca
Cáceres · **Talavera 1809** · Valencia
Badajoz · Ciudad Real · Albacete
La Albuera 1811 · **Bailén 1808** · Alicante
Córdoba · Murcia · Cartagena
Sevilla · Jaén
Huelva · Granada · Almería
Cádiz · Málaga
Gibraltar (Gran Bretaña)

HAITÍ, PRIMER PAÍS INDEPENDIENTE DE AMÉRICA LATINA

Haití: 500.000 esclavos negros, 70.000 blancos y libertos

↓

Colonia próspera con mucha producción de azúcar

Con la Revolución Francesa se difunden ideas abolicionistas

↓

En 1791 estalla la rebelión y la guerra civil

↓

La población esclava negra vence a los blancos

↓

Los blancos huyen a Cuba y Puerto Rico

↓

Se proclama la República de Haití con Toussaint-L'Ouverture

↓

Napoleón envía una expedición de 20.000 hombres con el general Leclerc

↓

Leclerc se propone restaurar la esclavitud

→ **Levantamiento contra Leclerc, que debe retirarse a Santo Domingo** → **1804. Dessalines proclama la independencia de Haití**

EUROPA EN 1815

Fronteras

Límites de la Confederación Germánica

REINO DE SUECIA Y NORUEGA
REINO DE DINAMARCA
REINO UNIDO DE GRAN BRETAÑA E IRLANDA
R. DE LOS PAÍSES BAJOS
IMPERIO RUSO
REINO DE PRUSIA
ESTADOS ALEMANES
REINO DE POLONIA
LUXEMBURGO
BAVIERA · SAJONIA
REINO DE FRANCIA
SUIZA
IMPERIO DE AUSTRIA
REINO DE PORTUGAL
REINO DE ESPAÑA
REINO DE PIAMONTE Y CERDEÑA
ESTADOS PONTIFICIOS
SERBIA
MONTENEGRO
REINO DE LAS DOS SICILIAS
IMPERIO OTOMANO

Cuba · Santo Domingo · Puerto Rico · **Haití** · La Española · Jamaica · Puerto Príncipe

DISTRIBUCIÓN TERRITORIAL DEL CONGRESO DE VIENA (1815)

- Imperio austro-húngaro
- Territorios adquiridos por Austria
- Los "Confines militares"
- Reino de Prusia
- Territorios adquiridos por Prusia
- Imperio ruso

Límites de la Confederación Germánica

REINO DE NORUEGA Y SUECIA

REINO UNIDO DE GRAN BRETAÑA E IRLANDA

REINO DE DINAMARCA

REINO DE LOS PAÍSES BAJOS

PRUSIA

POLONIA

IMPERIO RUSO

REINO DE FRANCIA

AUSTRIA

SUIZA

HUNGRÍA

REINO DE PORTUGAL

REINO DE ESPAÑA

REINO DE CERDEÑA Y PIAMONTE

ESTADOS PONTIFICIOS

IMPERIO OTOMANO

REINO DE LAS DOS SICILIAS

REINO DE LOS PAÍSES BAJOS

Amsterdam ○

La Haya ○

REINO DE BÉLGICA

Bruselas ○

GRAN DUCADO DE LUXEMBURGO

Luxemburgo ○

FRANCIA

INDEPENDENCIA DE BÉLGICA

- Reino de los Países Bajos (1831)
- Reino de Bélgica (1831)
- Gran Ducado de Luxemburgo (1839)

Límites de la Confederación Germánica en 1815

LAS REVOLUCIONES LIBERALES EN EUROPA

- Países afectados por los motines de 1848
- Revolución húngara (1848-1849)
- Grecia independiente en 1829
- Bélgica independiente en 1831
- Los "Confines militares"
- ★ Movimientos revolucionarios anteriores a 1848
- ★ Estallidos revolucionarios (1848-1849)
- ← Difusión de las revoluciones

Límites de la Confederación Germánica

Copenhague

Colonia

Berlín

Bruselas

Praga

París

Stuttgart

Múnich

Viena

Budapest

Turín

Milán

Venecia

Parma

Módena

Rímini

Florencia

Roma

Nápoles

Cádiz

Palermo

Réggio

Patras

LA EUROPA DE LAS NACIONALIDADES

LA UNIFICACIÓN ITALIANA

Mapa de la unificación italiana con las siguientes regiones indicadas: SUIZA, SABOYA, PIAMONTE (Génova), PARMA, MÓDENA, LOMBARDÍA, VENECIA, IMPERIO AUSTRO-HÚNGARO, ROMANIA, TOSCANA, ESTADOS PONTIFICIOS (Roma), CERDEÑA, Nápoles, REINO DE LAS DOS SICILIAS (Palermo).

Leyenda:
- 1815
- 1859
- Mayo de 1860
- Noviembre de 1860
- 1866
- 1870
- Expedición de Garibaldi (1860) →

EUROPA, UN MOSAICO DE NACIONALIDADES

Mapa con nacionalidades: Noruegos, Suecos, Finlandeses, Rusos, Escoceses, Estonios, Letonios, Irlandeses, Daneses, Lituanos, Rusos blancos, Ingleses, Galeses, Holandeses, Flamencos, Valones, Alemanes, Polacos, Ucranianos, Bretones, Franceses, Checos, Eslovacos, Húngaros, Gallegos, Vascos, Eslovenos, Húngaros, Portugueses, Croatas, Bosnios, Alemanes, Rumanos, Catalanes, Serbios, Búlgaros, Españoles, Italianos, Albaneses, Turcos, Griegos.

Vencido Napoleón, el Congreso de Viena de 1815 impone la restauración de los soberanos anteriores a 1789, la anulación de las nuevas fronteras del imperio y la eliminación de los cambios sociales y políticos obra de la revolución. Pero en todos los países europeos los "liberales", o partidarios de las reformas burguesas, organizarán sociedades secretas, conspiraciones y revoluciones para imponer sus ideas, instaurar las reformas y la participación del pueblo en el poder a través de un parlamento.

En el siglo XIX Europa vivirá la agitación del nacionalismo, ideología según la cual la base del Estado es la individualidad nacional; cada pueblo con personalidad propia, definida por una lengua o una historia común, tiene derecho a la autonomía. En Europa se daban dos situaciones extremas: pueblos divididos entre varios Estados —como ocurría con los italianos y con los germanos— y Estados que constituían auténticos mosaicos de etnias y culturas diversas, como el imperio ruso, el turco y el austro-húngaro.

En 1820, 1830 y 1848 se produjeron estallidos revolucionarios liberales y nacionalistas en numerosas ciudades europeas. Las revoluciones liberales de 1820 sirvieron de punto de partida para el proceso de independencia de Grecia; las de 1830, iniciadas en París, encontraron eco en Bélgica, Polonia, Módena y Parma. Los belgas consiguieron su independencia, separándose de Holanda; en los demás casos las revueltas fueron acalladas. En 1848 triunfa una nueva revolución demócrata en París, proclamándose la República Francesa. En Italia, Alemania y Austria-Hungría las revoluciones consiguen imponer constituciones y reformas democráticas.

La unificación de Alemania e Italia se consiguió por la vía política y económica. En Alemania se había formado una Unión Aduanera o Zollverein en 1834, pero el proceso de unión adquirió un carácter político al asumir esta empresa el reino de Prusia, el más desarrollado y extenso del conjunto. Mediante sucesivas guerras contra Dinamarca, Austria y Francia, consigue crear el Imperio alemán. En Italia, fracasadas las revoluciones de 1848, el reino de Piamonte dirige la unificación combinando los procedimientos diplomático, político y militar. Algunos Estados pequeños se unieron por plebiscito; otros resistieron el empuje unificador y tuvieron que ser conquistados por ejércitos populares —Nápoles—. La última pieza del mosaico italiano, los Estados Pontificios, fueron incorporados en 1870.

LA UNIFICACIÓN ALEMANA

Leyenda:
- El reino de Prusia en 1861
- Adquisiciones tras la guerra contra Austria (1866)
- Confederación de Alemania del norte (1866-71)
- Estados de Alemania del sur
- Adquisiciones tras la guerra contra Francia (1870)
- — Imperio alemán en 1871

Mapa con: DINAMARCA, SUECIA, SCHLESWING, OLDEN, HOLSTEIN, PAÍSES BAJOS, HANNOVER, MECKLEMBURGO, IMPERIO RUSO, LIPPE, PRUSIA, HESSE, BÉLGICA, NASSAU, SAJONIA, LUX., TURINGIA, BOHEMIA, ALSACIA, PALATINADO, WURTEMBERG, LORENA, BAVIERA, IMPERIO AUSTRO-HÚNGARO, BADEN, SUIZA.

Formación de la Zollverein

Leyenda:
- 1828
- 1834
- 1854
- 1867

Se denomina revolución industrial a la sustitución de la industria artesanal o manufacturera por la industria moderna, proceso que se inició en Gran Bretaña a finales del siglo XVIII a consecuencia de la aplicación de nuevas fuentes de energía —el vapor— y de maquinaria más perfeccionada a los procesos mineros y textiles. Junto a las innovaciones técnicas se produjeron cambios en la organización del trabajo, con la sustitución del taller por la "fábrica", nave donde se situaban numerosas máquinas modernas y costosas, manejadas por obreros con poca capacitación.

Desde la invención de la lanzadera mecánica en 1733 será continua la aplicación de mejoras técnicas a la industria para producir más con menor esfuerzo. La utilización del agua hirviendo como fuerza de energía —con la máquina de vapor de Watt de 1780— permite accionar las enormes máquinas, pero exige el consumo de grandes cantidades de carbón.

El vapor se aplicó también a todas las demás ramas industriales, al transporte marítimo —el barco de vapor— y al terrestre con la aparición del ferrocarril, que permite superar la velocidad máxima conocida, conectar regiones y crear mercados.

La difusión de la revolución industrial por el mundo se realiza mediante la importación de técnicas y maquinaria inglesa, así como de raíles y material ferroviario; la industria pesada que fabrica piezas de hierro y acero se convierte en la clave del predominio industrial. Gran Bretaña utiliza sus reservas de carbón e importa mineral de hierro, y mejora los procedimientos técnicos, especialmente desde la aplicación en 1855 del convertidor Bessemer para la obtención de acero.

Las nuevas máquinas y fuentes de energía permiten alterar drásticamente todos los procesos de producción; de ahí el interés de todos los países en adoptar los métodos ingleses. Sin embargo, para adquirir esos materiales tan costosos hay que contar con capitalistas que tengan dinero y quieran emplearlo; en caso contrario, se debe facilitar la llegada de capitalistas extranjeros. Gran Bretaña, pionera de la industrialización, pudo dirigir las primeras etapas del proceso y beneficiarse de él.

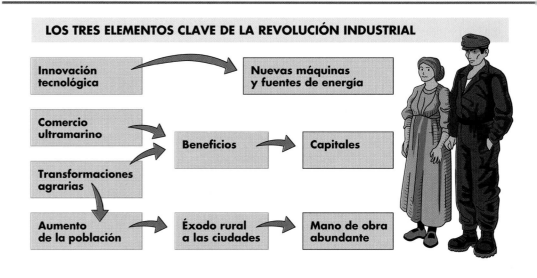

LOS TRES ELEMENTOS CLAVE DE LA REVOLUCIÓN INDUSTRIAL

- Innovación tecnológica → Nuevas máquinas y fuentes de energía
- Comercio ultramarino
- Transformaciones agrarias → Beneficios → Capitales
- Aumento de la población → Éxodo rural a las ciudades → Mano de obra abundante

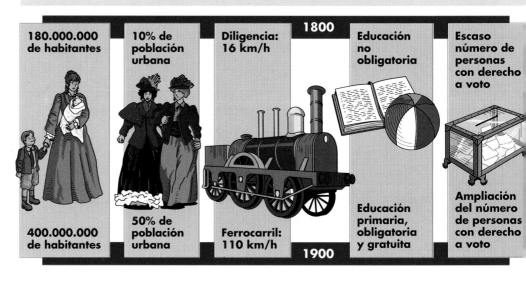

GRANDES TRANSFORMACIONES DEL SIGLO XIX EN EUROPA

1800
- 180.000.000 de habitantes
- 10% de población urbana
- Diligencia: 16 km/h
- Educación no obligatoria
- Escaso número de personas con derecho a voto

1900
- 400.000.000 de habitantes
- 50% de población urbana
- Ferrocarril: 110 km/h
- Educación primaria, obligatoria y gratuita
- Ampliación del número de personas con derecho a voto

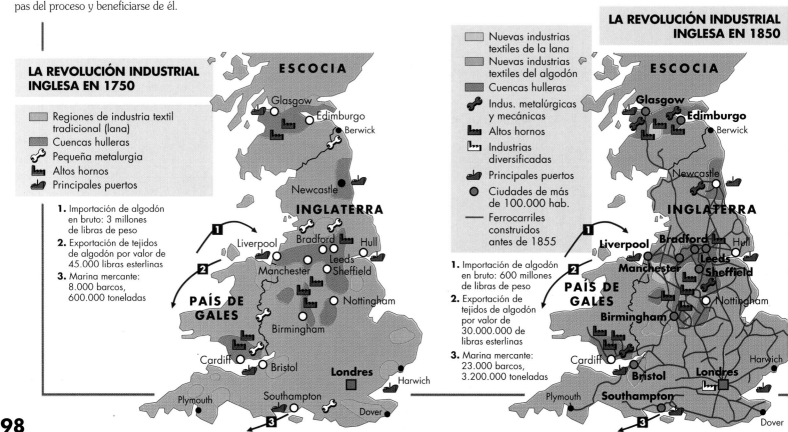

LA REVOLUCIÓN INDUSTRIAL INGLESA EN 1750

- Regiones de industria textil tradicional (lana)
- Cuencas hulleras
- Pequeña metalurgia
- Altos hornos
- Principales puertos

1. Importación de algodón en bruto: 3 millones de libras de peso
2. Exportación de tejidos de algodón por valor de 45.000 libras esterlinas
3. Marina mercante: 8.000 barcos, 600.000 toneladas

ESCOCIA
Glasgow
Edimburgo
Berwick
Newcastle
INGLATERRA
Liverpool
Bradford
Hull
Leeds
Manchester
Sheffield
Nottingham
PAÍS DE GALES
Birmingham
Cardiff
Bristol
Londres
Harwich
Plymouth
Southampton
Dover

LA REVOLUCIÓN INDUSTRIAL INGLESA EN 1850

- Nuevas industrias textiles de la lana
- Nuevas industrias textiles del algodón
- Cuencas hulleras
- Indus. metalúrgicas y mecánicas
- Altos hornos
- Industrias diversificadas
- Principales puertos
- Ciudades de más de 100.000 hab.
- Ferrocarriles construidos antes de 1855

1. Importación de algodón en bruto: 600 millones de libras de peso
2. Exportación de tejidos de algodón por valor de 30.000.000 de libras esterlinas
3. Marina mercante: 23.000 barcos, 3.200.000 toneladas

ESCOCIA
Glasgow
Edimburgo
Berwick
Newcastle
INGLATERRA
Liverpool
Bradford
Hull
Leeds
Manchester
Sheffield
Nottingham
PAÍS DE GALES
Birmingham
Cardiff
Bristol
Londres
Harwich
Plymouth
Southampton
Dover

LA REVOLUCIÓN INDUSTRIAL

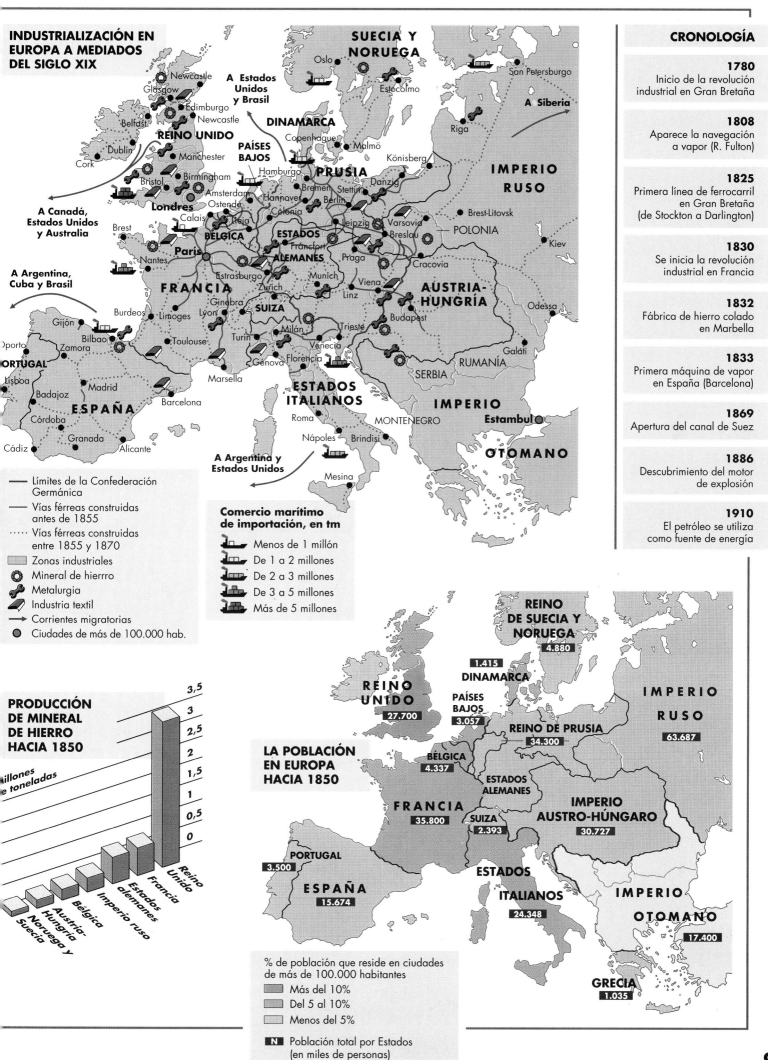

INDUSTRIALIZACIÓN EN EUROPA A MEDIADOS DEL SIGLO XIX

A Estados Unidos y Brasil

A Canadá, Estados Unidos y Australia

A Argentina, Cuba y Brasil

A Argentina y Estados Unidos

A Siberia

REINO UNIDO
Newcastle
Glasgow
Edimburgo
Newcastle
Belfast
Dublín
Cork
Manchester
Bristol
Birmingham
Londres
Calais
Brest

DINAMARCA
Copenhague
Malmö

PAÍSES BAJOS
Hamburgo
Amsterdam
Ostende
Bremen
Hannover
Colonia
Lieja

PRUSIA
Stettin
Berlín
Danzig
Königsberg

SUECIA Y NORUEGA
Oslo
Estocolmo

San Petersburgo
Riga

IMPERIO RUSO
Brest-Litovsk
Varsovia
Breslau
POLONIA
Kiev
Cracovia
Odessa

BÉLGICA
ESTADOS ALEMANES
Fráncfort
Leipzig
Praga

FRANCIA
París
Nantes
Estrasburgo
Zurich
Burdeos
Limoges
Lyon
Ginebra
SUIZA
Toulouse
Turín
Milán
Munich
Linz
Viena
AUSTRIA-HUNGRÍA
Budapest

Gijón
Bilbao
Zamora
Oporto
PORTUGAL
Lisboa
Badajoz
Madrid
ESPAÑA
Córdoba
Granada
Cádiz
Alicante
Barcelona
Marsella

ESTADOS ITALIANOS
Génova
Florencia
Venecia
Trieste
Roma
Nápoles
Brindisi
Mesina

RUMANÍA
SERBIA
MONTENEGRO
IMPERIO OTOMANO
Estambul
GRECIA

Límites de la Confederación Germánica
Vías férreas construidas antes de 1855
Vías férreas construidas entre 1855 y 1870
Zonas industriales
Mineral de hierrro
Metalurgia
Industria textil
Corrientes migratorias
Ciudades de más de 100.000 hab.

Comercio marítimo de importación, en tm
Menos de 1 millón
De 1 a 2 millones
De 2 a 3 millones
De 3 a 5 millones
Más de 5 millones

CRONOLOGÍA

1780
Inicio de la revolución industrial en Gran Bretaña

1808
Aparece la navegación a vapor (R. Fulton)

1825
Primera línea de ferrocarril en Gran Bretaña (de Stockton a Darlington)

1830
Se inicia la revolución industrial en Francia

1832
Fábrica de hierro colado en Marbella

1833
Primera máquina de vapor en España (Barcelona)

1869
Apertura del canal de Suez

1886
Descubrimiento del motor de explosión

1910
El petróleo se utiliza como fuente de energía

PRODUCCIÓN DE MINERAL DE HIERRO HACIA 1850

millones de toneladas

3,5 · 3 · 2,5 · 2 · 1,5 · 1 · 0,5 · 0

Noruega y Suecia
Austria-Hungría
Bélgica
Imperio ruso
Estados alemanes
Francia
Reino Unido

LA POBLACIÓN EN EUROPA HACIA 1850

REINO UNIDO **27.700**
REINO DE SUECIA Y NORUEGA **4.880**
DINAMARCA **1.415**
PAÍSES BAJOS **3.057**
REINO DE PRUSIA **34.300**
IMPERIO RUSO **63.687**
BÉLGICA **4.337**
FRANCIA **35.800**
SUIZA **2.393**
ESTADOS ALEMANES
IMPERIO AUSTRO-HÚNGARO **30.727**
PORTUGAL **3.500**
ESPAÑA **15.674**
ESTADOS ITALIANOS **24.348**
IMPERIO OTOMANO **17.400**
GRECIA **1.035**

% de población que reside en ciudades de más de 100.000 habitantes
Más del 10%
Del 5 al 10%
Menos del 5%
N Población total por Estados (en miles de personas)

1784
Primeros altos hornos en Navarra

1828
Primer ensayo de iluminación a gas en la lonja de Barcelona

1833
Primer vapor industrial en la fábrica Bonaplata (Barcelona)

1834
Primer buque español a vapor, llamado "El Balear" de la "Compañía Catalana"

1842
Creación de la "Catalana de Gas". Iluminación de Barcelona con luz de gas. Introducción en Gerona y Tolosa (Guipúzcoa) de la fabricación continua de papel

1848
Primer tren de línea que unía Barcelona con Mataró

1850.
El carbón es la mercancía más importante del puerto de Barcelona.

1856
Creación de la "Maquinista terrestre y marítima". Construyó una buena parte de los puentes metálicos peninsulares

1857
Jacinto Barrau de Reus (Tarragona) patentó el primer telar mecánico para fabricar terciopelos

1859
Creación de los altos hornos de Baracaldo y Duro Felguera

1862
Fabricación de las primeras máquinas de coser españolas

1901
Primera fábrica de cemento artificial

EL "VAPOR" CATALÁN

1.- Máquina de vapor
2.- Chimenea
3.- Carboneras
4.- Calderas
5.- Almacenes
6.- Oficinas

7.- Naves construidas a partir de un módulo que se repite indefinidamente. Son de una planta y eran alquilados por diferentes industrias

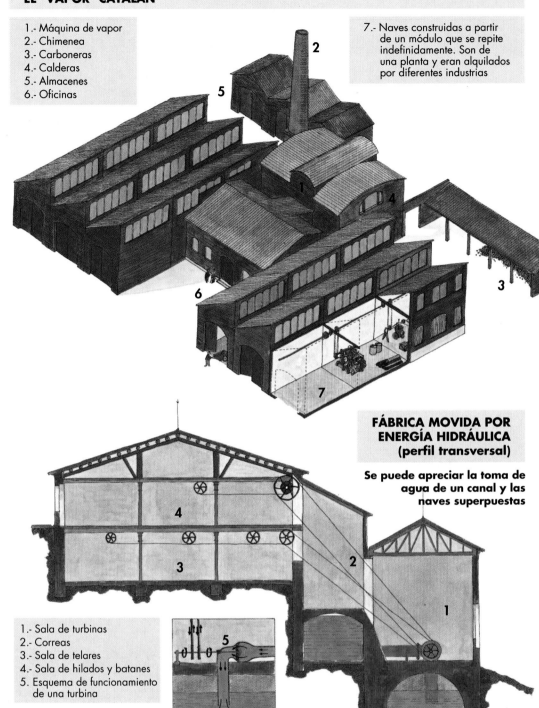

FÁBRICA MOVIDA POR ENERGÍA HIDRÁULICA (perfil transversal)

Se puede apreciar la toma de agua de un canal y las naves superpuestas

1.- Sala de turbinas
2.- Correas
3.- Sala de telares
4.- Sala de hilados y batanes
5. Esquema de funcionamiento de una turbina

PUENTES METÁLICOS CONSTRUIDOS EN EL S. XIX POR LA "MAQUINISTA TERRESTRE Y MARÍTIMA"

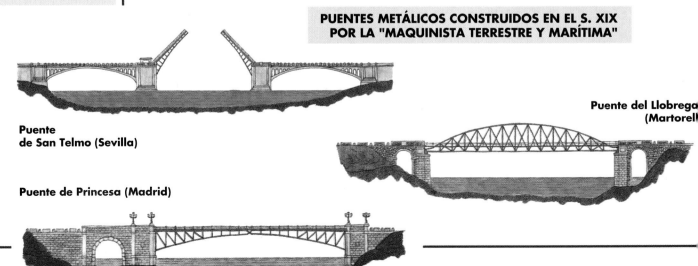

Puente de San Telmo (Sevilla)

Puente del Llobrega (Martorel

Puente de Princesa (Madrid)

LA INDUSTRIALIZACIÓN ESPAÑOLA EN EL SIGLO XIX

La industrialización de España fue un proceso lento que duró una buena parte del siglo XIX y que ha culminado en el XX. No obstante, empezó temprano.

Los primeros focos industrializadores nacieron en Cataluña en las primeras décadas del siglo pasado. El modelo industrial catalán, en sus orígenes, se parecía al británico, basado en el tejido de algodón y la máquina de vapor. Sin embargo, la falta de carbón, casi inexistente en Cataluña, dificultó el desarrollo industrial desde el primer momento. Los intentos para localizar y explotar minas fracasaron y se tenía que importar el carbón británico. Por esta razón, la energía producida por una máquina de vapor en Barcelona resultaba ocho veces más cara que en Manchester.

Esta escasez de carbón dio como resultado un tipo de instalación industrial, muy extendida en todo el país y singularmente en la ciudad industrial de Tarrasa, llamada "vapor". Se trataba de un conjunto de instalaciones industriales, con la producción de energía centralizada en una sola máquina de vapor, que era alquilado por partes a distintos industriales para que instalaran su maquinaria. Este sistema de organización industrial es el más utilizado durante una buena parte del siglo XIX.

Ante esta situación de energía cara, el modelo industrial catalán se volcó hacia la energía hidráulica, aprovechando las cuencas fluviales del territorio. El modelo industrial basado en el canal, el salto de agua y la rueda o turbina duró hasta la llegada de la energía eléctrica.

Hay otros focos industriales en la Península, como el valenciano, con una concentración en Alcoy; el andaluz, y el del norte, basado en la siderometalurgia.

CRECIMIENTO DEL FERROCARRIL

Antes de 1855	
En 1860	
En 1868	
Entre 1870 y 1914	

EL FERROCARRIL NO DIO EL BENEFICIO ESPERADO

La construcción de la red de ferrocarriles abría buenas posibilidades de negocios

El ferrocarril atrajo inversiones de dinero

Progreso rápido de la construcción de vías férreas

El dinero invertido en el ferrocarril dejó de invertirse en la industria

No había suficientes mercancías para transportar

Hundimiento de las acciones de los ferrocarriles en la bolsa

Crisis económica (1866)

LA INDUSTRIA ESPAÑOLA EN EL SIGLO XIX

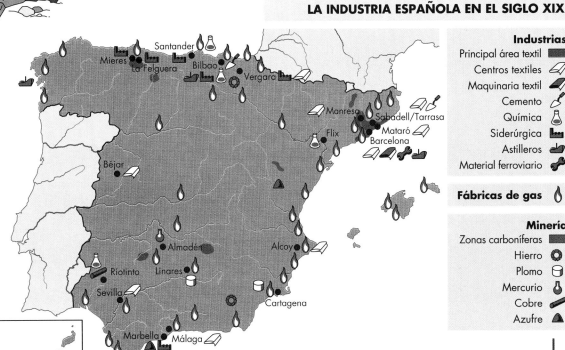

Industrias

Principal área textil
Centros textiles
Maquinaria textil
Cemento
Química
Siderúrgica
Astilleros
Material ferroviario

Fábricas de gas

Minería

Zonas carboníferas
Hierro
Plomo
Mercurio
Cobre
Azufre

En el siglo XVIII crecieron los asentamientos ingleses en América del Norte, llegando a configurar trece colonias autónomas, basadas en diversos criterios de religión o nacionalidad, extendidas por la costa atlántica y supervisadas por un gobernador. Cada colonia dependía directamente del Parlamento inglés y no existían organismos comunes. En el norte se desarrolló el comercio y la manufactura, mientras que las colonias del sur se especializaron en la agricultura de plantación —tabaco, algodón— al estilo de las islas del Caribe, con mano de obra esclava. En ninguno de los casos existió mestizaje con la población nativa, que fue obligada a retirarse hacia el oeste.

El intento inglés de explotar las colonias y recargarlas con impuestos motivó la rebelión de los colonos, que supieron coordinar los esfuerzos y conseguir el apoyo de Francia y de España. Como justificación de la revuelta invocaban en la Declaración de Derechos y en la Declaración de Independencia de 1776 la soberanía popular y los derechos humanos, entre ellos el de elegir la forma de gobierno.

Derrotados los ingleses, las colonias aprueban una Constitución que establece un nuevo modelo político, la república federal presidencialista, la división de poderes y la democracia participativa; los esclavos, sin embargo, no adquieren la condición de ciudadanos.

En el siglo XIX el nuevo país crece, adquiere territorios de Francia —Luisiana— y de España —Florida— por la vía pacífica, y de México mediante la guerra de 1848. El descubrimiento de oro en California y la extensión del ferrocarril irán unificando el continente.

La colonización agraria marca una frontera de avance; las tierras se ofrecen a la colonización agrícola de los emigrantes europeos, obligando a los indios nativos a replegarse hacia el oeste; se configuran "territorios" que al alcanzar cierto número de habitantes van adquiriendo la condición de estados. Sin embargo, se mantuvo la contradicción entre los estados del Norte, sin esclavos y en proceso de desarrollo industrial, y los estados del Sur, con agricultura capitalista de plantación y mano de obra esclava; tenían, además, formas distintas de concebir los poderes de los estados frente al poder central. El conflicto entre el Norte y el Sur estalló en forma de Guerra Civil o de Secesión, que terminó en 1865 con el triunfo del Norte; quedó abolida la esclavitud y el Sur se convirtió en la colonia industrial del Norte.

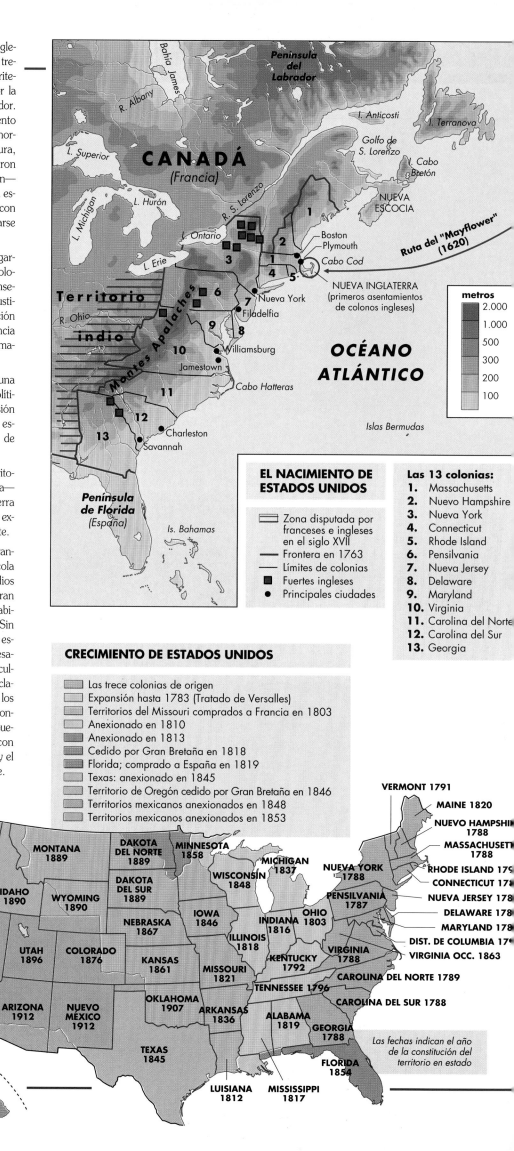

EL NACIMIENTO DE ESTADOS UNIDOS

- Zona disputada por franceses e ingleses en el siglo XVII
- Frontera en 1763
- Límites de colonias
- Fuertes ingleses
- Principales ciudades

Las 13 colonias:

1. Massachusetts
2. Nuevo Hampshire
3. Nueva York
4. Connecticut
5. Rhode Island
6. Pensilvania
7. Nueva Jersey
8. Delaware
9. Maryland
10. Virginia
11. Carolina del Norte
12. Carolina del Sur
13. Georgia

CRECIMIENTO DE ESTADOS UNIDOS

- Las trece colonias de origen
- Expansión hasta 1783 (Tratado de Versalles)
- Territorios del Missouri comprados a Francia en 1803
- Anexionado en 1810
- Anexionado en 1813
- Cedido por Gran Bretaña en 1818
- Florida; comprado a España en 1819
- Texas: anexionado en 1845
- Territorio de Oregón cedido por Gran Bretaña en 1846
- Territorios mexicanos anexionados en 1848
- Territorios mexicanos anexionados en 1853

Las fechas indican el año de la constitución del territorio en estado

LA GUERRA DE SECESIÓN (1861-1865)

MAINE
VERMONT
NUEVO HAMPSHIRE
MASSACHUSETTS
RHODE ISLAND
CONNECTICUT
NUEVA JERSEY
DELAWARE
MARYLAND
DISTRITO DE COLUMBIA
VIRGINIA OCCIDENTAL
(separada de Virginia en 1861)

MINNESOTA
MICHIGAN
WISCONSIN
NUEVA YORK
IOWA
PENSILVANIA
INDIANA
OHIO
ILLINOIS
KANSAS
KENTUCKY
VIRGINIA
MISSOURI
Territorio de Dakota
Territorio de Nebraska
Territorio de Colorado
Territorio de Oklahoma
Territorio de Nuevo México
TENNESSEE
CAROLINA DEL NORTE
CAROLINA DEL SUR
ARKANSAS
ALABAMA
GEORGIA
TEXAS
FLORIDA
MISSISSIPPI
LUISIANA

Estados de la Unión (sin esclavitud)
Estados esclavistas fieles a la Unión
Estados confederados (esclavistas)
Frontera entre los estados del Norte y del Sur

CRONOLOGÍA

1775
Inicio de la guerra de independencia de las Trece Colonias contra Gran Bretaña

1783
Tratado de Versalles: independencia de los Estados Unidos

1848
Ampliación territorial tras la victoria en la guerra con México. Descubrimiento de oro en California

1860
Carolina del Sur se separa de los Estados Unidos: se inicia la Guerra Civil

1865
Enmienda número 13 de la Constitución, que prohíbe la esclavitud. Capitulación de las fuerzas sudistas en Appomattox

EL NORTE

19 millones de habitantes

Proteccionistas

Demócratas

Industrial y comercial

No existe la esclavitud

EL SUR

12 millones de habitantes

Librecambistas

Aristócratas

Agricultura de plantación

Existe la esclavitud

Contradicciones entre el Norte y el Sur en el momento de la elección de A. Lincoln, en 1857

LOS INDIOS DE AMÉRICA DEL NORTE

Mohicanos
Iroqueses
Thames 1813
Pies Negros
Little Bighorn 1876
Nariz Perforada
Cuervo
Cheyenne
Wounded Knee Creek 1890
Shoshone
Iowa
Fallen Timbers 1794
Atabascos californianos
Arapaho
Tippecanoe 1811
Sand Creek 1864
Hopi
Navajo
Kiowa
Osage
Cherokee
Yavapai
Comanche
Creek
Apaches
Mescalero
Wichita
Chiricahua
Tonkawa

Principales tribus indias en los EE UU a la llegada de los europeos

✦ Batallas y matanzas de indios

Los indios en la actualidad

Tête-Plate
Pies Negros
Cheyene
Chipewa
Mohawk
Crow
Sioux
Shoshone
Paiute
Arapaho
Ute
Navajo
Osage
Cherokee
Apache
Pueblo

▲ Reservas
Número de indios por estado:
Menos de 25 x1.000
Entre 25 y 100 x1.000
Entre 100 y 200 x1.000

LA POBLACIÓN NEGRA

Población negra a finales del s. XIX

Menos del 10%
Del 10% al 30%
Del 30% al 50%
Más del 50%

Población negra por estados en la actualidad

Menos del 10%
Del 10% al 20%
Más del 20%

LA PRODUCCIÓN DE BIENES EN ESTADOS UNIDOS EN EL SIGLO XIX

Agricultura y minería
Industria de transformación
Construcción

10%
17%
73%
1839

9%
38%
53%
1899

En el primer cuarto del siglo XIX se independizan las colonias españolas y portuguesas de América, a excepción de Cuba y Puerto Rico. Los protagonistas del suceso fueron los criollos, americanos blancos propietarios de grandes extensiones de tierra, comerciantes y clases medias, que siguieron la ideología de la Ilustración y el ejemplo de los Estados Unidos como medio de liberarse de sus metrópolis; los otros grupos étnicos y sociales no tomaron una actitud tan decisiva.

La causa inmediata de los alzamientos en la América española fue la abdicación de Fernando VII y la cesión de la corona de España a Napoleón. Al igual que en la metrópoli, se formaron juntas locales que asumieron el poder. Ante el vacío de poder, los criollos más atrevidos declararon su independencia. Tras la restauración del monarca español en 1814 fueron reconquistadas las ciudades rebeldes, ante lo cual los independentistas organizaron auténticos ejércitos y consiguieron apoyo inglés. Simón Bolívar, desde el Orinoco, y José de San Martín, desde la vertiente argentina de los Andes, conseguirán la liberación de los virreinatos hispanos, culminando el proceso en la batalla de Ayacucho de 1824; la independencia de México, que siguió un proceso distinto, concluyó en 1821. En Brasil la separación de la metrópoli se logró de modo pacífico, al proclamarse emperador el hijo del rey de Portugal que, junto con la corte, se había refugiado en Río de Janeiro, para huir de la ocupación francesa de Lisboa.

El sueño de Bolívar, un gran estado americano de estructura federal, no se conseguirá. América Central se divide en cinco repúblicas de 1838 a 1844; la Gran Colombia —creación de Bolívar— se convierte en Colombia, Venezuela y Ecuador; y en 1828 Uruguay, con apoyo inglés, se separa de las provincias del Río de la Plata.

Tras las destrucciones de la guerra se consolida una nueva clase dominante formada por los antiguos propietarios de tierras, los burgueses comerciantes de las ciudades y los oficiales del ejército que habían conseguido prestigio durante la guerra. Las comunidades indígenas no obtienen beneficios de los cambios. Y pese a los intentos de desarrollo autónomo, las economías de los nuevos países seguirán dependiendo de Europa a través de los acuerdos de libertad comercial con Gran Bretaña.

DISTINTOS PROCESOS DE INDEPENDENCIA

Imperio portugués	Imperio español
Ante la invasión napoleónica, los monarcas huyen a Brasil	Ante la invasión napoleónica, los monarcas ceden la corona y el imperio a Napoleón
La secesión de las colonias se produce de forma pacífica	Estalla una violenta guerra civil entre independentistas y realistas
Se independiza un solo Estado, que adopta la forma de imperio	El imperio se divide en varias repúblicas
Se mantiene la esclavitud	Abolición de la esclavitud

LA SUBLEVACIÓN DE AMÉRICA LATINA

La Habana · Ciudad de México · Guatemala · San Salvador · Tegucigalpa · Managua · San José · Panamá · Santo Domingo · **Carabobo 1821** · Caracas · Angostura · Bogotá · **Boyacá 1819** · **Pichincha 1822** · Quito · **Ayacucho 1824** · Lima · La Paz · Asunción · **Chacabuco 1817** · Santiago · Montevideo · Buenos Aires · **Maipú 1818**

IMPERIO DE BRASIL

- América española
- Imperio de Brasil
- ★ Victorias de los independentistas
- ● Juntas liberales e independentistas
- · Otras ciudades
- → Campañas de Bolívar y Sucre
- → Campañas de San Martín

INDEPENDENCIA Y EVOLUCIÓN DE LOS ESTADOS LATINOAMERICANOS EN EL SIGLO XIX

• Las fechas indican el año de independencia del Estado

CANADÁ · CALIFORNIA · NUEVO MÉXICO · TEXAS · ESTADOS UNIDOS · MÉXICO 1821 · HONDURAS BRIT. · GUATEMALA 1821 · EL SALVADOR 1821 · NICARAGUA 1821 · COSTA RICA 1821 · CUBA 1898 · HAITÍ 1804 · HONDURAS 1821 · PANAMÁ 1903 · REPÚBLICA DOMINICANA 1865 · PUERTO RICO 1898 · GRAN COLOMBIA 1819-1830 · VENEZUELA 1819 · GUAYANAS · COLOMBIA 1819 · ECUADOR 1822 · BRASIL 1822 · PERÚ 1821 · BOLIVIA 1825 · PARAGUAY 1811 · CHILE 1818 · ARGENTINA 1816 · URUGUAY 1828

Patagonia (Zona colonizada al final del s. XIX)

🐑 *Is. Malvinas* (Gran Bretaña)

1. Territorios perdidos por México en beneficio de Estados Unidos
2. República Dominicana, unida a Haití de 1822 a 184[...]
3. Litigio franco-brasileño. Acuerdo de 2 d[...] diciembre de 190[...] en favor de Bras[...]
4, 5. Rectificació[...] de fronteras a favor de Bras[...]
6. Territorios adquirido[...] por Chile de 1884 a 192[...]
7. Rectificación de frontera[...] a favor de Paragua[...]
8. Territorio en litigio entre Chile [y] Argentina de 1899 a 1902 Resolución a favor de Chil[...]

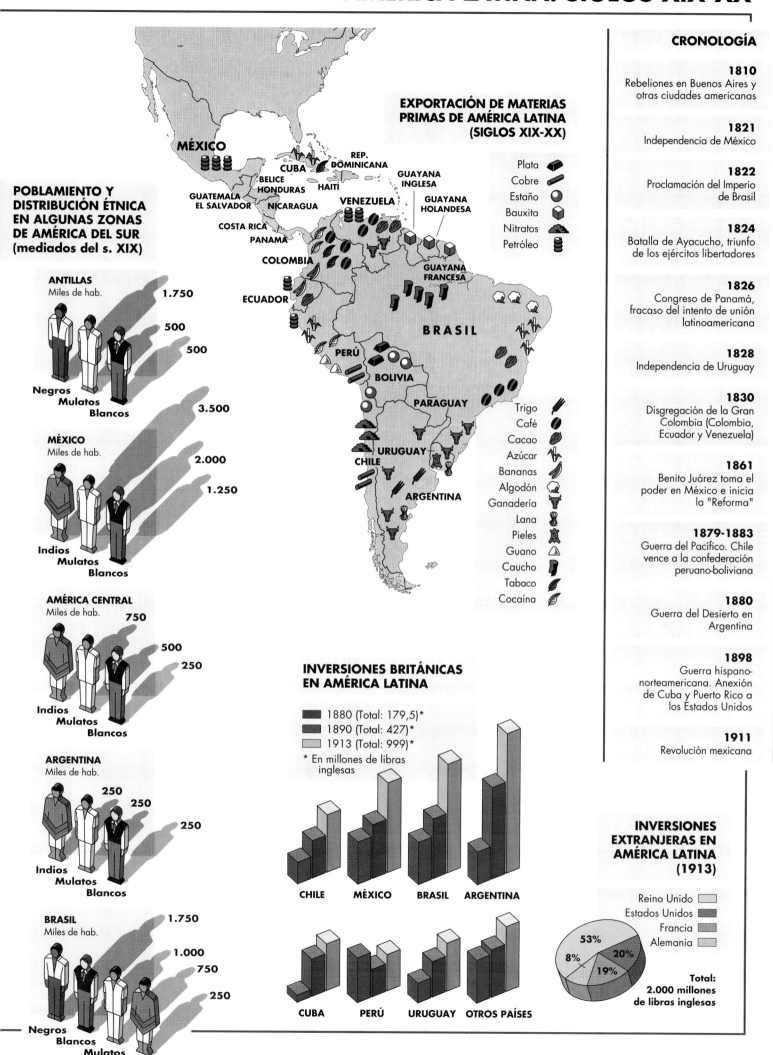

POBLAMIENTO Y DISTRIBUCIÓN ÉTNICA EN ALGUNAS ZONAS DE AMÉRICA DEL SUR (mediados del s. XIX)

ANTILLAS
Miles de hab.
1.750
500
500
Negros
Mulatos
Blancos

MÉXICO
Miles de hab.
3.500
2.000
1.250
Indios
Mulatos
Blancos

AMÉRICA CENTRAL
Miles de hab.
750
500
250
Indios
Mulatos
Blancos

ARGENTINA
Miles de hab.
250
250
250
Indios
Mulatos
Blancos

BRASIL
Miles de hab.
1.750
1.000
750
250
Negros
Blancos
Mulatos
Indios

EXPORTACIÓN DE MATERIAS PRIMAS DE AMÉRICA LATINA (SIGLOS XIX-XX)

Plata
Cobre
Estaño
Bauxita
Nitratos
Petróleo

Trigo
Café
Cacao
Azúcar
Bananas
Algodón
Ganadería
Lana
Pieles
Guano
Caucho
Tabaco
Cocaína

MÉXICO
CUBA
REP. DOMINICANA
BELICE
HONDURAS
HAITÍ
GUATEMALA
EL SALVADOR
NICARAGUA
COSTA RICA
PANAMÁ
COLOMBIA
ECUADOR
VENEZUELA
GUAYANA INGLESA
GUAYANA HOLANDESA
GUAYANA FRANCESA
BRASIL
PERÚ
BOLIVIA
PARAGUAY
URUGUAY
CHILE
ARGENTINA

INVERSIONES BRITÁNICAS EN AMÉRICA LATINA

■ 1880 (Total: 179,5)*
■ 1890 (Total: 427)*
□ 1913 (Total: 999)*
* En millones de libras inglesas

CHILE   MÉXICO   BRASIL   ARGENTINA

CUBA   PERÚ   URUGUAY   OTROS PAÍSES

INVERSIONES EXTRANJERAS EN AMÉRICA LATINA (1913)

Reino Unido
Estados Unidos
Francia
Alemania

53%
20%
19%
8%

Total: 2.000 millones de libras inglesas

CRONOLOGÍA

1810
Rebeliones en Buenos Aires y otras ciudades americanas

1821
Independencia de México

1822
Proclamación del Imperio de Brasil

1824
Batalla de Ayacucho, triunfo de los ejércitos libertadores

1826
Congreso de Panamá, fracaso del intento de unión latinoamericana

1828
Independencia de Uruguay

1830
Disgregación de la Gran Colombia (Colombia, Ecuador y Venezuela)

1861
Benito Juárez toma el poder en México e inicia la "Reforma"

1879-1883
Guerra del Pacífico. Chile vence a la confederación peruano-boliviana

1880
Guerra del Desierto en Argentina

1898
Guerra hispano-norteamericana. Anexión de Cuba y Puerto Rico a los Estados Unidos

1911
Revolución mexicana

Consecuencia de la Revolución Industrial fue la aparición de una nueva clase social, la de los trabajadores de las fábricas o proletarios, formada por la emigración masiva de campesinos a los nuevos centros fabriles. La legislación laboral impedía la negociación y la asociación obrera. El trabajo era una mercancía como cualquier otra, sujeta simplemente a la ley de la oferta y la demanda. Si abunda la mano de obra, el empresario puede fácilmente bajar los salarios o endurecer las condiciones laborales, y dedicar todos los beneficios a la inversión.

Ante la explotación humana característica de la primera etapa de la industrialización, se produjeron distintas reacciones. Algunos intentaron solucionar los efectos inmediatos de la explotación industrial, el desempleo, la orfandad, la enfermedad, la malnutrición o la falta de vivienda obrera, mediante instituciones de caridad o asociaciones obreras de ayuda mutua.

Por otra parte, ciertos pensadores consideraron que no podrían solucionarse esas situaciones si no se alteraba el sistema social y económico capitalista que las había causado. Algunos propusieron sustituir esa sociedad por otra basada en principios de igualdad y de justicia; son los llamados "socialistas utópicos", como Fourier o Saint-Simon. Otros consideraron que el propio sistema era el causante de los males. Para los "socialistas" —seguidores de Karl Marx—, burguesía y proletariado representaban dos fuerzas antagónicas, y la segunda estaba llamada por la historia a destruir la burguesía y dar paso a un nuevo mundo sin clases. Para los "anarquistas" como Bakunin la lucha final enfrentaría a opresores y a oprimidos, y daría paso a una sociedad común, sin autoridad y sin propiedad.

EL PROLETARIADO INGLÉS, PIONERO EN LA LUCHA OBRERA

1811. Auge del movimiento luddista. Destrucción de las máquinas por parte de los trabajadores

1819. Matanza de obreros en Peterloo

1825. Reconocimiento del derecho a la asociación sindical

1838. La Asociación de Trabajadores de Londres elabora la Carta del pueblo que pide el sufragio universal

1839. Comienza el movimiento cartista

1847. Ley inglesa de la jornada de 10 horas

1859. Huelga de la construcción

1864. Fundación de la Asociación Internacional de Trabajadores (AIT) en Londres. I Internacional

1881. Congreso anarquista

1896. Congreso de la II Internacional. Expulsión de los anarquistas

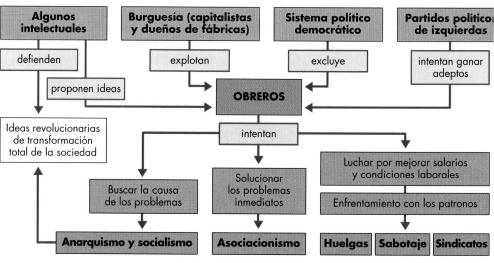

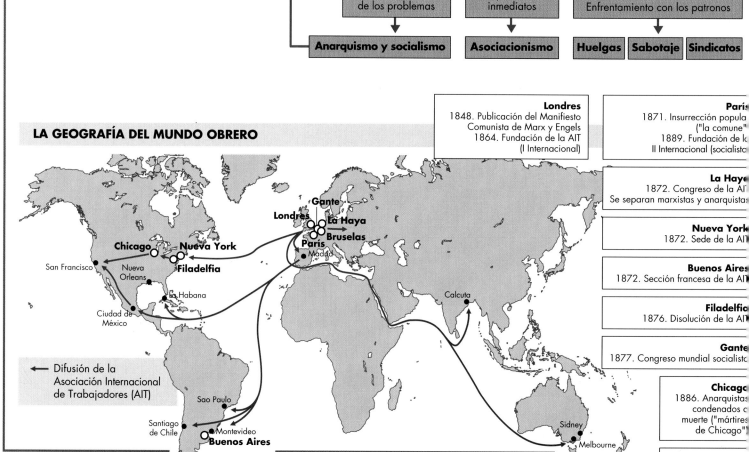

LA GEOGRAFÍA DEL MUNDO OBRERO

← Difusión de la Asociación Internacional de Trabajadores (AIT)

Londres
1848. Publicación del Manifiesto Comunista de Marx y Engels
1864. Fundación de la AIT (I Internacional)

París
1871. Insurrección popular ("la comune")
1889. Fundación de la II Internacional (socialista)

La Haya
1872. Congreso de la AIT. Se separan marxistas y anarquistas

Nueva York
1872. Sede de la AIT

Buenos Aires
1872. Sección francesa de la AIT

Filadelfia
1876. Disolución de la AIT

Gante
1877. Congreso mundial socialista

Chicago
1886. Anarquistas condenados a muerte ("mártires de Chicago")

Bruselas
1891. II Congreso de la II Internacional

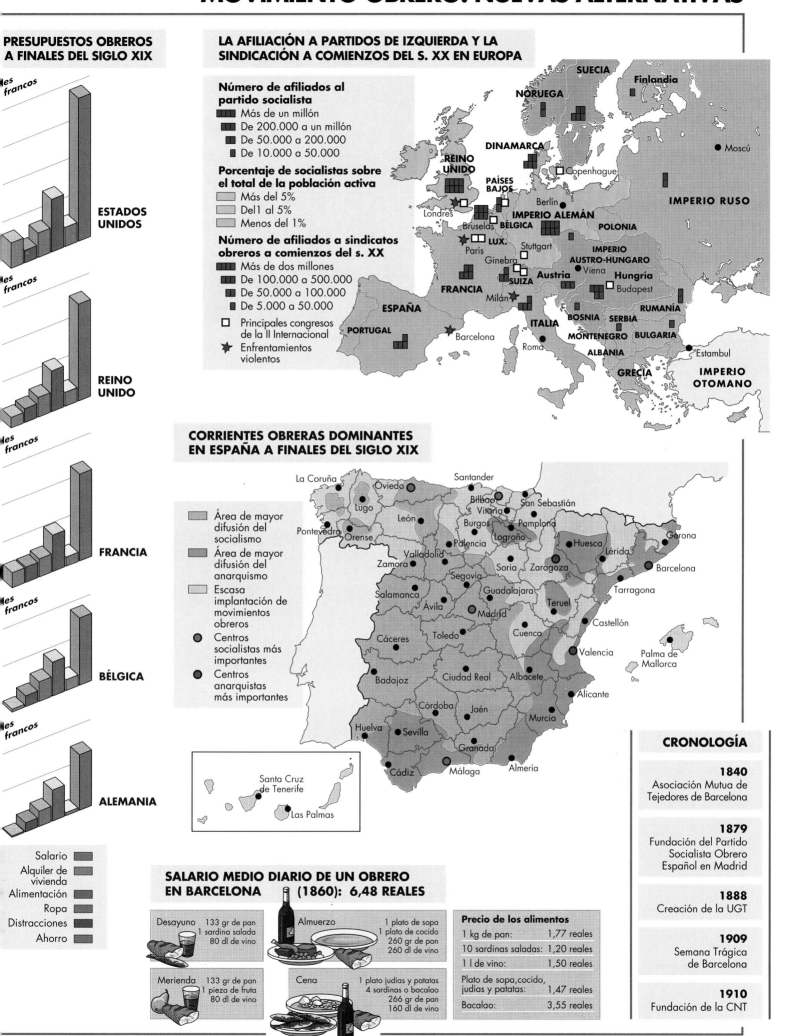

PRESUPUESTOS OBREROS A FINALES DEL SIGLO XIX

les francos

ESTADOS UNIDOS

les francos

REINO UNIDO

les francos

FRANCIA

les francos

BÉLGICA

les francos

ALEMANIA

- Salario
- Alquiler de vivienda
- Alimentación
- Ropa
- Distracciones
- Ahorro

LA AFILIACIÓN A PARTIDOS DE IZQUIERDA Y LA SINDICACIÓN A COMIENZOS DEL S. XX EN EUROPA

Número de afiliados al partido socialista
- Más de un millón
- De 200.000 a un millón
- De 50.000 a 200.000
- De 10.000 a 50.000

Porcentaje de socialistas sobre el total de la población activa
- Más del 5%
- Del 1 al 5%
- Menos del 1%

Número de afiliados a sindicatos obreros a comienzos del s. XX
- Más de dos millones
- De 100.000 a 500.000
- De 50.000 a 100.000
- De 5.000 a 50.000
- Principales congresos de la II Internacional
- Enfrentamientos violentos

SUECIA
Finlandia
NORUEGA
DINAMARCA
REINO UNIDO
Copenhague
Moscú
PAÍSES BAJOS
IMPERIO RUSO
Londres
Berlín
Bruselas
BÉLGICA
IMPERIO ALEMÁN
POLONIA
LUX.
Stuttgart
IMPERIO AUSTRO-HUNGARO
París
Ginebra
Viena
Hungría
FRANCIA
SUIZA
Austria
Budapest
Milán
ESPAÑA
RUMANÍA
BOSNIA
SERBIA
PORTUGAL
Barcelona
ITALIA
MONTENEGRO
BULGARIA
Roma
ALBANIA
Estambul
GRECIA
IMPERIO OTOMANO

CORRIENTES OBRERAS DOMINANTES EN ESPAÑA A FINALES DEL SIGLO XIX

- Área de mayor difusión del socialismo
- Área de mayor difusión del anarquismo
- Escasa implantación de movimientos obreros
- Centros socialistas más importantes
- Centros anarquistas más importantes

La Coruña
Oviedo
Santander
Lugo
Bilbao
Vitoria
San Sebastián
León
Burgos
Pamplona
Pontevedra
Orense
Logroño
Huesca
Gerona
Valladolid
Palencia
Lérida
Zamora
Soria
Zaragoza
Barcelona
Segovia
Guadalajara
Tarragona
Salamanca
Teruel
Ávila
Madrid
Cáceres
Toledo
Cuenca
Castellón
Badajoz
Ciudad Real
Albacete
Valencia
Palma de Mallorca
Córdoba
Jaén
Murcia
Huelva
Sevilla
Alicante
Granada
Almería
Cádiz
Málaga

Santa Cruz de Tenerife
Las Palmas

SALARIO MEDIO DIARIO DE UN OBRERO EN BARCELONA (1860): 6,48 REALES

Desayuno: 133 gr de pan / 1 sardina salada / 80 dl de vino

Almuerzo: 1 plato de sopa / 1 plato de cocido / 260 gr de pan / 260 dl de vino

Merienda: 133 gr de pan / 1 pieza de fruta / 80 dl de vino

Cena: 1 plato judías y patatas / 4 sardinas o bacalao / 266 gr de pan / 160 dl de vino

Precio de los alimentos

1 kg de pan:	1,77 reales
10 sardinas saladas:	1,20 reales
1 l de vino:	1,50 reales
Plato de sopa, cocido, judías y patatas:	1,47 reales
Bacalao:	3,55 reales

CRONOLOGÍA

1840
Asociación Mutua de Tejedores de Barcelona

1879
Fundación del Partido Socialista Obrero Español en Madrid

1888
Creación de la UGT

1909
Semana Trágica de Barcelona

1910
Fundación de la CNT

En el siglo XIX subsisten aún los restos de los viejos imperios de la Edad Moderna: el holandés, en América e Indonesia; el portugués, en África y algunos enclaves de la India y China; y el español, formado por Cuba, Puerto Rico, las Filipinas y algunos territorios en la costa africana.

El nuevo colonialismo del siglo XIX es una consecuencia de la Revolución Industrial, de la búsqueda de materias primas, de mercados y de zonas donde invertir capitales y enviar emigrantes. Gran Bretaña es la primera potencia colonial del mundo que establece una relación de intercambios desiguales para su propio beneficio, aunque lo justifique con la teoría de la misión civilizadora de la raza blanca.

En 1877, fecha en que la reina Victoria se proclama emperatriz de la India, gran parte del planeta se dirige desde Londres. Ese conjunto incluye colonias cuya gestión depende exclusivamente de los ingleses, países de población blanca o "dominios" con cierto grado de autonomía —Canadá, Australia, Unión Sudafricana— y países independientes cuya economía está bajo control inglés. Las rutas del comercio marítimo, facilitadas al abrirse el Canal de Suez en 1869, son también de dominio británico, mediante bases estratégicas en el Mediterráneo —Gibraltar, Malta—, el mar Rojo —Adén—, el Índico —Ceilán—, el Atlántico —Malvinas— o el mar de la China —Singapur, Hong-Kong.

La colonia más importante fue la India por su producción de algodón, té y minerales. Las Antillas, la Guayana y las colonias de África proporcionaban todo tipo de productos tropicales. África del Sur y Australia, oro y diamantes. Argentina, país dominado económicamente por Inglaterra y Canadá, trigo y carne.

En el continente africano los ingleses tuvieron que enfrentarse con los intereses de Francia, que ya contaba con colonias en el Caribe y en América del Sur —la Guayana Francesa— y había conseguido formar un imperio colonial en Indochina y África. Los recelos entre Francia, Gran Bretaña y Bélgica, cuyo rey Leopoldo II había aceptado la colonia del Congo, motivaron la reunión de la Conferencia de Berlín (1884-1885), que repartió entre los socios europeos el continente vecino.

EL COLONIALISMO EN EL SIGLO XIX

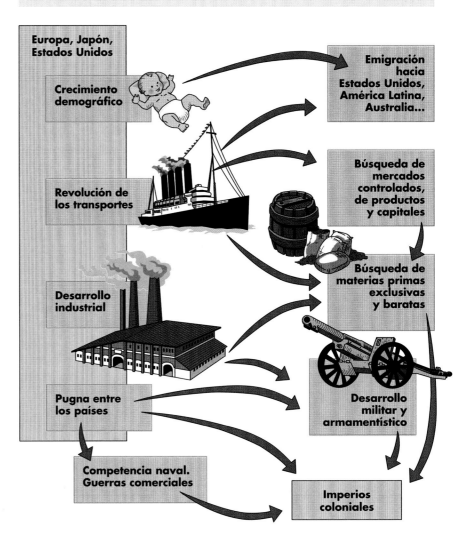

LAS METRÓPOLIS EUROPEAS Y SUS COLONIAS A MEDIADOS DEL SIGLO XIX

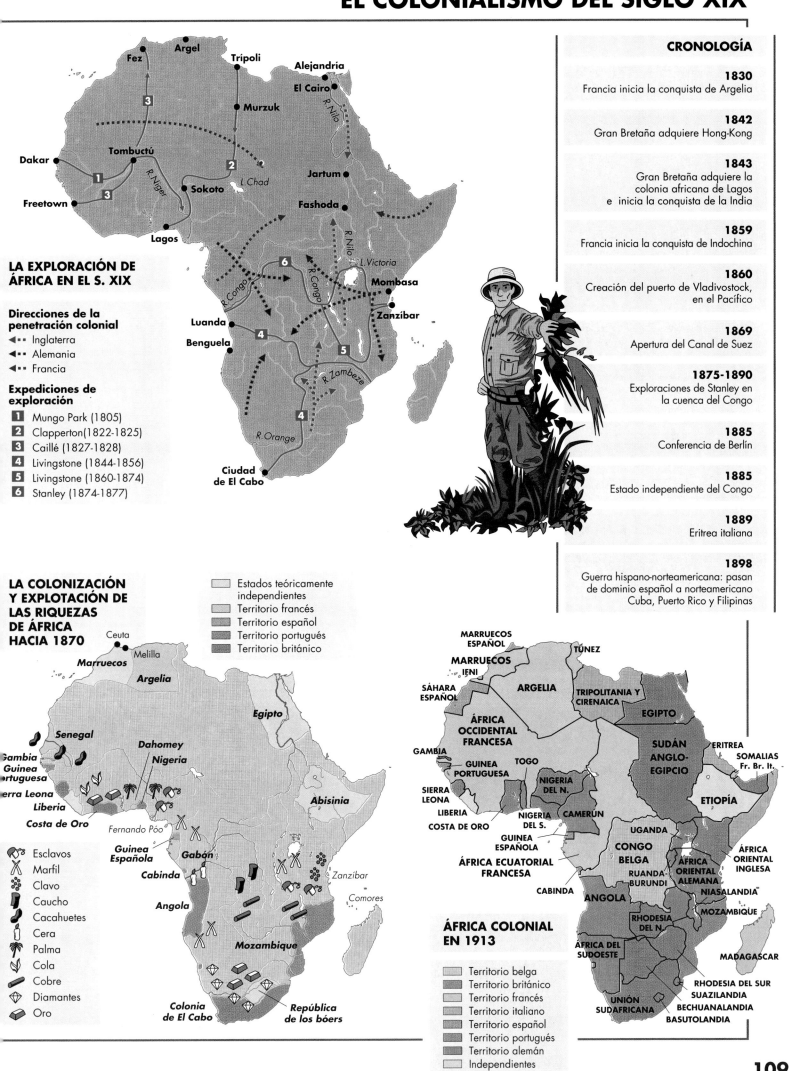

LA EXPLORACIÓN DE ÁFRICA EN EL S. XIX

Direcciones de la penetración colonial
◀·· Inglaterra
◀·· Alemania
◀·· Francia

Expediciones de exploración
1 Mungo Park (1805)
2 Clapperton (1822-1825)
3 Caillé (1827-1828)
4 Livingstone (1844-1856)
5 Livingstone (1860-1874)
6 Stanley (1874-1877)

CRONOLOGÍA

1830
Francia inicia la conquista de Argelia

1842
Gran Bretaña adquiere Hong-Kong

1843
Gran Bretaña adquiere la colonia africana de Lagos e inicia la conquista de la India

1859
Francia inicia la conquista de Indochina

1860
Creación del puerto de Vladivostock, en el Pacífico

1869
Apertura del Canal de Suez

1875-1890
Exploraciones de Stanley en la cuenca del Congo

1885
Conferencia de Berlín

1885
Estado independiente del Congo

1889
Eritrea italiana

1898
Guerra hispano-norteamericana: pasan de dominio español a norteamericano Cuba, Puerto Rico y Filipinas

LA COLONIZACIÓN Y EXPLOTACIÓN DE LAS RIQUEZAS DE ÁFRICA HACIA 1870

Estados teóricamente independientes
Territorio francés
Territorio español
Territorio portugués
Territorio británico

Esclavos
Marfil
Clavo
Caucho
Cacahuetes
Cera
Palma
Cola
Cobre
Diamantes
Oro

ÁFRICA COLONIAL EN 1913

Territorio belga
Territorio británico
Territorio francés
Territorio italiano
Territorio español
Territorio portugués
Territorio alemán
Independientes

En los países europeos y americanos el siglo XIX es el siglo burgués por excelencia; en él la minoría beneficiaria de la Revolución Industrial se consolida como la clase dominante, vinculada por matrimonios o intereses con la antigua aristocracia. La burguesía reconstruye a su estilo los países y las ciudades e impone su ideología y su moralidad, basada en la exaltación del trabajo, la frugalidad, el ahorro, la religiosidad, pero fomentado, al mismo tiempo, la explotación de la mujer y del proletariado, y la desigualdad de fortunas, compatible con la igualdad de todos ante la ley.

El incremento de la población urbana y el descenso del campesinado se considera como signo de modernización, pero en Europa oriental y en Rusia seguirán siendo numerosos los campesinos en situación legal de servidumbre. El considerable crecimiento de la población europea —que pasa de 190 a 450 millones en el siglo— es consecuencia de las altas tasas de natalidad y de la disminución de la mortalidad catastrófica, debido sin duda a los progresos en la medicina y la higiene con las contribuciones de Pasteur y de Koch. Sin embargo, las epidemias seguirán causando estragos, como en el caso del cólera de 1829 a 1837.

Las zonas urbanas de los países industrializados alcanzan densidades superiores a los 100 habitantes por kilómetro cuadrado. Liverpool pasa, entre 1800 y 1850, de 80.000 habitantes a 400.000, y Londres de 1.000.000 a 2.400.000.

A lo largo del siglo los burgueses se proponen recrear la ciudad y ampliarla; los "ensanches" son ocasiones para que los urbanistas —científicos sociales— apliquen un nuevo modelo de ciudad con separaciones y gradaciones entre barrios señoriales y barrios obreros: así hacen en París Haussmann y en Barcelona Cerdá. La ciudad intenta adquirir un espíritu común y dotarse de los avances del progreso: alcantarillado, conducción de aguas, tranvías, iluminación a gas, avenidas, estaciones de ferrocarril, museos y monumentos públicos.

El crecimiento demográfico europeo fue absorbido por el crecimiento continuado de la industria y por una fuerte emigración de europeos a América, a Australia y, en menor medida, a África. Ingleses, irlandeses y alemanes emigran primordialmente a Estados Unidos; italianos, españoles y portugueses, a América del Sur.

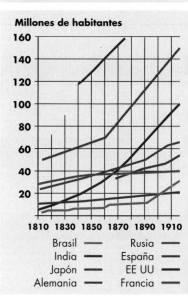

LA VIDA EN EL SIGLO XIX

- **Luz de gas**
- **Grandes ensanches urbanos (París, Viena, Barcelona...)**
- **El convertidor Bessemer permite fabricar acero en grande cantidades**
- **Se generaliza el uso de telas de algodón**
- **Hacen su aparición las primeras "toilettes" en algunas grandes ciudades**
- **Mejoran las comunicaciones y se desarrolla la red ferroviaria**
- **Grandes transportes movidos a vapor**

EVOLUCIÓN DE LA POBLACIÓN EN ALGUNOS PAÍSES DURANTE EL S. XIX

Millones de habitantes

Brasil	Rusia
India	España
Japón	EE UU
Alemania	Francia

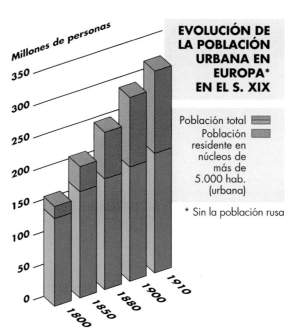

EVOLUCIÓN DE LA POBLACIÓN URBANA EN EUROPA* EN EL S. XIX

Millones de personas

Población total

Población residente en núcleos de más de 5.000 hab. (urbana)

* Sin la población rusa

EVOLUCIÓN DE LA NATALIDAD EN ALGUNOS PAÍSES A FINALES DEL S. XIX

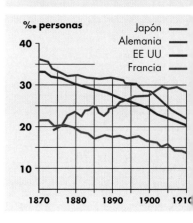

‰ personas

Japón
Alemania
EE UU
Francia

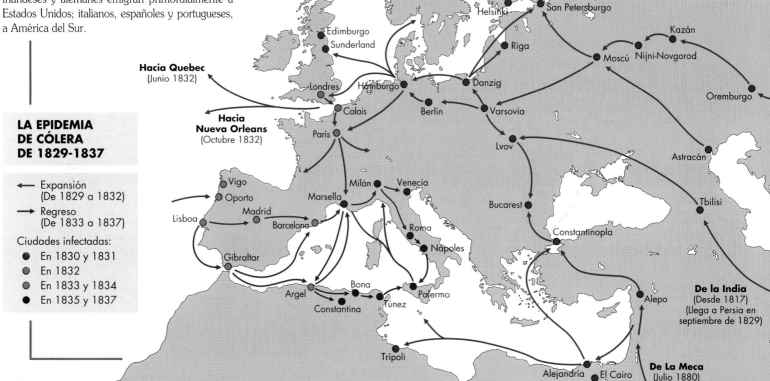

Hacia Quebec
(Junio 1832)

Hacia Nueva Orleans
(Octubre 1832)

LA EPIDEMIA DE CÓLERA DE 1829-1837

← Expansión (De 1829 a 1832)

→ Regreso (De 1833 a 1837)

Ciudades infectadas:
- En 1830 y 1831
- En 1832
- En 1833 y 1834
- En 1835 y 1837

De la India
(Desde 1817)
(Llega a Persia en septiembre de 1829)

De La Meca
(Julio 1880)

Edimburgo · Sunderland · Helsinki · San Petersburgo · Kazán · Riga · Moscú · Nijni-Novgorod · Oremburgo · Londres · Hamburgo · Danzig · Calais · Berlín · Varsovia · París · Lvov · Astracán · Vigo · Oporto · Milán · Venecia · Marsella · Bucarest · Tbilisi · Lisboa · Madrid · Barcelona · Roma · Constantinopla · Gibraltar · Nápoles · Argel · Bona · Palermo · Alepo · Constantina · Túnez · El Cairo · Alejandría · Trípoli

LA SOCIEDAD DEL SIGLO XIX

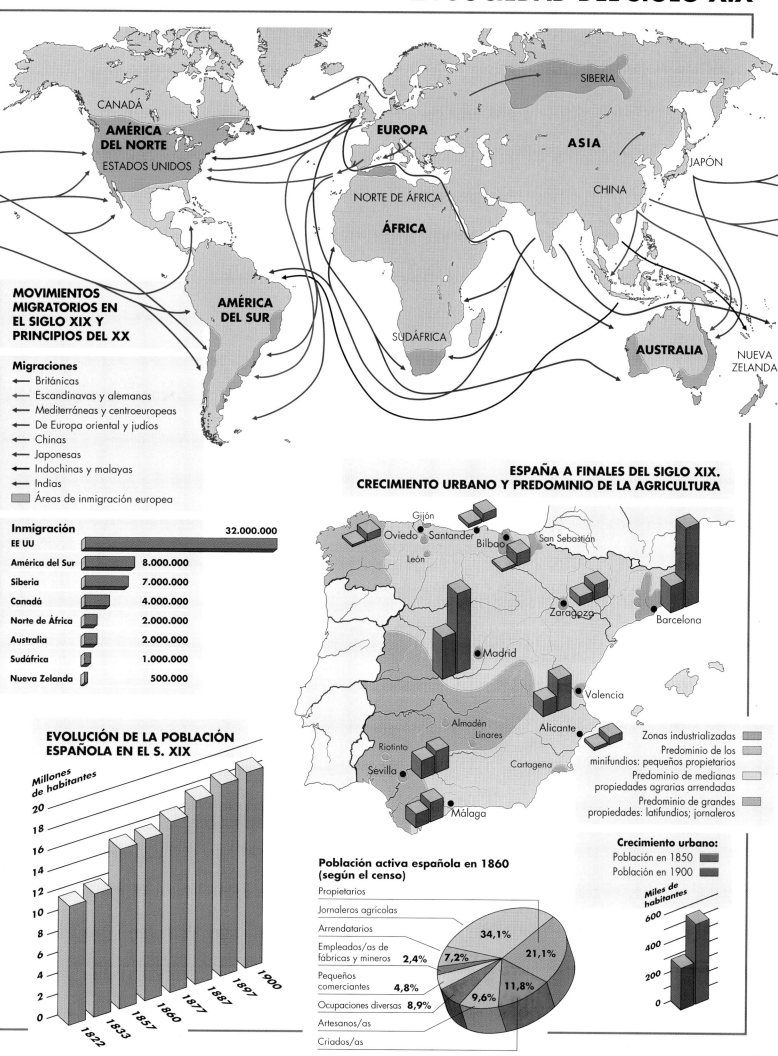

MOVIMIENTOS MIGRATORIOS EN EL SIGLO XIX Y PRINCIPIOS DEL XX

Migraciones

← Británicas
← Escandinavas y alemanas
← Mediterráneas y centroeuropeas
← De Europa oriental y judíos
← Chinas
← Japonesas
← Indochinas y malayas
← Indias
▨ Áreas de inmigración europea

Inmigración

EE UU	32.000.000
América del Sur	8.000.000
Siberia	7.000.000
Canadá	4.000.000
Norte de África	2.000.000
Australia	2.000.000
Sudáfrica	1.000.000
Nueva Zelanda	500.000

EVOLUCIÓN DE LA POBLACIÓN ESPAÑOLA EN EL S. XIX

Millones de habitantes

20, 18, 16, 14, 12, 10, 8, 6, 4, 2, 0

1822, 1833, 1857, 1860, 1877, 1887, 1897, 1900

ESPAÑA A FINALES DEL SIGLO XIX. CRECIMIENTO URBANO Y PREDOMINIO DE LA AGRICULTURA

Gijón, Oviedo, Santander, Bilbao, San Sebastián, León, Zaragoza, Barcelona, Madrid, Valencia, Almadén, Linares, Alicante, Riotinto, Cartagena, Sevilla, Málaga

▨ Zonas industrializadas
▨ Predominio de los minifundios: pequeños propietarios
▨ Predominio de medianas propiedades agrarias arrendadas
▨ Predominio de grandes propiedades: latifundios; jornaleros

Crecimiento urbano:
▨ Población en 1850
▨ Población en 1900

Miles de habitantes

600, 400, 200, 0

Población activa española en 1860 (según el censo)

Propietarios
Jornaleros agrícolas — 34,1%
Arrendatarios — 21,1%
Empleados/as de fábricas y mineros — 2,4%
Pequeños comerciantes — 4,8%
Ocupaciones diversas — 8,9%
Artesanos/as
Criados/as
7,2%, 11,8%, 9,6%

Total: 6.891.000 personas

EL AVANCE EN MEDICINA

CRONOLOGÍA

1796
W. Jenner descubre la vacuna antivariólica

1846
William Morton descubre la anestesia

1865
Joseph Lister descubre los antisépticos

1881
Louis Pasteur descubre los gérmenes

1882-83
Robert Koch descubre los bacilos de la tuberculosis y el cólera

1895
Wilhelm C. Röntgen descubre los rayos X

1898
Madame Curie descubre el rádium

1900
Walter Reed descubre la causa de la fiebre amarilla

1901
Emil von Behring descubre los anticuerpos

1908
Ilia Metchnikoff descubre los leucocitos

1921
Frederick Banting descubre la insulina

1928
Alexander Fleming descubre la penicilina

Nuevas máquinas: microscopio, termómetro, manómetro, estetoscopio, electrocardiógrafo, jeringuilla hipodérmica, rayos X ...

Nuevos materiales: anestésicos, antisépticos, rádium, goma, aluminio ...

Avances de la tecnología

Nuevos productos: antibióticos; teoría de los gérmenes; conocimiento de las bacterias...

Avances de la biología

Avances de la física

Estudio de la electricidad y de las radiaciones

Avances de la química

Avances científicos

Progreso de la medicina moderna

EL PROGRESO TECNOLÓGICO

Agricultura e industria

1784. James Watt inventa la máquina de vapor

1821. Faraday inventa el motor y generador eléctrico

1840. C. McCormick construye la primera máquina cosechadora

1859. Primer pozo de petróleo en Titusville, Pensilvania

1872. Se fabrica baquelita

Transportes y viajes

1804. Primer vehículo a vapor sobre raíles de Richard Trevithick

1819. El "Savannah", buque a vapor, cruza el Atlántico

1829. George Stephenson construye el primer tren

1863. Primer "metro" subterráneo en Londres

1869. Canal de Suez

1869. Los ferrocarriles atraviesan Estados Unidos de costa a costa

1874. Primer tranvía eléctrico

1885. Carl Benz construye el primer automóvil a motor

1903. Los hermanos Wright realizan el primer vuelo a motor

Otros inventos

1800. Batería de Volta

1830. Willian Fox Talbot crea la primera cámara para negativos

1837. El telégrafo

1844. El código Morse

1851. Isaac M. Singer fabrica la primera máquina de coser

1866. Primer cable telégrafico submarino

1873. Primera máquina de escribir de la Compañía Remington

1876. Primer teléfono de Bell

1877. Edison patenta el gramófono

1878. Edison inventa la lámpara incandescente

1893. Marconi inventa la radio

1895. Primera proyección de cine en París

GRANDES VÍAS DE COMUNICACIÓN A COMIENZOS DEL SIGLO XX

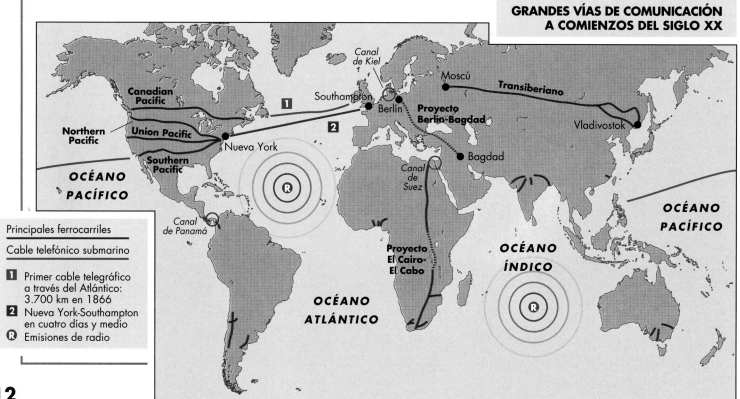

Principales ferrocarriles

Cable telefónico submarino

1 Primer cable telegráfico a través del Atlántico: 3.700 km en 1866

2 Nueva York-Southampton en cuatro días y medio

R Emisiones de radio

CIENCIA, TECNOLOGÍA, ARTE Y CULTURA DEL SIGLO XIX

PINTURA ROMÁNTICA

"La libertad guiando al pueblo".
Delacroix.
(Museo del Louvre.
París)

PINTURA REALISTA

"Las espigadoras".
Millet.
(Museo de Orsay.
París)

PINTURA IMPRESIONISTA

"En la playa".
Manet.
(Museo de Orsay.
París)

La ideología burguesa se centra en la fe en el progreso y en su capacidad de transformar el mundo y mejorar la vida y las relaciones humanas. Todo es cuestión de tiempo y de constancia. Y el progreso viene de la mano de la ciencia y de sus aplicaciones prácticas. Ejemplo de ello son la química, que permite la fabricación de colorantes y abonos artificiales; la industria farmacéutica, ligada a los avances de la medicina; la electricidad, que con la dinamo y el transformador ofrece una nueva forma de energía que evita la dependencia del carbón y permite la dispersión industrial, al tiempo que puede aplicarse a la iluminación urbana y hogareña y al transporte (el tranvía).

Desde 1815 se extiende por Europa el Romanticismo, movimiento artístico y literario que comienza como afirmación del pasado y de la historia, pero pronto se identificará con las revueltas liberales y nacionales. El romántico rechaza las normas y la mesura, exige la libertad del creador y ve en el arte la expresión de sentimientos profundos, de intuiciones, no de razonamientos; el artista se apasiona por la naturaleza, por el mundo exótico, por las tragedias humanas, por sus luchas de liberación. La música triunfa con Beethoven, Chopin o Brahms. Los literatos románticos cultivan la poesía, el teatro y las novelas históricas.

Hacia mediados de siglo los artistas se consideran cronistas de la realidad que intentan plasmar en sus novelas o en sus cuadros. Dostoievski, Dickens, Balzac, Galdós ofrecen un panorama del mundo ruso, inglés, francés o español. Millet y Courbet retratan el mundo rural y obrero.

En 1874, en una exposición celebrada en París, nace el Impresionismo, una renovación del lenguaje pictórico que considera que todo cuadro es, ante todo, una combinación de pinceladas de color. La obsesión por los reflejos luminosos y el cambio de las apariencias de los objetos dará paso a una renovación de toda la técnica pictórica. Con ello el artista se convierte en un investigador óptico, y se aleja de las exigencias del mercado. La visión del mundo del artista no tiene por qué ser la del burgués que adquiera sus cuadros. Con la segunda generación impresionista, la de Toulouse-Lautrec, Gauguin o Van Gogh, se inicia una nueva etapa de la historia del arte.

EL SIGLO DE LA MÚSICA

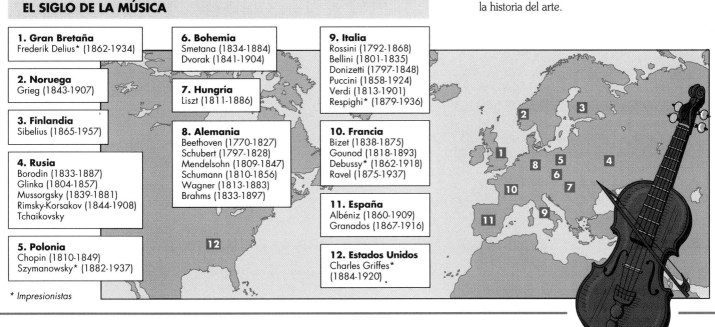

1. Gran Bretaña
Frederik Delius* (1862-1934)

2. Noruega
Grieg (1843-1907)

3. Finlandia
Sibelius (1865-1957)

4. Rusia
Borodin (1833-1887)
Glinka (1804-1857)
Mussorgsky (1839-1881)
Rimsky-Korsakov (1844-1908)
Tchaikovsky

5. Polonia
Chopin (1810-1849)
Szymanowsky* (1882-1937)

6. Bohemia
Smetana (1834-1884)
Dvorak (1841-1904)

7. Hungría
Liszt (1811-1886)

8. Alemania
Beethoven (1770-1827)
Schubert (1797-1828)
Mendelsohn (1809-1847)
Schumann (1810-1856)
Wagner (1813-1883)
Brahms (1833-1897)

9. Italia
Rossini (1792-1868)
Bellini (1801-1835)
Donizetti (1797-1848)
Puccini (1858-1924)
Verdi (1813-1901)
Respighi* (1879-1936)

10. Francia
Bizet (1838-1875)
Gounod (1818-1893)
Debussy* (1862-1918)
Ravel (1875-1937)

11. España
Albéniz (1860-1909)
Granados (1867-1916)

12. Estados Unidos
Charles Griffes*
(1884-1920)

* Impresionistas

La carrera armamentista.
Tras la Segunda Guerra Mundial
se fijan dos grandes bloques
ideológicos y militares,
liderados por Estados Unidos
y la Unión Soviética.
La "guerra fría" fue un equilibrio
de terror entre ambos sistemas
de alianzas que justificaba
la carrera armamentista y
la asignación de considerables
recursos presupuestarios
a los gastos militares.

La descolonización.
El proceso de lucha anticolonial por parte de los pueblos
sometidos a las grandes potencias tiene su auge a partir
de 1945. El acceso a la independencia de las antiguas
colonias se produjo, en la mayoría de los casos,
tras cruentas guerras de liberación.

El hombre, en la Luna.
La carrera del espacio fue una manifestación más de la guerra fría.
Estados Unidos y la URSS se enfrentaron en el control del espacio exterior
como prueba de poder y de dominio tecnológico. La llegada del hombre
a la Luna fue un hito en la carrera espacial.

En el siglo XX se hunde el proyecto de un progreso humano basado en la ciencia, la industrialización y el capitalismo. La ciencia y la técnica no pueden impedir las desigualdades entre los países. El hombre ha conseguido poner el pie en la Luna, pero es incapaz de impedir la malnutrición infantil y la miseria de gran parte del planeta o las matanzas debidas a razones religiosas.

Entre los sucesos clave del siglo figuran en primer lugar dos guerras crueles, originadas en Europa, pero que se extendieron a gran parte del mundo —especialmente por la existencia de imperios coloniales—, con difíciles períodos de reconstrucción entre ellas.

Otro fenómeno notable ha sido la descolonización, proceso que se centra en el período 1945-1975 y en el cual casi todas las regiones del planeta acceden a su autogobierno. Aunque los nuevos países intentan iniciar su desarrollo económico, la estructura mundial de los intercambios y la dificultad de competir con los países industrializados lo impedirá. Y así, durante el siglo se agravan las desigualdades y se produce un auténtico divorcio entre los países ricos del hemisferio norte —regidos por gobiernos democráticos y con altas cotas de bienestar económico y social— y los países pobres del sur.

De 1945 a 1980 el mundo estuvo dividido en dos bloques armados o zonas de influencia, la de la Unión Soviética y los regímenes llamados socialistas, y la de los Estados Unidos, protector de los países capitalistas. Pudo hablarse de un "Tercer Mundo", el de los países no alineados en ninguno de los conjuntos anteriores.

La descomposición del mundo socialista ha dado lugar a un nuevo orden político en el este de Europa. Los problemas étnicos, los nacionalismos, acallados durante años por la uniformidad del régimen soviético, y la grave crisis económica han provocado la escisión y el nacimiento de países nuevos, muchos de los cuales viven hoy sangrientos conflictos.

Deterioro ambiental.
El siglo concluye con la conciencia de que todos pertenecemos a un planeta que sufre deterioros ecológicos y ambientales graves y con el conocimiento de que la ciencia y la técnica no han solucionado hasta ahora los graves problemas de la supervivencia, de la nutrición y de la coexistencia pacífica entre pueblos y culturas.

Firma de la paz entre palestinos e israelíes. Washington 1993.
En 1993, cerca ya del siglo XXI, el mundo está regido por un nuevo sistema de equilibrio de fuerzas. Desaparecida la Unión Soviética, Estados Unidos, única potencia hegemónica, interviene en la resolución de conflictos regionales, como el acuerdo de paz entre palestinos e israelíes con el que finaliza un enfrentamiento por el control del territorio de Gaza y Cisjordania, iniciado en 1948.

CRONOLOGÍA

Junio 1914
Atentado de Sarajevo

Julio 1914
Austria declara la guerra a Serbia

Agosto 1914
Alemania declara la guerra a Rusia y a Francia e invade Bélgica. Gran Bretaña declara la guerra a Alemania. Avance ruso detenido en Tannenberg

Septiembre 1914
Batalla del Marne

Noviembre 1914
Estabilización del frente

Mayo 1915
Italia entra en guerra con los aliados

Febrero-diciembre 1916
Batalla de Verdún

Abril 1917
Estados Unidos declara la guerra a Alemania

Mayo 1917
Motines de soldados en el frente occidental

Octubre 1917
Derrota italiana de Caporetto

Marzo 1918
Tratado de Brest-Litovsk (paz entre Rusia y Alemania)

Noviembre 1918
Firma del armisticio en Rethondes

CAUSAS DE LA GUERRA

Rivalidades nacionalistas
Pangermanismo; paneslavismo; Serbia; Bosnia; Italia; chauvinismo francés; Alsacia-Lorena…

Rivalidades imperialistas
Marruecos; Balcanes; Oriente Medio; ferrocarril Berlín-Bagdad…

Crisis internacionales
1905; 1911; 1912; 1913

Militarismo
Triple Alianza; Triple Entente; "Paz armada"…

Diplomacia secreta

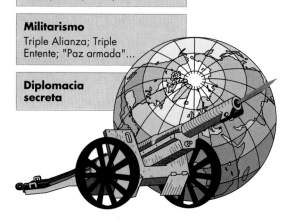

LAS PÉRDIDAS HUMANAS

Alemania	1.770.000
Rusia	1.700.000
Francia	1.357.000
Austria-Hung.	1.200.000
Imp. británico	908.300
Italia	650.000
Rumanía	335.700
EE UU	126.000
Bulgaria	87.000
Serbia	45.000
Bélgica	13.716

Desde 1870 la relación entre las potencias europeas se basaba en una "paz armada" e inestable a causa de conflictos territoriales, económicos y coloniales derivados de la expansión capitalista. Existían dos sistemas de alianzas: la Triple Alianza de las potencias centrales —imperio alemán y austro-húngaro y reino de Italia— y la triple Entente —alianza franco—rusa de 1894, a la que se unió Gran Bretaña en 1907.

La causa inmediata de la guerra fue el asesinato en Sarajevo del heredero de la corona austriaca el 28 de junio de 1914, por un nacionalista serbio. Austria declara la guerra a Serbia, aliada de Francia, Rusia y Gran Bretaña; Alemania, el Imperio Otomano y Bulgaria apoyan a Austria. Alemania se lanzó contra Francia intentando una rápida victoria, pero sus planes fracasaron porque la movilización rusa obligó a los imperios centrales a enviar tropas al frente oriental. Francia e Inglaterra consiguen frenar al enemigo en la batalla del Marne, y los austriacos son derrotados por los rusos. En el oeste se consolidan los frentes hasta fines de 1915, en una agotadora guerra de trincheras apoyada por una fuerte artillería.

Para desbloquear el frente occidental las potencias aliadas emprenden entonces una acción por la retaguardia, en Mesopotamia, los Dardanelos y Salónica; en mayo de 1915 Italia se une a la Entente, a la que ya se han unido Rumanía y Grecia. Desde febrero de 1917 los alemanes inician una gran ofensiva submarina contra Gran Bretaña con el intento de aislarla, pero el hundimiento de barcos de Estados Unidos provoca la entrada en la guerra de esa potencia el 6 de abril de 1917, con lo que el conflicto europeo adquiere una dimensión mundial.

En ese mismo año los alemanes dominan en el frente oriental, ya que el ejército ruso se desmorona y, además, el triunfo de las revoluciones bolcheviques lleva al gobierno revolucionario ruso a firmar un armisticio. Los alemanes lanzan una gran ofensiva en el frente occidental en marzo de 1918, que es detenida. La intervención de tropas y recursos norteamericanos comienza a asegurar el triunfo aliado, mientras el bloqueo británico se hace sentir en Alemania, cuyo gobierno teme también posibles estallidos revolucionarios. Alemania pide el armisticio. En la guerra han participado sesenta millones de combatientes y han muerto ocho millones.

LA GUERRA EN EL MUNDO

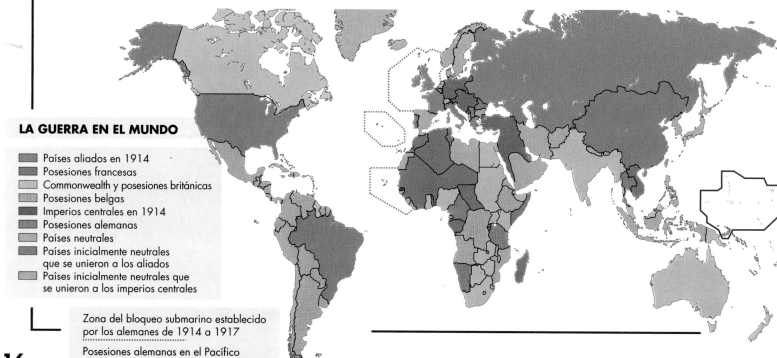

- Países aliados en 1914
- Posesiones francesas
- Commonwealth y posesiones británicas
- Posesiones belgas
- Imperios centrales en 1914
- Posesiones alemanas
- Países neutrales
- Países inicialmente neutrales que se unieron a los aliados
- Países inicialmente neutrales que se unieron a los imperios centrales

Zona del bloqueo submarino establecido por los alemanes de 1914 a 1917

Posesiones alemanas en el Pacífico

LA GUERRA EN EUROPA

- Imperios centrales
- Países asociados a los imperios centrales
- Aliados
- Países asociados a los aliados
- Países neutrales
- → Ofensivas de los imperios centrales
- → Ofensivas de los países aliados
- Fronteras internacionales
- Frentes de combate
- Bloqueo británico

OCÉANO ATLÁNTICO

REINO DE GRAN BRETAÑA E IRLANDA

R. DE NORUEGA
R. DE SUECIA
R. DE DINAMARCA

R. DE BÉLGICA
R. DE LOS PAÍSES BAJOS
IMPERIO ALEMÁN

Límite máximo de la expansión de los imperios centrales en el verano de 1918

IMPERIO RUSO

El 6 de abril de 1917 Estados Unidos entra en el conflicto

LUX.
FRANCIA
SUIZA
AUSTRIA-HUNGRÍA
Ucrania
R. DE RUMANÍA
Crimea

R. DE PORTUGAL

AND.

R. DE ESPAÑA

R. DE ITALIA

R. DE SERBIA
MONTENEGRO
ALBANIA
R. DE GRECIA

R. DE BULGARIA

Mar Negro

Georgia
Armenia

R. Tigris
R. Éufrates

IMPERIO OTOMANO

Tánger
Marruecos español

Marruecos francés

Argelia (Francia)

Túnez (Francia)

Mar Mediterráneo

Libia (Italia)

Egipto (Gran Bretaña)

Arabia

EL FRENTE OCCIDENTAL

Flandes 1914, 1917
Dunkerque
Calais
Ostende
PAÍSES BAJOS
BÉLGICA
Maastricht
ALEMANIA
Bruselas
Lille
Artois 1915
Vimy 1915, 1917
Amiens
Somme 1916
Chemin Des Dames 1917
Reims
Verdún
Verdún 1916
Metz
París
R. Marne
Champagne 1915
R. Sena
Argonne 1915
Nancy
Linge 1915
FRANCIA
Sedán
LUX.
Luxemburgo
R. Rhin
R. Mosela

→ Ofensivas de los imperios centrales. Agosto de 1914
— Frente en septiembre de 1914
···· Frente estabilizado: noviembre de 1914 a marzo de 1918
★ Principales batallas

— En 1914   — En 1915
— En 1916   — En 1917
···· Avance máximo de los imperios centrales en 1918

EL FRENTE ORIENTAL

Helsinki
ALEMANIA
Berlín
Tannenberg
Praga
Riga
San Petersburgo
Varsovia
Brest-Litovsk
Viena
AUSTRIA-HUNGRÍA
SERBIA
RUMANÍA
Bucarest
Sofía
Salónica
BULGARIA
Constantinopla
GRECIA
RUSIA

IMPERIO OTOMANO
Trebisonda

El Cairo
EGIPTO
Jerusalén
Damasco
Bagdad
Arabia

Guerra submarina

Trincheras

Sustitución de los uniformes de colores vivos por los verdes y caquis

Gases y armas químicas

ALGUNAS NOVEDADES INCORPORADAS EN LA GUERRA

Carros de combate

Aviación de guerra

Las mujeres sostienen la producción industrial, agrícola y los servicios

Utilización del cine y la prensa para la propaganda de guerra

Al finalizar la Primera Guerra Mundial desaparecen tres grandes imperios multinacionales: el ruso, el austro-húngaro y el otomano; sin embargo, la reducción de este último se había iniciado ya en 1866, cuando debió ceder Hungría a los Habsburgo y retirarse a los Balcanes. En el curso del siglo XIX las potencias europeas obligan a los turcos a abandonar progresivamente su control sobre los pueblos de los Balcanes: primero Grecia, y en 1878 —por el Tratado de Berlín— Serbia, Rumanía, Montenegro, Bulgaria y Bosnia-Herzegovina; Albania se separa en 1913.

En la orilla sur del Mediterráneo la desmembración del imperio turco se inicia a comienzos del siglo XIX, al fundar Mohamed Alí un gobierno independiente en Egipto. En esa región, los Estados europeos se apropian de territorios dependientes del "enfermo de Europa": Francia ocupa Argelia desde 1830; Italia, Libia y el Dodecaneso en 1912; Gran Bretaña ocupa Egipto en 1882 y controla Adén y parte del golfo Pérsico.

En la Primera Guerra Mundial ingleses y franceses intervienen directamente en la liquidación del imperio turco. Las humillantes condiciones impuestas al imperio por el Tratado de Versalles explican el estallido de una rebelión nacionalista y modernizadora turca, la de Kemal Attaturk, que consagra una república nueva en 1923 tras una guerra contra los griegos.

El Tratado de Versalles quiso instaurar una paz internacional controlada por una Sociedad de Naciones y rehacer el mapa de Europa, situando en los espacios de los imperios ruso, turco y austro-húngaro nuevos Estados según el principio de la nacionalidad. Sin embargo, el principio no se aplicó estrictamente: Checoslovaquia reunía a Bohemia, Moravia y Eslovaquia, y Yugoslavia a cinco nacionalidades diferentes. Más homogéneos resultaban Hungría, Polonia —a la que se le dio acceso al mar Báltico— o Austria, en Centroeuropa, y Finlandia y las repúblicas bálticas —Estonia, Letonia y Lituania—, en el norte. Noruega ya se había independizado de Suecia en 1905. Escindidas del imperio ruso, Ucrania, Bielorrusia, Georgia, Azerbaiyán y Armenia gozarán de una breve independencia hasta 1920-21.

Marruecos —compartido con España—, Argelia, Siria y Líbano quedan bajo la influencia francesa; Egipto, Sudán, Irak, Kuwait, Transjordania y Palestina, bajo control británico; Libia, bajo el de Italia.

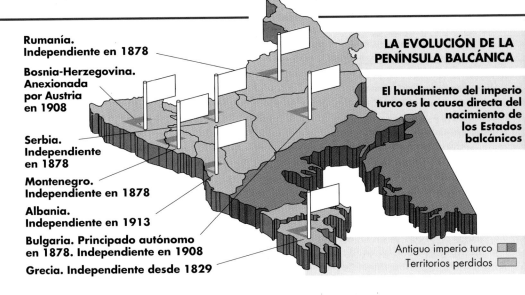

LA EVOLUCIÓN DE LA PENÍNSULA BALCÁNICA

El hundimiento del imperio turco es la causa directa del nacimiento de los Estados balcánicos

Rumanía. Independiente en 1878

Bosnia-Herzegovina. Anexionada por Austria en 1908

Serbia. Independiente en 1878

Montenegro. Independiente en 1878

Albania. Independiente en 1913

Bulgaria. Principado autónomo en 1878. Independiente en 1908

Grecia. Independiente desde 1829

Antiguo imperio turco
Territorios perdidos

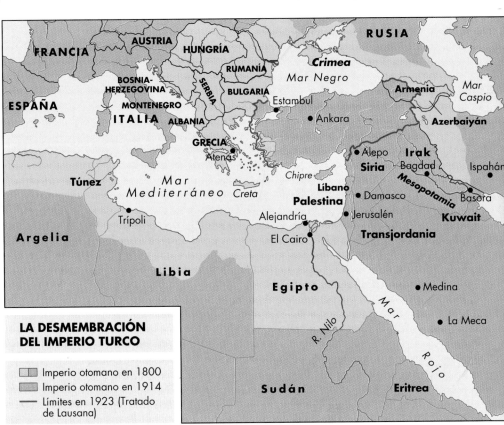

LA DESMEMBRACIÓN DEL IMPERIO TURCO

- Imperio otomano en 1800
- Imperio otomano en 1914
- Límites en 1923 (Tratado de Lausana)

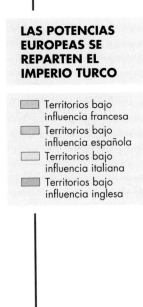

LAS POTENCIAS EUROPEAS SE REPARTEN EL IMPERIO TURCO

- Territorios bajo influencia francesa
- Territorios bajo influencia española
- Territorios bajo influencia italiana
- Territorios bajo influencia inglesa

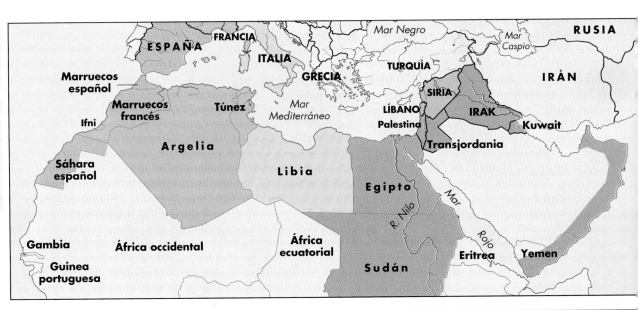

LA DESAPARICIÓN DE LOS GRANDES IMPERIOS

EL IMPERIO AUSTRO-HÚNGARO EN 1914

- Límites del imperio en 1914
- Territorios anexionados en 1908
- Territorios ocupados (1878-1909)

DESMEMBRACIÓN DE LOS IMPERIOS EUROPEOS TRAS LA PRIMERA GUERRA MUNDIAL

- Fronteras en 1920
- Territorios en litigio
- Imperio alemán en 1914
- Imperio ruso en 1914
- Imperio austro-húngaro en 1914

CRONOLOGÍA

1829
Independencia de Grecia

1830
Francia ocupa Argelia

1878
Austria-Hungría administra Bosnia-Herzegovina. Independencia de Serbia, Rumanía y Montenegro. Principado autónomo de Bulgaria

1881
Reino de Rumanía. Protectorado francés de Túnez

1882
Gran Bretaña ocupa Egipto

1898
Independencia de Chipre

1899
Protectorado inglés sobre Kuwait

1908
Austria-Hungría se anexiona Bosnia. Independencia de Bulgaria

1910
Reino de Montenegro

1911
Italia conquista Libia

1912
Protectorado hispano-francés de Marruecos. Principado independiente de Albania

1914
Protectorado británico de Egipto

1917
Ocupación británica de Palestina

1918
Independencia de Azerbaiyán y Georgia

1919
Independencia de Finlandia, Estonia, Letonia y Lituania

1920
Independencia de Armenia. Ocupación francesa de Siria. Independencia de Austria, Hungría Checoslovaquia, Yugoslavia Rumanía y Albania

1921
La URSS incorpora Bielorrusia, Georgia, Armenia y Azerbaiyán

1923
República de Turquía

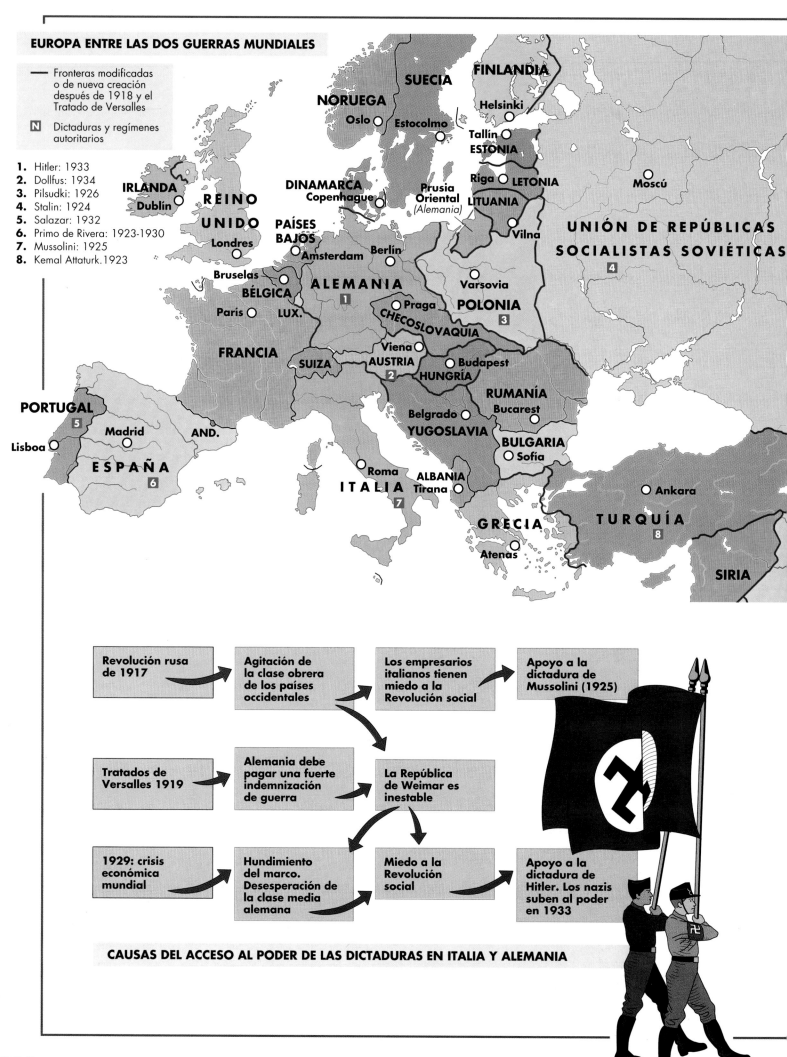

EUROPA ENTRE LAS DOS GUERRAS MUNDIALES

— Fronteras modificadas
o de nueva creación
después de 1918 y el
Tratado de Versalles

N Dictaduras y regímenes
autoritarios

1. Hitler: 1933
2. Dollfus: 1934
3. Pilsudki: 1926
4. Stalin: 1924
5. Salazar: 1932
6. Primo de Rivera: 1923-1930
7. Mussolini: 1925
8. Kemal Attaturk.1923

FINLANDIA · Helsinki

SUECIA

NORUEGA
Oslo ○ ○ Estocolmo
○ Tallín
ESTONIA
Riga ○ **LETONIA**   · Moscú

DINAMARCA
Copenhague ○ Prusia
Oriental
(Alemania) **LITUANIA**
○ Vilna   **UNIÓN DE REPÚBLICAS
SOCIALISTAS SOVIÉTICAS**
4

IRLANDA
Dublín ○ **REINO
UNIDO**
Londres ○ **PAÍSES
BAJOS**
○ Amsterdam ○ Berlín

BÉLGICA
París ○ **LUX.** **ALEMANIA**
1 ○ Praga
CHECOSLOVAQUIA ○ Varsovia
POLONIA
3

FRANCIA **SUIZA** Viena ○
AUSTRIA
2 ○ Budapest
HUNGRÍA

PORTUGAL
5 Madrid ○ **AND.** **RUMANÍA**
Bucarest ○
Lisboa ○ Belgrado ○
YUGOSLAVIA **BULGARIA**
○ Sofía
E S P A Ñ A
6 Roma ○ **ALBANIA**
I T A L I A Tirana ○
7 ○ Ankara
G R E C I A **T U R Q U Í A**
8
Atenas ○ **SIRIA**

Revolución rusa
de 1917 → Agitación de
la clase obrera
de los países
occidentales → Los empresarios
italianos tienen
miedo a la
Revolución social → Apoyo a la
dictadura de
Mussolini (1925)

Tratados de
Versalles 1919 → Alemania debe
pagar una fuerte
indemnización
de guerra → La República
de Weimar es
inestable

1929: crisis
económica
mundial → Hundimiento
del marco.
Desesperación de
la clase media
alemana → Miedo a la
Revolución
social → Apoyo a la
dictadura de
Hitler. Los nazis
suben al poder
en 1933

CAUSAS DEL ACCESO AL PODER DE LAS DICTADURAS EN ITALIA Y ALEMANIA

ENTRE DOS GUERRAS MUNDIALES (1918-1939)

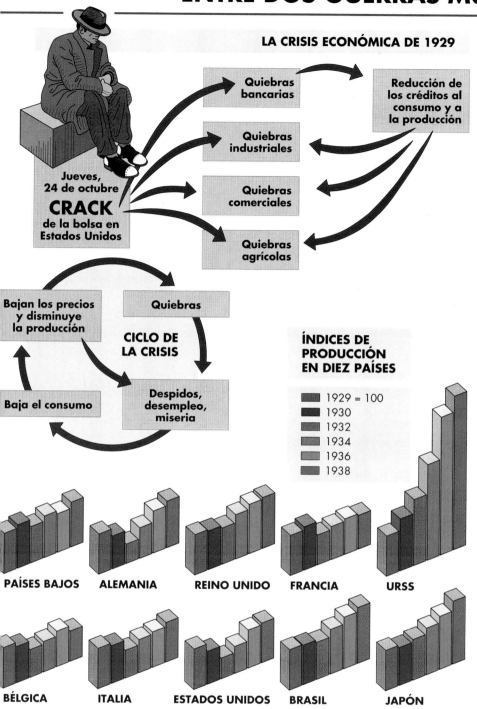

LA CRISIS ECONÓMICA DE 1929

Jueves, 24 de octubre
CRACK
de la bolsa en Estados Unidos

- Quiebras bancarias
- Quiebras industriales
- Quiebras comerciales
- Quiebras agrícolas

Reducción de los créditos al consumo y a la producción

CICLO DE LA CRISIS

- Bajan los precios y disminuye la producción
- Quiebras
- Despidos, desempleo, miseria
- Baja el consumo

ÍNDICES DE PRODUCCIÓN EN DIEZ PAÍSES

- 1929 = 100
- 1930
- 1932
- 1934
- 1936
- 1938

PAÍSES BAJOS · ALEMANIA · REINO UNIDO · FRANCIA · URSS

BÉLGICA · ITALIA · ESTADOS UNIDOS · BRASIL · JAPÓN

Parecía que con el Tratado de Versalles triunfaba la democracia parlamentaria y el principio de determinación de los pueblos. Pero, en realidad, la Gran Guerra no había solucionado los problemas sociales de los países; si acaso los había agravado con las destrucciones bélicas, la dificultad de introducir a los excombatientes en el mercado de trabajo y las duras sanciones económicas impuestas contra Alemania; mientras tanto, la revolución rusa constituía el modelo de una política y de una organización social diferente, apoyada por la clase obrera. Entre 1920 y 1930, frente a la agitación revolucionaria comunista y anarquista, aparecen y se extienden las ideologías totalitarias, el fascismo de Mussolini —que ocupa el poder en Italia en 1922—, el nazismo alemán de Hitler o las dictaduras de Dollfus en Australia y de Primo de Rivera en España.

Todos ellos proclaman la unidad de la nación y se oponen a la lucha de clases; se oponen también a la democracia parlamentaria, que consideran incapaz de solucionar los problemas. Proclaman la obediencia y la disciplina a jefes carismáticos, el progreso material, el orgullo y la fuerza defensiva y las empresas de expansión exterior. Los totalitarismos consiguen el apoyo del gran capital, que ve en ellos un instrumento útil para frenar los intentos revolucionarios de obreros y campesinos.

Los años de 1919 a 1928 fueron de reconstrucción económica europea, con ayuda masiva de capital americano. Los Estados Unidos viven un clima de optimismo y de especulación que se vio bruscamente frenado por la crisis de la bolsa de Nueva York en octubre de 1929, que progresivamente llevó a la ruina todo el sistema bancario norteamericano, y se extendió luego a la industria y a la agricultura; de los Estados Unidos pasó a Europa —fuertemente endeudada con los bancos americanos— y al resto del mundo. La crisis produjo un colapso total de la actividad capitalista: "stocks" invendibles, cierre de fábricas, despidos, caída del comercio nacional e internacional.

En Alemania las consecuencias de la crisis fueron dramáticas, y la incapacidad de reacción del gobierno de la república de Weimar sirvió de base para el acceso al poder del partido nazi. En Estados Unidos y Europa los gobiernos se vieron obligados a intervenir para reactivar la economía, incapaz de salir de la crisis.

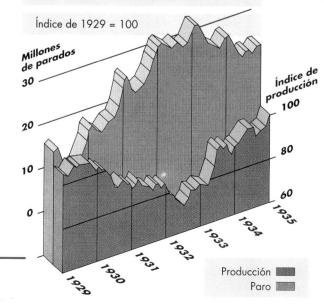

PRODUCCIÓN INDUSTRIAL Y PARO EN EL MUNDO DE 1929 A 1934

Índice de 1929 = 100

Millones de parados

Índice de producción

Producción
Paro

PRODUCCIÓN Y PRECIO DE LAS MATERIAS PRIMAS EN EL MUNDO DE 1929 A 1937

Índice

Índice de 1929 = 100

Producción
Precios

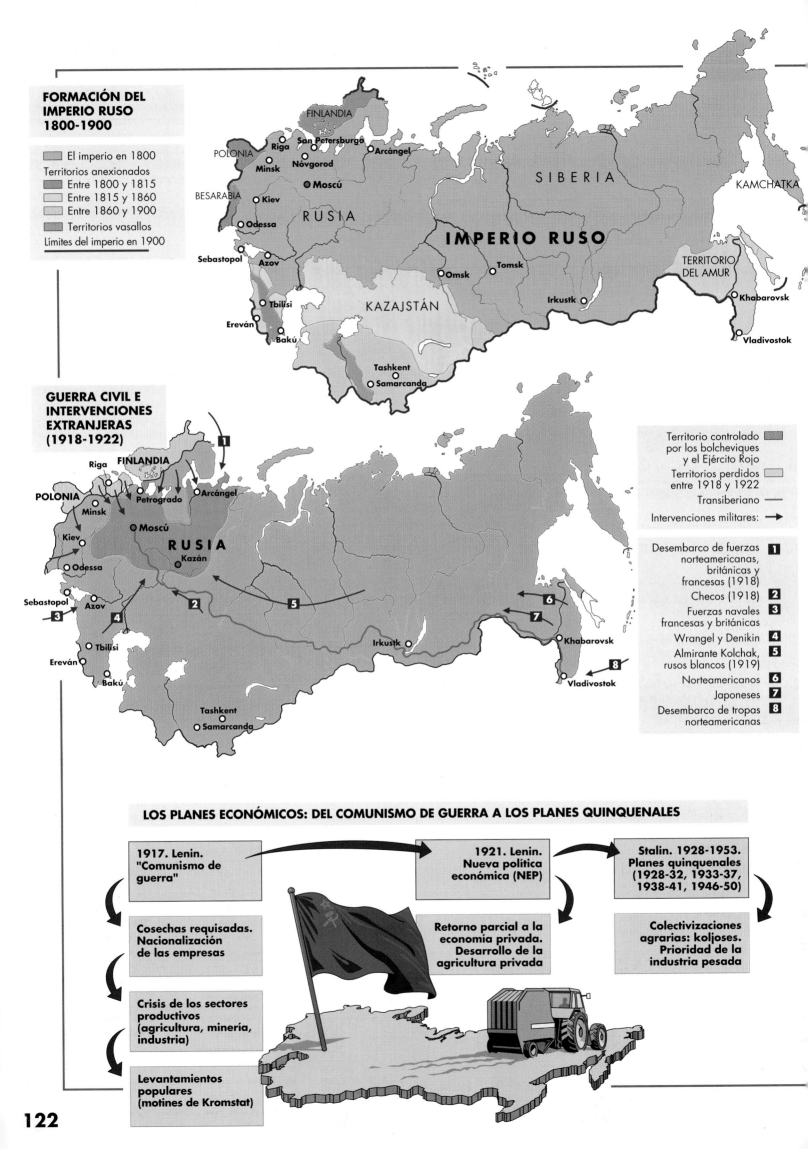

FORMACIÓN DEL IMPERIO RUSO 1800-1900

El imperio en 1800

Territorios anexionados
Entre 1800 y 1815
Entre 1815 y 1860
Entre 1860 y 1900

Territorios vasallos

Límites del imperio en 1900

FINLANDIA
POLONIA
Riga
San Petersburgo
Minsk
Nóvgorod
Arcángel
BESARABIA
Kiev
Moscú
Odessa
RUSIA
SIBERIA
KAMCHATKA
IMPERIO RUSO
Sebastopol
Azov
Tbilisi
Erevan
Bakú
KAZAJSTÁN
Omsk
Tomsk
TERRITORIO DEL AMUR
Irkustk
Khabarovsk
Vladivostok
Tashkent
Samarcanda

GUERRA CIVIL E INTERVENCIONES EXTRANJERAS (1918-1922)

Riga
FINLANDIA
POLONIA
Minsk
Petrogrado
Arcángel
Kiev
Moscú
RUSIA
Kazán
Odessa
Sebastopol
Azov
Tbilisi
Erevan
Bakú
Irkustk
Khabarovsk
Vladivostok
Tashkent
Samarcanda

Territorio controlado por los bolcheviques y el Ejército Rojo

Territorios perdidos entre 1918 y 1922

Transiberiano

Intervenciones militares:

1 Desembarco de fuerzas norteamericanas, británicas y francesas (1918)

2 Checos (1918)

3 Fuerzas navales francesas y británicas

4 Wrangel y Denikin

5 Almirante Kolchak, rusos blancos (1919)

6 Norteamericanos

7 Japoneses

8 Desembarco de tropas norteamericanas

LOS PLANES ECONÓMICOS: DEL COMUNISMO DE GUERRA A LOS PLANES QUINQUENALES

1917. Lenin. "Comunismo de guerra"

1921. Lenin. Nueva política económica (NEP)

Stalin. 1928-1953. Planes quinquenales (1928-32, 1933-37, 1938-41, 1946-50)

Cosechas requisadas. Nacionalización de las empresas

Retorno parcial a la economía privada. Desarrollo de la agricultura privada

Colectivizaciones agrarias: koljoses. Prioridad de la industria pesada

Crisis de los sectores productivos (agricultura, minería, industria)

Levantamientos populares (motines de Kromstat)

DESARROLLO INDUSTRIAL EN LA ÉPOCA DE STALIN

Principales áreas industriales
Principales centros de industria pesada
Transiberiano

Nuevas fuentes de energía
Yacimientos de carbón
Yacimientos de petróleo
Producción eléctrica

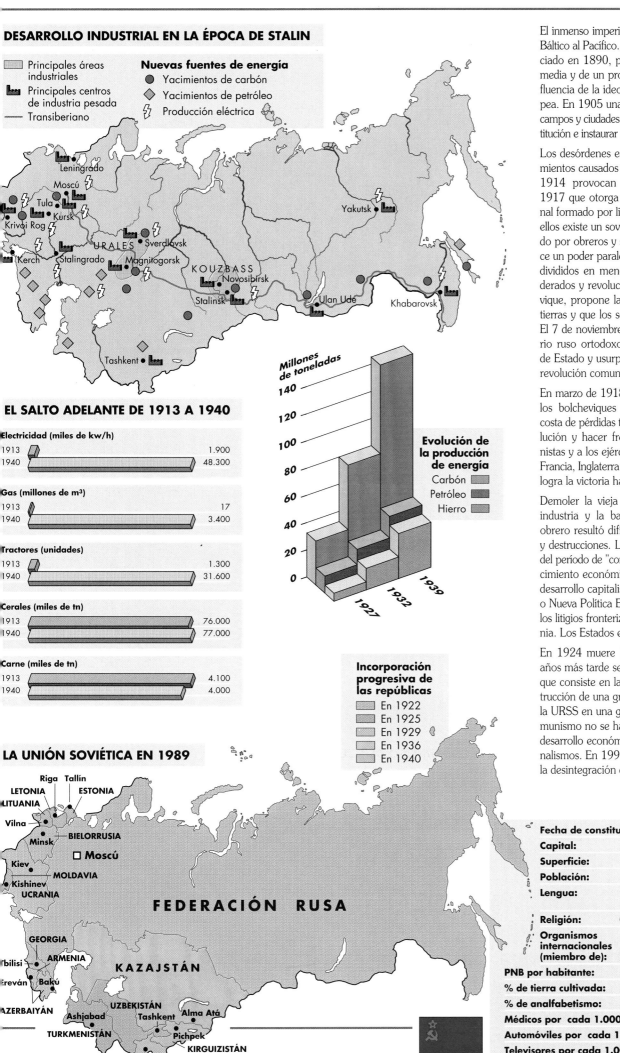

Leningrado
Moscú
Tula
Kursk
Krivoi Rog
URALES
Sverdlovsk
Kerch
Stalingrado
Magnitogorsk
KOUZBASS
Novosibirsk
Stalinsk
Ulan Ude
Khabarovsk
Yakutsk
Tashkent

EL SALTO ADELANTE DE 1913 A 1940

Electricidad (miles de kw/h)
1913 — 1.900
1940 — 48.300

Gas (millones de m³)
1913 — 17
1940 — 3.400

Tractores (unidades)
1913 — 1.300
1940 — 31.600

Cereales (miles de tn)
1913 — 76.000
1940 — 77.000

Carne (miles de tn)
1913 — 4.100
1940 — 4.000

Millones de toneladas

140
120
100
80
60
40
20
0

Evolución de la producción de energía
Carbón
Petróleo
Hierro

1927
1932
1939

Incorporación progresiva de las repúblicas
En 1922
En 1925
En 1929
En 1936
En 1940

LA UNIÓN SOVIÉTICA EN 1989

Riga
Tallín
LETONIA
ESTONIA
LITUANIA
Vilna
BIELORRUSIA
Minsk
Moscú
Kiev
MOLDAVIA
Kishinev
UCRANIA
FEDERACIÓN RUSA
GEORGIA
Tbilisi
ARMENIA
KAZAJSTÁN
Ereván
Bakú
AZERBAIYÁN
UZBEKISTÁN
Ashjabad
Tashkent
Alma Atá
TURKMENISTÁN
Pichpek
KIRGUIZISTÁN
Dushanbé
TAYIKISTÁN

El inmenso imperio de los zares se extendía desde el Báltico al Pacífico. El proceso de industrialización, iniciado en 1890, permitió la aparición de una clase media y de un proletariado urbano que recibe la influencia de la ideología socialista y anarquista europea. En 1905 una amplia revolución, extendida por campos y ciudades, obligó al zar a conceder una Constitución e instaurar un régimen de duma o parlamento.

Los desórdenes económicos, el hambre y los sufrimientos causados por la guerra contra Alemania en 1914 provocan una revolución en febrero de 1917 que otorga el poder a un gobierno provisional formado por liberales de la "duma". Pero junto a ellos existe un soviet o consejo de diputados, formado por obreros y soldados de Petrogrado, que ejerce un poder paralelo. Los socialistas ,a su vez, están divididos en mencheviques y bolcheviques, o moderados y revolucionarios. Lenin, dirigente bolchevique, propone la paz con Alemania, el reparto de tierras y que los soviets asuman todos los poderes. El 7 de noviembre (25 de octubre según el calendario ruso ortodoxo) los bolcheviques dan un golpe de Estado y usurpan el poder. Se ha consumado la revolución comunista.

En marzo de 1918, por el Tratado de Brest-Litovsk, los bolcheviques firman la paz con Alemania a costa de pérdidas territoriales para consolidar la revolución y hacer frente a revolucionarios no comunistas y a los ejércitos rusos blancos, apoyados por Francia, Inglaterra y Checoslovaquia. El Ejército Rojo logra la victoria hacia 1920.

Demoler la vieja sociedad zarista, nacionalizar la industria y la banca e instaurar un comunismo obrero resultó difícil en el ambiente de guerra civil y destrucciones. La usurpación de recursos agrarios del período de "comunismo de guerra" impidió el crecimiento económico, y Lenin tuvo que permitir un desarrollo capitalista en el campo mediante la NEP o Nueva Política Económica. Hacia 1924 concluyen los litigios fronterizos con Polonia, Turquía y Alemania. Los Estados europeos aceptan a la URSS.

En 1924 muere Lenin y le sucede Stalin. Cuatro años más tarde se inicia el primer plan quinquenal, que consiste en la colectivización agraria y la construcción de una gran base industrial, que convirtió a la URSS en una gran potencia. Sin embargo, el comunismo no se ha mostrado capaz de propiciar un desarrollo económico y social ni de evitar los nacionalismos. En 1991 cae el comunismo y se produce la desintegración de la Unión Soviética.

Fecha de constitución:	**1923**
Capital:	**Moscú**
Superficie:	**22.402.200 km²**
Población:	**285.000.000 hab.**
Lengua:	**Ruso y más de 110 lenguas oficiales**
Religión:	**Ortodoxa e islámica**
Organismos internacionales (miembro de):	**COMECON, ONU, Pacto de Varsovia**
PNB por habitante:	**6.270 dólares**
% de tierra cultivada:	**10**
% de analfabetismo:	**15**
Médicos por cada 1.000 habitantes:	**4,36**
Automóviles por cada 1.000 habitantes:	**50**
Televisores por cada 1.000 habitantes:	**321**

La pérdida de las últimas colonias, Cuba y Filipinas, en 1898 convirtió a España en una potencia de segundo orden con una difícil situación interna. Durante los primeros años del siglo XX la crisis política fue cada vez más acusada debido al sistema de democracia limitada, basada en la alternancia de dos únicos partidos en el poder: el liberal y el conservador. La tensión entre las clases poderosas y los trabajadores y algunos sectores de las clases medias dio lugar, finalmente, a la crisis de 1917, marcada por la huelga general obrera, la Asamblea de Parlamentarios de Barcelona y el malestar de una parte del ejército.

Los intentos de reforma iniciados en 1917 fracasaron y dieron paso a la dictadura del general Primo de Rivera (1923-1930), que pudo solucionar el problema colonial marroquí, mejorar las infraestructuras e iniciar un despegue económico. Fracasada la dictadura, en el orden político, la Segunda República Española (1931-1939) intentó modernizar el país y, a la vez, desmontar sus estructuras clasistas y solucionar los problemas pendientes: reforma del Ejército, reforma agraria, mejora de las condiciones laborales y sociales, relaciones con la Iglesia, concesión de autonomía a ciertas regiones con precedentes nacionalistas.

La crisis de los años treinta dificultó la empresa de la República. El país fue dividiéndose en dos campos enfrentados, y en 1936, tras el triunfo electoral del Frente Popular, algunos generales, entre ellos Franco, intentaron una reacción de derechas, un golpe de Estado que inicia una cruel guerra civil que duró tres años. La victoria del bando franquista, en 1939, con apoyo de las potencias totalitarias alemana e italiana, consolida un Estado fascista y una dictadura militar que logra sobrevivir a la Segunda Guerra Mundial y mantenerse en el poder hasta la muerte del general en 1975, sin llegar a restaurar la democracia.

Durante la era franquista España se transforma en una importante potencia industrial. Especialmente a partir del Plan de Estabilización de 1959 y de los planes de Desarrollo de los años sesenta, se produce un considerable éxodo rural a las grandes urbes y una emigración masiva a los países de Europa occidental. España se abre al capital extranjero y recibe las divisas de sus emigrantes y del turismo, convertido en un pilar de desarrollo económico.

A la muerte del dictador un proceso de transición dio paso a la Monarquía constitucional, la Constitución de 1978 —que instaura el "Estado de las Autonomías"— y el ingreso del país en la Comunidad Económica Europea y en la OTAN.

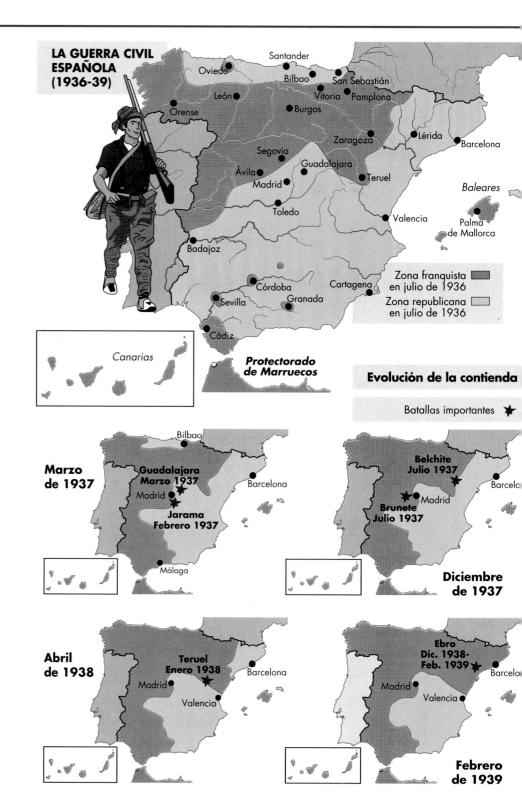

LA GUERRA CIVIL ESPAÑOLA (1936-39)

Zona franquista en julio de 1936
Zona republicana en julio de 1936

Protectorado de Marruecos

Canarias

Evolución de la contienda

Batallas importantes ★

Marzo de 1937

Guadalajara Marzo 1937
Jarama Febrero 1937

Diciembre de 1937

Belchite Julio 1937
Brunete Julio 1937

Abril de 1938

Teruel Enero 1938

Febrero de 1939

Ebro Dic. 1938-Feb. 1939

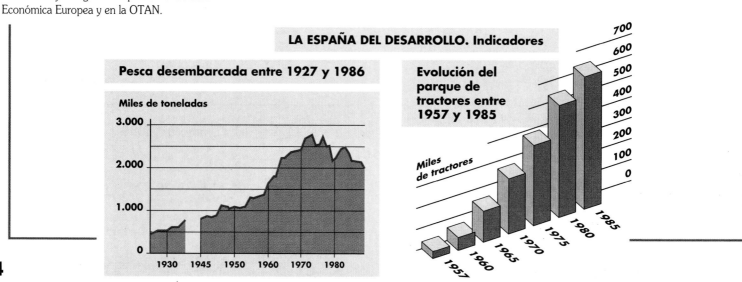

LA ESPAÑA DEL DESARROLLO. Indicadores

Pesca desembarcada entre 1927 y 1986

Miles de toneladas

Evolución del parque de tractores entre 1957 y 1985

Miles de tractores

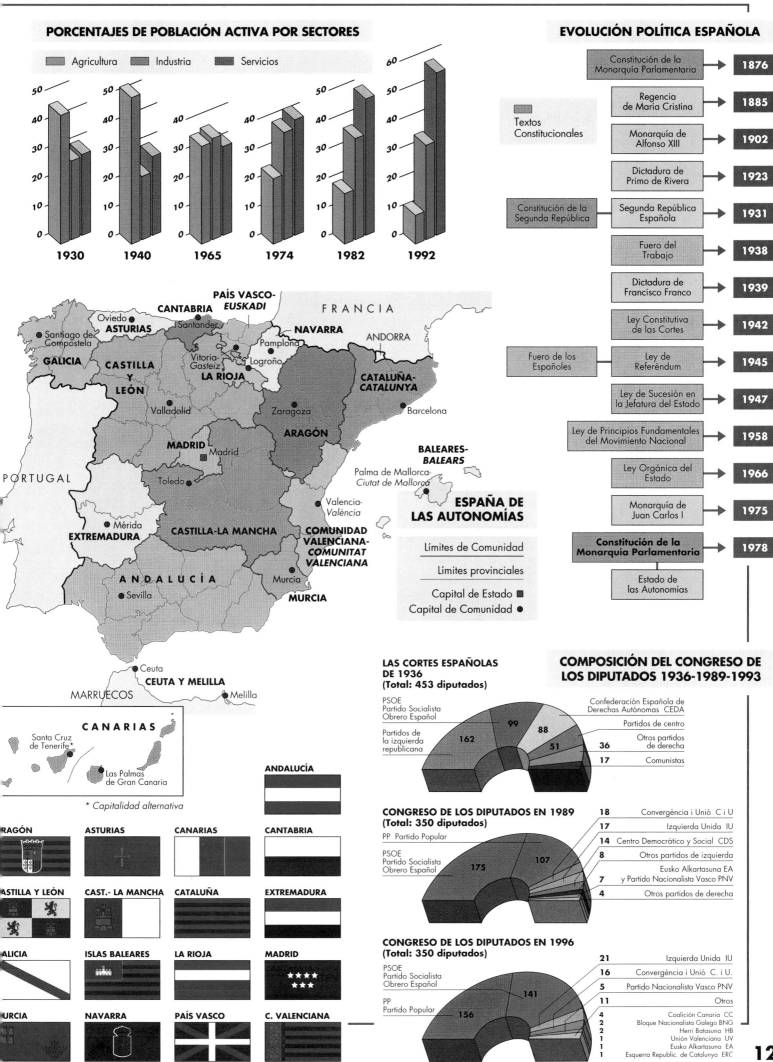

ESPAÑA SIGLO XX: UN DIFÍCIL PROCESO DE MODERNIZACIÓN

PORCENTAJES DE POBLACIÓN ACTIVA POR SECTORES

Agricultura   Industria   Servicios

1930   1940   1965   1974   1982   1992

EVOLUCIÓN POLÍTICA ESPAÑOLA

Textos Constitucionales

	Constitución de la Monarquía Parlamentaria	1876
	Regencia de María Cristina	1885
	Monarquía de Alfonso XIII	1902
	Dictadura de Primo de Rivera	1923
Constitución de la Segunda República	Segunda República Española	1931
	Fuero del Trabajo	1938
	Dictadura de Francisco Franco	1939
	Ley Constitutiva de las Cortes	1942
Fuero de los Españoles	Ley de Referéndum	1945
	Ley de Sucesión en la Jefatura del Estado	1947
	Ley de Principios Fundamentales del Movimiento Nacional	1958
	Ley Orgánica del Estado	1966
	Monarquía de Juan Carlos I	1975
	Constitución de la Monarquía Parlamentaria	1978
	Estado de las Autonomías	

Mapa

GALICIA — Santiago de Compostela
ASTURIAS — Oviedo
CANTABRIA — Santander
PAÍS VASCO-EUSKADI — Vitoria-Gasteiz
NAVARRA — Pamplona
FRANCIA
ANDORRA
CASTILLA Y LEÓN — Valladolid
LA RIOJA — Logroño
CATALUÑA-CATALUNYA — Barcelona
ARAGÓN — Zaragoza
MADRID — Madrid
PORTUGAL
EXTREMADURA — Mérida
CASTILLA-LA MANCHA — Toledo
COMUNIDAD VALENCIANA-COMUNITAT VALENCIANA — Valencia-Valéncia
BALEARES-BALEARS — Palma de Mallorca-Ciutat de Mallorca
ANDALUCÍA — Sevilla
MURCIA — Murcia
CEUTA Y MELILLA — Ceuta, Melilla
MARRUECOS
CANARIAS — Santa Cruz de Tenerife*, Las Palmas de Gran Canaria

*Capitalidad alternativa

ESPAÑA DE LAS AUTONOMÍAS

Límites de Comunidad
Límites provinciales
Capital de Estado ▪
Capital de Comunidad ●

Banderas

ANDALUCÍA
ARAGÓN
ASTURIAS
CANARIAS
CANTABRIA
CASTILLA Y LEÓN
CAST.- LA MANCHA
CATALUÑA
EXTREMADURA
GALICIA
ISLAS BALEARES
LA RIOJA
MADRID
MURCIA
NAVARRA
PAÍS VASCO
C. VALENCIANA

LAS CORTES ESPAÑOLAS DE 1936
(Total: 453 diputados)

PSOE Partido Socialista Obrero Español — 99
Partidos de la izquierda republicana — 162
Confederación Española de Derechas Autónomas CEDA — 88
Partidos de centro — 51
Otros partidos de derecha — 36
Comunistas — 17

COMPOSICIÓN DEL CONGRESO DE LOS DIPUTADOS 1936-1989-1993

CONGRESO DE LOS DIPUTADOS EN 1989
(Total: 350 diputados)

PP Partido Popular — 107
PSOE Partido Socialista Obrero Español — 175
18 Convergència i Unió C i U
17 Izquierda Unida IU
14 Centro Democrático y Social CDS
8 Otros partidos de izquierda
7 Eusko Alkartasuna EA y Partido Nacionalista Vasco PNV
4 Otros partidos de derecha

CONGRESO DE LOS DIPUTADOS EN 1996
(Total: 350 diputados)

PSOE Partido Socialista Obrero Español — 141
PP Partido Popular — 156
21 Izquierda Unida IU
16 Convergència i Unió C. i U.
5 Partido Nacionalista Vasco PNV
11 Otros
4 Coalición Canaria CC
2 Bloque Nacionalista Galego BNG
2 Herri Batasuna HB
1 Unión Valenciana UV
1 Eusko Alkartasuna EA
1 Esquerra Republic. de Catalunya ERC

125

LA GUERRA EN EUROPA

- Las potencias del Eje el 1 de septiembre de 1939
- Territorios ocupados en septiembre de 1939
- Territorios ocupados de abril a junio de 1940
- Territorios ocupados en abril de 1941
- Otros países aliados de Alemania o bajo su control

— Fronteras del III Reich en 1942
— Frentes este y sur en el invierno de 1941-42
— Frente este en la primavera de 1943
— Frente este en junio de 1944
— Frentes este y oeste a finales de 1944
— Posiciones aliadas en el momento de la capitulación de Alemania
← Ofensivas aliadas
★ Batallas importantes
✖ Bases aéreas aliadas

OCÉANO ATLÁNTICO

6 de junio de 1944. Desembarco en Normandía de las fuerzas aliadas al mando del general Eisenhower

NORUEGA · Oslo · SUECIA · Estocolmo · FINLANDIA · Leningrado (Junio 1944)
Mar del Norte · Tallin · ESTONIA · LETONIA · LITUANIA · Vilna · Minks
REINO UNIDO · IRLANDA · DINAMARCA · Copenhague · Danzig
PAÍSES BAJOS · Londres · BÉLGICA · Berlín · Varsovia · Kiev · Stalingrado (Febrero 1943)
ALEMANIA · POLONIA · URSS
Paris · Praga · ESLOVAQUIA
FRANCIA · Lyon · SUIZA · AUSTRIA · HUNGRÍA
Vichy · Trieste · RUMANÍA · Crimea · Yalta
PORTUGAL · Marsella · ITALIA · YUGOSLAVIA · BULGARIA · Mar Negro
Madrid · Roma · ALBANIA · TURQUÍA
ESPAÑA · Monte Cassino · Nápoles · GRECIA · SIRIA
Marruecos francés · Mesina · Chipre (Brit.) · LÍBANO · IRAK
Argelia (Francia) · Túnez · Malta (Brit.) · Palestina · Transjordania
Túnez (Francia) · Trípoli · Mar Mediterráneo · Alejandría
Libia (Italia) · El Alamein (Octubre 1942) · EGIPTO · ARABIA SAUDÍ

LA GUERRA EN EL MUNDO

- El Eje y sus satélites
- Japón
- Países aliados
- Países inicialmente neutrales ocupados por los alemanes
- Países inicialmente neutrales ocupados por los aliados
- Países que declararon la guerra al Eje sin intervenir militarmente
- Países neutrales
- **N** Encuentros diplomáticos

Territorios ocupados por Japón (1942)

Zonas de guerra submarina alemana

1. Quebec.
Enero-marzo 1941
Conferencia anglo-americana. Prioridad a la lucha contra Alemania.

2. Argentia Bay.
Agosto 1941
Churchill y Roosevelt. Carta del Atlántico

3. Casablanca.
Enero 1943
Roosevelt y Churchill. Objetivo de la guerra: rendición incondicional de Alemania

4. Washington.
Mayo 1943
Acuerdo de desembarco en Normandía por Roosevelt y Churchill

5. El Cairo.
Noviembre 1943
Roosevelt y Churchill deciden la rendición incondicional de Japón

6. Teherán.
Noviembre 1943
Roosevelt, Churchill y Stalin deciden la invasión de Normandía. La URSS entra en guerra con Japón

7. Moscú.
Octubre 1944
Conferencia de Stalin y Churchill sobre el futuro de Europa oriental

8. Yalta.
Febrero 1945
Roosevelt, Churchill y Stalin. Acuerdo sobre la reorganización territorial de Europa central y oriental

9. San Francisco.
Abril-junio 1945
Carta de las Naciones Unidas

10. Potsdam.
Febrero 1945
Stalin, Truman y Churchill (después Atlee). Tratados de paz, ocupación de Alemania, juicio de los criminales de guerra

LA SEGUNDA GUERRA MUNDIAL

El expansionismo alemán en Europa y japonés en Asia provocaron una guerra que afectó a todo el mundo, por el juego de las alianzas y las dependencias coloniales. La guerra civil española (1936-1939), en la que fuerzas alemanas e italianas intervinieron en apoyo de una parte del ejército, sublevado contra la República, fue un precedente, así como la ocupación de los Sudetes y la anexión de Austria por Alemania. Las potencias democráticas europeas no habían reaccionado con fuerza ante estos hechos. El 1 de septiembre de 1939 Hitler inicia la invasión de Polonia, una semana después de haber firmado un pacto de no agresión con la Unión Soviética, en el que se aceptaba la incorporación a Rusia de las repúblicas bálticas y de parte de Polonia. Gran Bretaña y Francia declaran la guerra.

Los primeros tres años fueron favorables a los ejércitos alemanes, que con rapidez ocuparon Polonia, Bélgica, Holanda, Noruega, Dinamarca y Francia, que debe firmar un armisticio el 22 de junio de 1940. En ese año Italia entra en guerra al lado de Alemania. Dueño de gran parte del continente, Hitler emprendió un ataque aéreo contra Gran Bretaña, que fracasó, y en junio de 1941 inició la invasión de Rusia.

Desde 1941, a los aliados —Francia y Gran Bretaña— se unen la Unión Soviética y los Estados Unidos, cuya intervención será decisiva en hombres, material bélico, aviación y marina. Pero sólo a finales de 1942 el Reich deja de ser invencible, con los éxitos aliados en África del Norte y Sicilia. En enero de 1943 la victoria soviética de Stalingrado marca el cambio de signo de la contienda. En julio de 1944 fuerzas aliadas desembarcan en Normandía e inician la recuperación de Francia y la marcha hacia Berlín; los soviéticos prosiguen su avance desde el este. Los alemanes se encuentran ya a la defensiva. En abril de 1945 capitula Berlín.

Los japoneses habían iniciado su expansión asiática en 1937. Las conquistas hitlerianas en Europa debilitan los imperios coloniales británicos, holandeses y franceses que Japón ocupa sin grandes dificultades. Con ello quedaba sólo un rival en el Pacífico: Estados Unidos; en diciembre de 1941 bombardean su escuadra de Pearl Harbour y provocan la declaración de guerra. La batalla del Pacífico, naval y aérea, fue encarnizada y se extendió a todas las islas, que debieron recuperarse una a una; en agosto de 1945, después de lanzar dos bombas atómicas sobre Hiroshima y Nagasaki, los norteamericanos obtienen la capitulación del Japón.

NÚMERO DE VÍCTIMAS DE LA GUERRA

Militares ▪ Civiles ▪

ALEMANIA   POLONIA   CHINA

URSS   JAPÓN   YUGOSLAVIA

FRANCIA   ITALIA

CRONOLOGÍA

1931
Japón ocupa Manchuria

1935
Italia ocupa Abisinia

1936
Pacto Anti-Komintern. Guerra civil española

1938
Alemania anexiona Austria

1939
Alemania invade Polonia

1940
Alemania ocupa los Países Bajos, Bélgica y Francia

1941
Alemania invade Rusia. Japón bombardea el puerto norteamericano de Pearl Harbour

1942
Batalles navales en el Pacífico

1943
Derrota alemana de Stalingrado. Campaña aliada en Sicilia

1945
Capitulación de Alemania y Japón

LA GUERRA EN EL PACÍFICO

- ▢ Japón
- ▨ Territorio chino ocupado por los japoneses hasta febrero de 1945
- Límites del imperio japonés en 1939
- Límite máximo de la expansión japonesa en 1942
- Límite del imperio japonés en 1945
- ← Ofensivas japonesas
- ← Ofensivas de los aliados
- ◄--- Ataques aéreos norteamericanos
- ★ Bombardeo de Pearl Harbour (7 de diciembre de 1941)
- ★ Victorias aliadas
- ★ Bombas atómicas (6 y 8 de agosto de 1945)

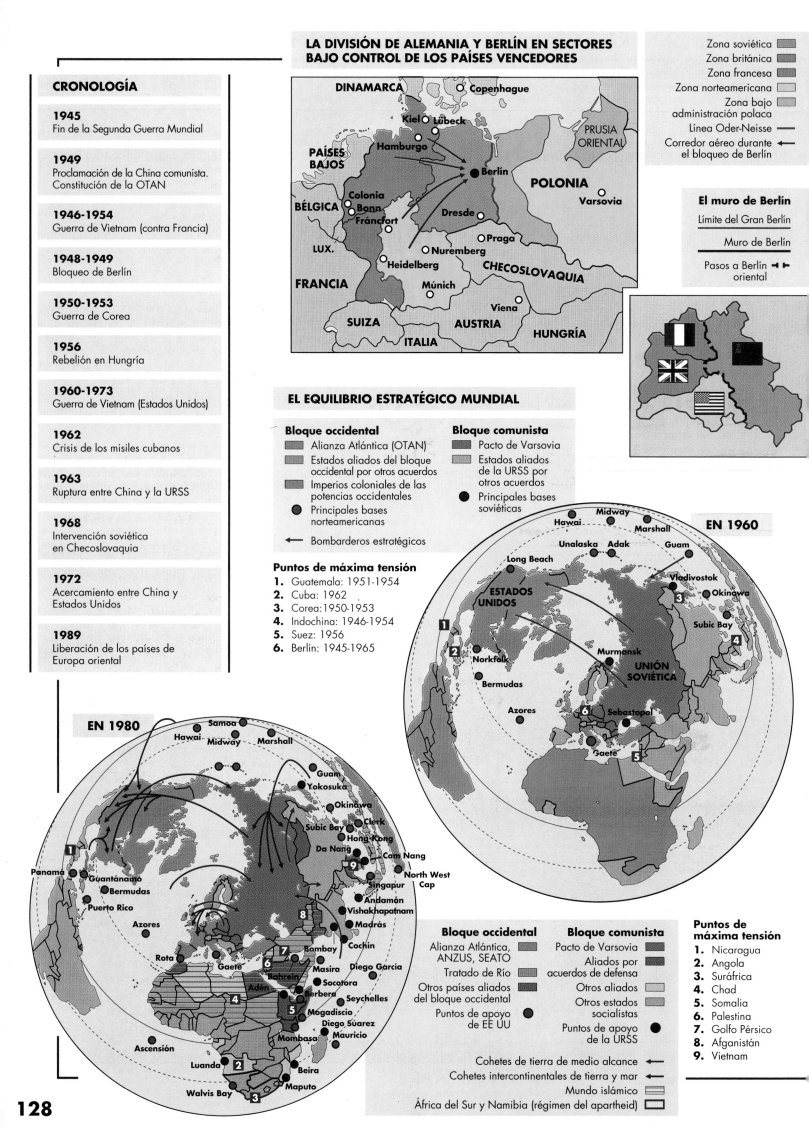

CRONOLOGÍA

1945
Fin de la Segunda Guerra Mundial

1949
Proclamación de la China comunista.
Constitución de la OTAN

1946-1954
Guerra de Vietnam (contra Francia)

1948-1949
Bloqueo de Berlín

1950-1953
Guerra de Corea

1956
Rebelión en Hungría

1960-1973
Guerra de Vietnam (Estados Unidos)

1962
Crisis de los misiles cubanos

1963
Ruptura entre China y la URSS

1968
Intervención soviética
en Checoslovaquia

1972
Acercamiento entre China y
Estados Unidos

1989
Liberación de los países de
Europa oriental

LA DIVISIÓN DE ALEMANIA Y BERLÍN EN SECTORES BAJO CONTROL DE LOS PAÍSES VENCEDORES

DINAMARCA
Copenhague
Kiel Lübeck
PAÍSES BAJOS
Hamburgo
Berlín
PRUSIA ORIENTAL
POLONIA
Varsovia
Colonia
BÉLGICA Bonn
Fráncfort
Dresde
LUX.
Praga
Heidelberg Nuremberg
CHECOSLOVAQUIA
FRANCIA
Múnich
Viena
SUIZA AUSTRIA
ITALIA HUNGRÍA

Zona soviética
Zona británica
Zona francesa
Zona norteamericana
Zona bajo administración polaca
Línea Oder-Neisse
Corredor aéreo durante el bloqueo de Berlín

El muro de Berlín

Límite del Gran Berlín
Muro de Berlín
Pasos a Berlín oriental

EL EQUILIBRIO ESTRATÉGICO MUNDIAL

Bloque occidental
Alianza Atlántica (OTAN)
Estados aliados del bloque occidental por otros acuerdos
Imperios coloniales de las potencias occidentales
Principales bases norteamericanas
Bombarderos estratégicos

Bloque comunista
Pacto de Varsovia
Estados aliados de la URSS por otros acuerdos
Principales bases soviéticas

Puntos de máxima tensión
1. Guatemala: 1951-1954
2. Cuba: 1962
3. Corea:1950-1953
4. Indochina: 1946-1954
5. Suez: 1956
6. Berlín: 1945-1965

EN 1960

Midway
Hawai Marshall
Unalaska Adak Guam
Long Beach
ESTADOS UNIDOS
Vladivostok
Okinawa
Subic Bay
Murmansk
Norkfolk
UNIÓN SOVIÉTICA
Bermudas
Azores
Sebastopol
Gaete

EN 1980

Samoa
Hawai Midway Marshall
Guam
Yokosuka
Okinawa
Clerk
Subic Bay
Hong-Kong
Da Nang
Cam Nang
North West Cap
Singapur
Panamá Andamán
Guantánamo Vishakhapatnam
Bermudas Madrás
Puerto Rico
Bombay Cochin
Azores
Rota Masira Diego García
Gaete
Bahrein
Adén Socotra
Berbera
Seychelles
Mogadiscio
Diego Súarez
Mombasa Mauricio
Ascensión
Luanda
Beira
Maputo
Walvis Bay

Bloque occidental
Alianza Atlántica, ANZUS, SEATO
Tratado de Río
Otros países aliados del bloque occidental
Puntos de apoyo de EE UU

Bloque comunista
Pacto de Varsovia
Aliados por acuerdos de defensa
Otros aliados
Otros estados socialistas
Puntos de apoyo de la URSS

Puntos de máxima tensión
1. Nicaragua
2. Angola
3. Suráfrica
4. Chad
5. Somalia
6. Palestina
7. Golfo Pérsico
8. Afganistán
9. Vietnam

Cohetes de tierra de medio alcance
Cohetes intercontinentales de tierra y mar
Mundo islámico
África del Sur y Namibia (régimen del apartheid)

EL MUNDO EN DOS BLOQUES: LA GUERRA FRÍA

LA CRISIS DE LOS MISILES EN CUBA

1959 → Triunfo de la revolución cubana → Reforma agraria: Nacionalización de explotaciones norteamericanas

- Huida del dictador Batista
- Temor de los empresarios y comerciantes ligados a Estados Unidos
- Temor de los partidos de derecha
- Exiliados cubanos a Florida

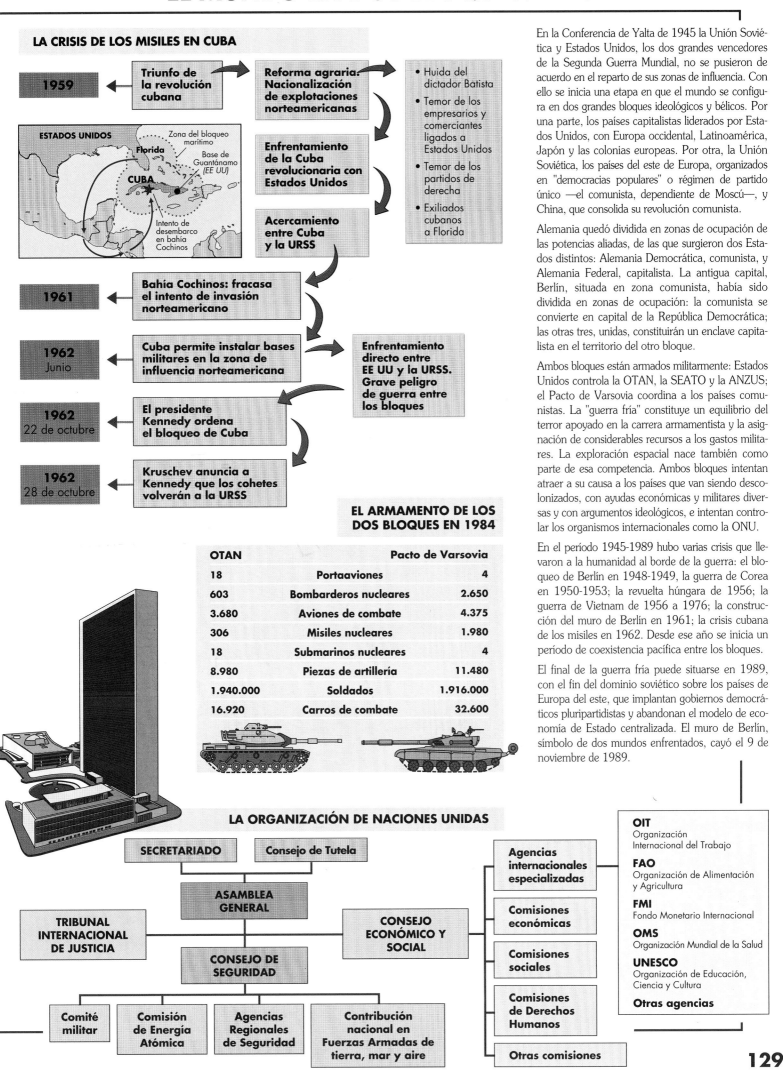

Mapa: ESTADOS UNIDOS, Florida, CUBA, Zona del bloqueo marítimo, Base de Guantánamo (EE UU), Intento de desembarco en bahía Cochinos

Enfrentamiento de la Cuba revolucionaria con Estados Unidos

Acercamiento entre Cuba y la URSS

1961 → Bahía Cochinos: fracasa el intento de invasión norteamericano

1962 Junio → Cuba permite instalar bases militares en la zona de influencia norteamericana

Enfrentamiento directo entre EE UU y la URSS. Grave peligro de guerra entre los bloques

1962 22 de octubre → El presidente Kennedy ordena el bloqueo de Cuba

1962 28 de octubre → Kruschev anuncia a Kennedy que los cohetes volverán a la URSS

EL ARMAMENTO DE LOS DOS BLOQUES EN 1984

OTAN		Pacto de Varsovia
18	Portaaviones	4
603	Bombarderos nucleares	2.650
3.680	Aviones de combate	4.375
306	Misiles nucleares	1.980
18	Submarinos nucleares	4
8.980	Piezas de artillería	11.480
1.940.000	Soldados	1.916.000
16.920	Carros de combate	32.600

LA ORGANIZACIÓN DE NACIONES UNIDAS

SECRETARIADO — Consejo de Tutela

ASAMBLEA GENERAL

TRIBUNAL INTERNACIONAL DE JUSTICIA

CONSEJO DE SEGURIDAD

CONSEJO ECONÓMICO Y SOCIAL

- Comité militar
- Comisión de Energía Atómica
- Agencias Regionales de Seguridad
- Contribución nacional en Fuerzas Armadas de tierra, mar y aire

- Agencias internacionales especializadas
- Comisiones económicas
- Comisiones sociales
- Comisiones de Derechos Humanos
- Otras comisiones

OIT Organización Internacional del Trabajo

FAO Organización de Alimentación y Agricultura

FMI Fondo Monetario Internacional

OMS Organización Mundial de la Salud

UNESCO Organización de Educación, Ciencia y Cultura

Otras agencias

En la Conferencia de Yalta de 1945 la Unión Soviética y Estados Unidos, los dos grandes vencedores de la Segunda Guerra Mundial, no se pusieron de acuerdo en el reparto de sus zonas de influencia. Con ello se inicia una etapa en que el mundo se configura en dos grandes bloques ideológicos y bélicos. Por una parte, los países capitalistas liderados por Estados Unidos, con Europa occidental, Latinoamérica, Japón y las colonias europeas. Por otra, la Unión Soviética, los países del este de Europa, organizados en "democracias populares" o régimen de partido único —el comunista, dependiente de Moscú—, y China, que consolida su revolución comunista.

Alemania quedó dividida en zonas de ocupación de las potencias aliadas, de las que surgieron dos Estados distintos: Alemania Democrática, comunista, y Alemania Federal, capitalista. La antigua capital, Berlín, situada en zona comunista, había sido dividida en zonas de ocupación: la comunista se convierte en capital de la República Democrática; las otras tres, unidas, constituirán un enclave capitalista en el territorio del otro bloque.

Ambos bloques están armados militarmente: Estados Unidos controla la OTAN, la SEATO y la ANZUS; el Pacto de Varsovia coordina a los países comunistas. La "guerra fría" constituye un equilibrio del terror apoyado en la carrera armamentista y la asignación de considerables recursos a los gastos militares. La exploración espacial nace también como parte de esa competencia. Ambos bloques intentan atraer a su causa a los países que van siendo descolonizados, con ayudas económicas y militares diversas y con argumentos ideológicos, e intentan controlar los organismos internacionales como la ONU.

En el período 1945-1989 hubo varias crisis que llevaron a la humanidad al borde de la guerra: el bloqueo de Berlín en 1948-1949, la guerra de Corea en 1950-1953; la revuelta húngara de 1956; la guerra de Vietnam de 1956 a 1976; la construcción del muro de Berlín en 1961; la crisis cubana de los misiles en 1962. Desde ese año se inicia un período de coexistencia pacífica entre los bloques.

El final de la guerra fría puede situarse en 1989, con el fin del dominio soviético sobre los países de Europa del este, que implantan gobiernos democráticos pluripartidistas y abandonan el modelo de economía de Estado centralizada. El muro de Berlín, símbolo de dos mundos enfrentados, cayó el 9 de noviembre de 1989.

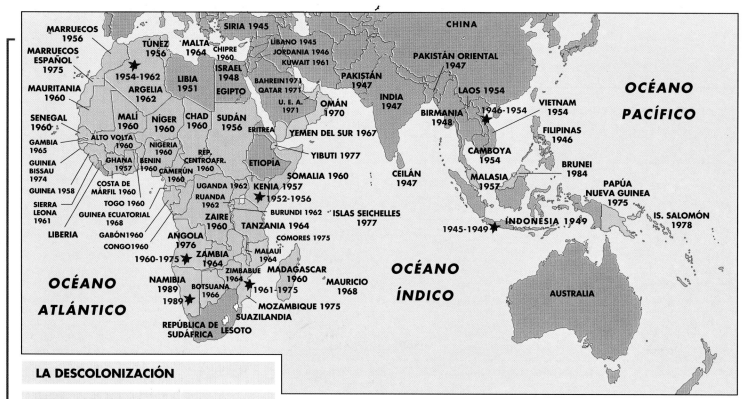

MARRUECOS 1956
MARRUECOS ESPAÑOL 1975
MAURITANIA 1960
SENEGAL 1960
GAMBIA 1965
GUINEA BISSAU 1974
GUINEA 1958
SIERRA LEONA 1961
LIBERIA
TÚNEZ 1956
MALTA 1964
SIRIA 1945
LÍBANO 1945
JORDANIA 1946
KUWAIT 1961
CHIPRE 1960
ISRAEL 1948
EGIPTO
BAHREIN 1971
QATAR 1971
U. E. A. 1971
OMÁN 1970
1954-1962
LIBIA 1951
ARGELIA 1962
MALÍ 1960
NÍGER 1960
CHAD 1960
SUDÁN 1956
ERITREA
ALTO VOLTA 1960
NIGERIA 1960
GHANA 1957
BENIN 1960
CAMERÚN 1960
RÉP. CENTROAFR. 1960
ETIOPÍA
YEMEN DEL SUR 1967
YIBUTI 1977
SOMALIA 1960
COSTA DE MÁRFIL 1960
TOGO 1960
GUINEA ECUATORIAL 1968
GABÓN 1960
CONGO 1960
UGANDA 1962
RUANDA 1962
ZAIRE 1960
KENIA 1957
1952-1956
BURUNDI 1962
TANZANIA 1964
ISLAS SEICHELLES 1977
COMORES 1975
ANGOLA 1976
1960-1975
ZAMBIA 1964
MALAUI 1964
ZIMBABUE 1964
MADAGASCAR 1960
1961-1975
MAURICIO 1968
NAMIBIA 1989
1989
BOTSUANA 1966
MOZAMBIQUE 1975
SUAZILANDIA
REPÚBLICA DE SUDÁFRICA
LESOTO

CHINA
PAKISTÁN ORIENTAL 1947
PAKISTÁN 1947
INDIA 1947
LAOS 1954
1946-1954
VIETNAM 1954
BIRMANIA 1948
CAMBOYA 1954
FILIPINAS 1946
CEILÁN 1947
MALASIA 1957
BRUNEI 1984
PAPÚA NUEVA GUINEA 1975
1945-1949
INDONESIA 1949
IS. SALOMÓN 1978
AUSTRALIA

OCÉANO PACÍFICO
OCÉANO ÍNDICO
OCÉANO ATLÁNTICO

LA DESCOLONIZACIÓN

- Estados independientes en 1945
- Independencia entre 1945 y 1954
- Independencia entre 1955 y 1965
- Independencia después de 1965
- ★ Guerra de independencia*

En color rojo, la fecha de los conflictos bélicos

ESTADOS UNIDOS
BAHAMAS 1973
CUBA
REP. DOMINICANA
JAMAICA 1962
HAITÍ
ANTIGUA 1967
SAINT KITTS 1967
DOMINICA 1967
SANTA LUCÍA 1967
SAN VICENTE 1967
BARBADOS 1966
GRANADA 1974
TRINIDAD Y TOBAGO 1962
NICARAGUA
COSTA RICA
PANAMÁ
COLOMBIA
VENEZUELA
GUYANA 1966
SURINAM 1975
GUAYANA FRANCESA
BRASIL

OCÉANO ATLÁNTICO

CRONOLOGÍA

1946
Independencia de las islas Filipinas

1947
Independencia de la India y Pakistán. Palestina, repartida entre judíos y árabes

1949
Independencia de Indonesia

1954
Batalla de Dien-Bien-Phu: derrota francesa en Vietnam

1955
Conferencia de Bandung

1956
Independencia de Túnez y Marruecos. Nasser nacionaliza el Canal de Suez

1961
Movimiento de los países no alineados

1962
Independencia de Argelia

1968
Independencia de Guinea Ecuatorial

1975
Independencia de Papúa- Nueva Guinea

1989
Independencia de Namibia

DESCOLONIZACIÓN DE LA INDIA (1947)

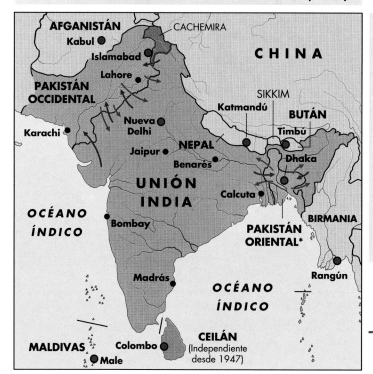

AFGANISTÁN
Kabul
Islamabad
Lahore
CACHEMIRA
CHINA
PAKISTÁN OCCIDENTAL
Karachi
Nueva Delhi
Jaipur
Benarés
SIKKIM
Katmandú
NEPAL
BUTÁN
Timbú
Dhaka
UNIÓN INDIA
Bombay
Calcuta
PAKISTÁN ORIENTAL*
BIRMANIA
OCÉANO ÍNDICO
Madrás
OCÉANO ÍNDICO
Rangún
MALDIVAS
Male
Colombo
CEILÁN (Independiente desde 1947)

Nuevos Estados
- Mayoría hindú
- Mayoría musulmana
- Zona bajo administración Paquistaní desde 1949
- Capitales

Personas desplazadas
- Refugiados hindúes (9 millones) →
- Refugiados musulmanes (6 millones) →

*En 1971, Pakistán Oriente se convierte en Bangladesh

LA CONFERENCIA DE BANDUNG (1955)

(mapa)

AFGANISTÁN
TURQUÍA
SIRIA
LÍBANO
IRAK
IRÁN
LIBIA
JORDANIA
EGIPTO
ARABIA SAUDITA
NEPAL
SUDÁN
YEMEN
ETIOPÍA
LIBERIA
GHANA
PAKISTÁN OCCIDENTAL
INDIA
BIRMANIA
TAILANDIA
CEILÁN
CHINA POPULAR
PAKISTÁN ORIENTAL
JAPÓN
VIETNAM DEL NORTE
LAOS
VIETNAM DEL SUR
FILIPINAS
CAMBOYA
INDONESIA
Bandung

Países participantes
Comunistas
Aliados de Estados Unidos
Otros

El reparto colonial del mundo entre las grandes potencias industriales de Europa, Estados Unidos y Japón se había realizado contra la voluntad de los pueblos sometidos y había despertado resistencias nacionalistas.

Desde comienzos del siglo XX una nueva generación de líderes nativos, formados en Europa y que conocen las ideologías de la lucha política y obrera de las metrópolis, van organizando la resistencia y la lucha por la autodeterminación.

Iniciado el proceso de lucha anticolonial en el período de entreguerras, tiene su auge tras 1945. El acceso a la independencia se produjo de forma violenta o pacífica, según los intereses económicos de las potencias, o la existencia, como en Argelia, de colonias de poblamiento blanco.

En 1945 la derrota de Japón termina con las colonias japonesas en Asia; en Oriente Medio las potencias europeas se retiran, formándose Siria, Líbano y Jordania, y se reparte Palestina entre judíos y árabes. En 1946 Estados Unidos concede la independencia a Filipinas. En 1947 se independizan India y Pakistán, Estados de religión hindú y musulmana, respectivamente; en 1949, Indonesia, tras cuatro años de lucha contra Holanda; y en 1954 concluye la guerra entre Francia y los vietnamitas con la derrota francesa, dividiéndose el territorio en dos zonas: comunista el norte y capitalista el sur. Los territorios del Pacífico se independizaron muy tarde, desde 1975 (Papúa-Nueva Guinea).

De 1954 a 1965 se producen las descolonizaciones africanas, que comienzan con los países del Magreb. Ghana, en 1957, inicia el proceso en el África negra; progresivamente las colonias francesas, inglesas y belgas —el Congo— acceden a la independencia firmando acuerdos de cooperación con las antiguas metrópolis. En 1968 se independiza la Guinea Ecuatorial española. En 1955 la Conferencia de Bandung reunió a veintinueve países de Asia y África e intentó crear un frente común internacional.

Las colonias portuguesas de África se independizan a costa de largas guerras (1961-1975) y como consecuencia de cambios políticos en la metrópoli.

La población blanca económicamente dominante de África del Sur impuso una independencia unilateral e instauró el "apartheid" o discriminación de los nativos. África del Sur administró la colonia alemana de África del Suroeste, confiada por las Naciones Unidas, que no pudo independizarse hasta 1989 con el nombre de Namibia.

PUNTOS CLAVE DE BANDUNG

Derechos del hombre
constituir
Naciones
mantener
Soberanía nacional

- Igualdad
- Rechazo a la agresión
- Cooperación cultural y económica
- Soluciones pacíficas → Respeto a la justicia y a los acuerdos internacionales

- Respeto entre las naciones
- Negativa a acuerdos militares que favorezcan a las grandes potencias
- Integridad nacional → No a la intervención extranjera
- Derecho a la defensa individual o colectiva

RELACIÓN ENTRE DESARROLLO Y SUBDESARROLLO EN 1966

Países desarrollados
Países subdesarrollados

% del total mundial

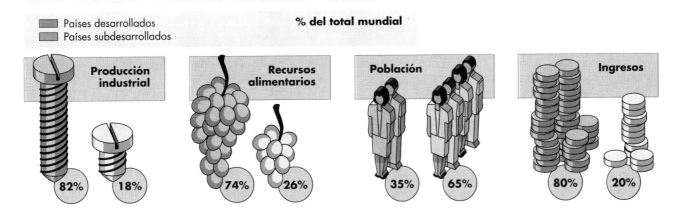

Producción industrial 82% 18%
Recursos alimentarios 74% 26%
Población 35% 65%
Ingresos 80% 20%

La bipolaridad o enfrentamiento a escala mundial de dos bloques dirigidos por Estados Unidos y la antigua Unión Soviética, iniciada en 1945, duró menos de cincuenta años, al fracasar el modelo de estado socialista y de economía centralizada de la Unión Soviética y de los países del este de Europa. El abandono del marxismo-leninismo como fundamento político en la URSS supone la entrada de un régimen de democracia pluripartidista y de economía liberal de mercado. La Unión Soviética pierde su capacidad militar disuasoria, y con ello sólo queda una gran potencia hegemónica: Estados Unidos.

La crisis política de la Unión Soviética permitió los movimientos de liberalización de los países del este de Europa y la reunificación de las dos Alemanias en 1990. A fines del siglo XX sólo subsiste una gran potencia comunista, la República Popular China, donde se intenta desarrollar un sector de economía privada, paralelo al sector general, pero no se permite la modernización política. Otros estados comunistas son Corea del Norte, Vietnam y Cuba.

En los países ex comunistas resulta difícil el proceso de desmontar estructuras anquilosadas y sustituirlas por otras sin causar excesivas dificulades ni miserias sociales, todo ello en un contexto de crisis económica mundial. Una dificultad adicional ha sido la eclosión de los nacionalismos antes reprimidos: los de las repúblicas bálticas, que fueron anexionadas por la Unión Soviética tras la Segunda Guerra Mundial; los de las repúblicas y regiones del mosaico soviético, y los nacionalismos de Yugoslavia, de la que se desprenden varias repúblicas, algunas enzarzadas en una guerra cruel y genocida.

A nivel continental, el fin de la hegemonía soviética y la unificación alemana establece un nuevo juego de fuerzas en el continente europeo, donde la CE intenta consolidarse como gran potencia económica y política a partir de 1993, en aplicación de los acuerdos de Maastricht del año anterior.

En los países del Tercer Mundo la nueva relación de fuerzas permite a Estados Unidos tomar las decisiones en los conflictos regionales, tales como las conversaciones entre palestinos e israelíes que han culminado con la firma de la paz y el reconocimiento por parte de Israel de "autonomía plena" para los territorios de Gaza y Jericó, en donde los palestinos podrán establecer un autogobierno.

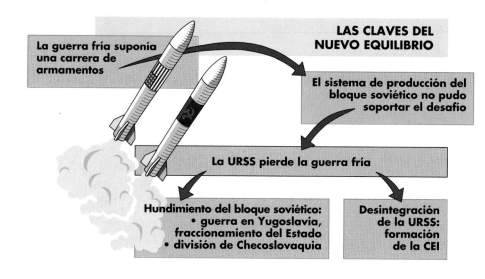

LAS CLAVES DEL NUEVO EQUILIBRIO

La guerra fría suponía una carrera de armamentos

El sistema de producción del bloque soviético no pudo soportar el desafío

La URSS pierde la guerra fría

Hundimiento del bloque soviético:
• guerra en Yugoslavia, fraccionamiento del Estado
• división de Checoslovaquia

Desintegración de la URSS: formación de la CEI

EVOLUCIÓN DE LA ANTIGUA YUGOSLAVIA

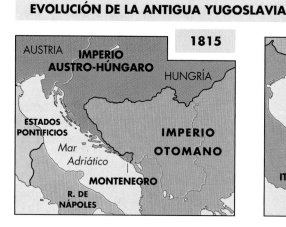

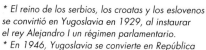

* El reino de los serbios, los croatas y los eslovenos se convirtió en Yugoslavia en 1929, al instaurar el rey Alejandro I un régimen parlamentario.
* En 1946, Yugoslavia se convierte en República socialista federativa.

Repúblicas independientes ▆
Repúblicas que han solicitado la independencia ▆
Conflictos bélicos ★

DISTRIBUCIÓN DE LAS MAYORÍAS ÉTNICAS EN LA ANTIGUA YUGOSLAVIA

▆ Albaneses
▆ Búlgaros
▆ Croatas
▆ Húngaros
▆ Serbios
▆ Eslovenos
▆ Musulmanes
▆ Macedonios
▆ Montenegrinos
▆ Sin mayoría definida

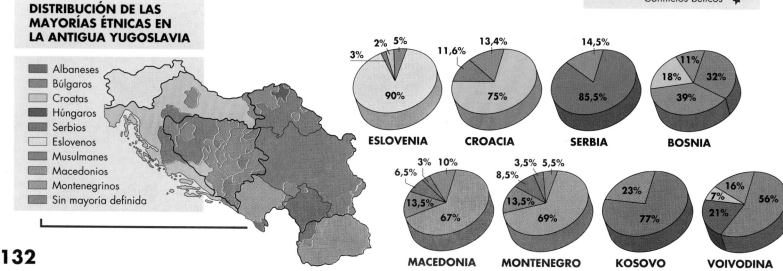

LA BÚSQUEDA DE UN NUEVO EQUILIBRIO

DE LA UNIÓN SOVIÉTICA A LA CEI

- Capitales de las nuevas repúblicas independientes
- Repúblicas integradas en la Comunidad de Estados Independientes (CEI): Acuerdo de Alma Atá (21-12-91)

LITUANIA
Vilna
Riga
LETONIA
Tallín
ESTONIA
Minsk
Moscú
BIELORRUSIA
Kiev
Kishinev
UCRANIA
MOLDAVIA

FEDERACIÓN RUSA

GEORGIA
Tbilisi
ARMENIA
KAZAJSTÁN
Erevàn
Bakú
AZERBAIYÁN
UZBEKISTÁN
Ashjabad
Tashkent
Alma Atá
TURKMENISTÁN
Pichpek
KIRGUIZISTÁN
Dushanbé
TAYIKISTÁN

EUROPA (1989-1995)

- Fronteras internacionales
- Nuevas fronteras
- Fronteras desaparecidas
- Capitales
- Unión Europea

Reykiavik
ISLANDIA

SUECIA
FINLANDIA
NORUEGA
Oslo
Estocolmo
Helsinki
Tallín
ESTONIA
Riga
LETONIA
Moscú
REINO UNIDO
LITUANIA
Vilna
Dublín
RUSIA
IRLANDA
DINAMARCA
Copenhague
Minsk
PAÍSES BAJOS
BÉLGICA
Berlín
POLONIA
BIELORRUSIA
Londres
Amsterdam
Varsovia
ALEMANIA
Bruselas
Bonn
Kiev
Luxemburgo
París
Praga
UCRANIA
LUXEMBURGO
CHEQUIA
LIECHTENSTEIN
Bratislava
ESLOVAQUIA
SUIZA
Viena
MOLDAVIA
AUSTRIA
Budapest
FRANCIA
Berna
Liubliana
HUNGRÍA
Kishinev
ESLOVENIA
Zagreb
RUMANÍA
PORTUGAL
ANDORRA
CROACIA
Belgrado
Bucarest
GEORGIA
Lisboa
Sarajevo
BOSNIA-HERZEGOVINA
MÓNACO
SAN MARINO
EX YUGOSLAVIA
BULGARIA
Madrid
Roma
Sofía
ESPAÑA
VATICANO
Tirana
Skopje
Ankara
ITALIA
GRECIA
TURQUÍA
ALBANIA
MACEDONIA
Atenas
Nicosia
MALTA
Valletta
CHIPRE

A pesar de los mestizajes y las emigraciones, los habitantes del planeta Tierra continúan perteneciendo a familias culturales, a ámbitos distintos, con hondas raíces históricas, que se expresan en idiomas, religiones y tradiciones diferentes. Entre esos grandes espacios culturales aparece el oriental, con los modelos chino, hindú y japonés, este último perfectamente integrado con el mundo occidental; el espacio del África subsahariana; el espacio islámico, extendido por África del norte y Asia; el espacio "occidental", común a los pueblos de Europa, América del Norte, Australia y Nueva Zelanda; y el espacio iberoamericano, que puede considerarse como una variante del occidental. Pero dentro de esos espacios se sitúan numerosas culturas marginales o minoritarias, como los indígenas americanos o los pueblos del Pacífico.

La revolución científica y tecnológica, aplicada a la comunicación, ha supuesto la conversión del planeta en una "aldea global" donde desde cualquier punto puede emitirse y recibirse información, tanto sonora —enlaces por microondas, cables telefónicos, satélites— como escrita —telefax— o icónica. La televisión ha alcanzado una cobertura mundial y los programas de las cadenas internacionales se captan en cualquier punto del planeta gracias al consorcio de satélites INTELSAT. Controlar la información equivale a controlar el poder.

La cultura masiva está ligada al desarrollo de la sociedad de consumo, de la sociedad del ocio y a la exportación de los productos culturales de los países dominantes a todo el planeta. Estados Unidos es el primer productor de cine y programas de televisión de masas y ha creado un estilo de vida y un conjunto de héroes populares, difundidos por la televisión y el cine, especialmente ligados a los jóvenes.

A finales del siglo XX resulta evidente la contradicción del nivel de desarrollo histórico: aunque el hombre haya conseguido poner el pie en la Luna, resulta incapaz de solucionar algunos problemas básicos de convivencia en el planeta, como la alimentación, el trabajo, la igualdad y el acceso a la cultura. ¿Ha fracasado el sueño de la Ilustración de conseguir que las ciencias aplicadas, las ciencias útiles, liberaran al hombre de la esclavitud la enfermedad y la miseria? ¿Ha servido el progreso surgido de la revolución industrial europea para mejorar a los hombres o para explotarlos?

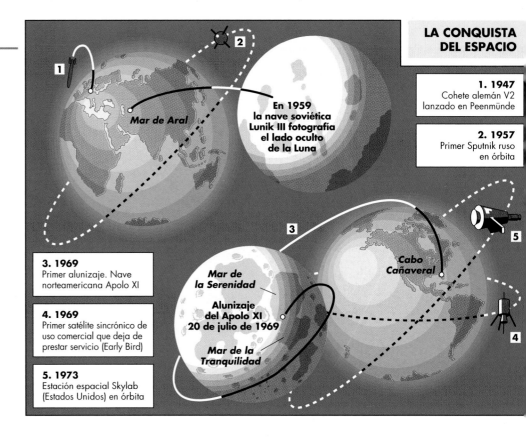

LA CONQUISTA DEL ESPACIO

1. 1947
Cohete alemán V2 lanzado en Peenmünde

2. 1957
Primer Sputnik ruso en órbita

En 1959 la nave soviética Lunik III fotografía el lado oculto de la Luna

Mar de Aral

3. 1969
Primer alunizaje. Nave norteamericana Apolo XI

4. 1969
Primer satélite sincrónico de uso comercial que deja de prestar servicio (Early Bird)

5. 1973
Estación espacial Skylab (Estados Unidos) en órbita

Mar de la Serenidad

Alunizaje del Apolo XI 20 de julio de 1969

Mar de la Tranquilidad

Cabo Cañaveral

EL CONTROL DE LA INFORMACIÓN

Grandes grupos financieros controlan las agencias de noticias

Cuatro grandes agencias suministran el 92% de toda la información

Grupos de presión o control: gobiernos, multinacionales, grandes grupos políticos, confesiones religiosas

Emisoras de TV o radio, periódicos

PRINCIPALES AGENCIAS

Cobertura mundial

AP (EE UU) — 54%

UPI (EE UU) — 46%

APF (Francia) — 76%

Reuter (R. U.) — 73%

UNA SOCIEDAD MUY COMUNICADA PERO NO BIEN INFORMADA

Periódicos por cada 1000 habitantes
- Más de 300 diarios
- Más de 200 diarios
- Más de 50 diarios
- Menos de 50 diarios

Receptores de radio y TV por cada 1000 hab.
- Más de 900 radios / Más de 400 TV
- Más de 400 radios / Más de 200 TV
- Más de 300 radios / Más de 100 TV
- Más de 100 radios / Más de 50 TV
- Menos de 100 radios / Menos de 50 TV

Satélites de comunicación
- Rusos
- Norteamericanos
- De otros países
- = 10

COMUNICACIÓN Y CULTURA DE MASAS

LA DEPENDENCIA DEL TELEVISOR (1992)

Horas de televisión por persona y día

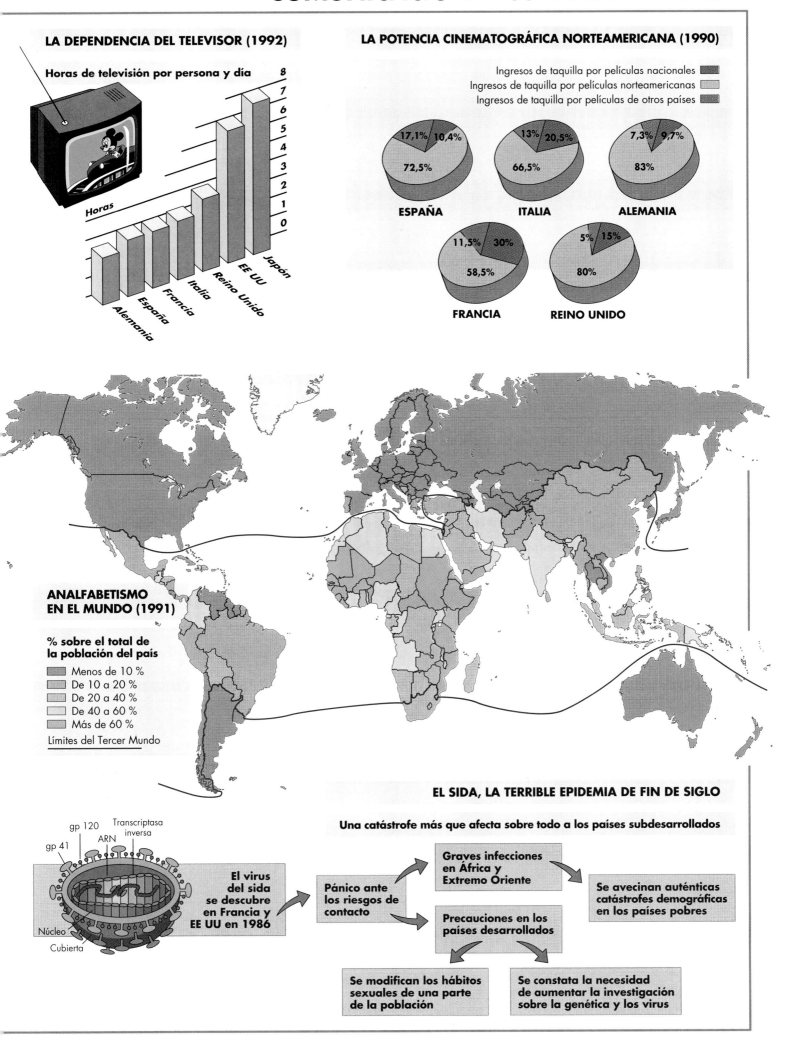

Horas

Alemania · España · Francia · Italia · Reino Unido · EE UU · Japón

LA POTENCIA CINEMATOGRÁFICA NORTEAMERICANA (1990)

Ingresos de taquilla por películas nacionales
Ingresos de taquilla por películas norteamericanas
Ingresos de taquilla por películas de otros países

ESPAÑA 17,1% 10,4% 72,5%

ITALIA 13% 20,5% 66,5%

ALEMANIA 7,3% 9,7% 83%

FRANCIA 11,5% 30% 58,5%

REINO UNIDO 5% 15% 80%

ANALFABETISMO EN EL MUNDO (1991)

% sobre el total de la población del país

- Menos de 10 %
- De 10 a 20 %
- De 20 a 40 %
- De 40 a 60 %
- Más de 60 %

Límites del Tercer Mundo

EL SIDA, LA TERRIBLE EPIDEMIA DE FIN DE SIGLO

Una catástrofe más que afecta sobre todo a los países subdesarrollados

gp 120 · Transcriptasa inversa · gp 41 · ARN · Núcleo · Cubierta

El virus del sida se descubre en Francia y EE UU en 1986

Pánico ante los riesgos de contacto

Graves infecciones en África y Extremo Oriente

Se avecinan auténticas catástrofes demográficas en los países pobres

Precauciones en los países desarrollados

Se modifican los hábitos sexuales de una parte de la población

Se constata la necesidad de aumentar la investigación sobre la genética y los virus

Desde el Renacimiento, la finalidad de las artes visuales era representar la realidad de la forma más fiel posible. Cuando a finales del siglo XIX se generalizó la fotografía, que permitía representar la realidad de una forma casi instantánea, pareció que la pintura iba a morir por falta de objetivos.

El arte nacido en el siglo XX ha constituido una serie de rupturas con toda la tradición heredada desde el Renacimiento y mantenida durante quinientos años. La primera ruptura es la que protagonizaron los impresionistas, que renunciaron a pintar con el color negro e intentaron otras formas de expresar la luz y la oscuridad en la pintura.

La segunda ruptura fue la del fauvismo; aquí se rompió con el tratamiento del color. Matisse y los autores fauvistas en el fondo decían: "Ya sabemos que no hay hombres y mujeres verdes, pero si yo los quiero ver así, ¿qué me impide pintarlos verdes?".

El cubismo fue una ruptura con la perspectiva; la pintura admitía como válida únicamente la perspectiva geométrica descubierta en el Renacimiento, pero Picasso planteaba que cualquier objeto puede ser visto desde muchos puntos de vista a la vez.

Los pintores expresionistas descubrieron que la realidad es subjetiva y que siempre vemos las cosas a través de nosotros mismos; así se acabó con el mito de la objetividad del arte.

Los pintores abstractos afirman que, al igual que la música no necesita letra ya que básicamente es sonido, las artes visuales no necesitan el soporte del tema. Así, la pintura es sólo color. De esta forma rompen con la idea de que la pintura siempre debe representar algo.

¿Qué quedaba por romper en 1916? Todavía quedaba el propio concepto de arte: esto es lo que hizo el movimiento dadá: Duchamp, al representar un modelo industrial de urinario público como un objeto artístico, rompió con la idea de que el objeto del arte había de ser lo bello.

En la segunda mitad del siglo hay una serie de movimientos denominados segundas vanguardias que, en realidad, profundizan en estos temas heredados de los rupturistas de la primera mitad. En el fondo, el siglo XX demuestra que el arte es una continua búsqueda de nuevos caminos de expresión.

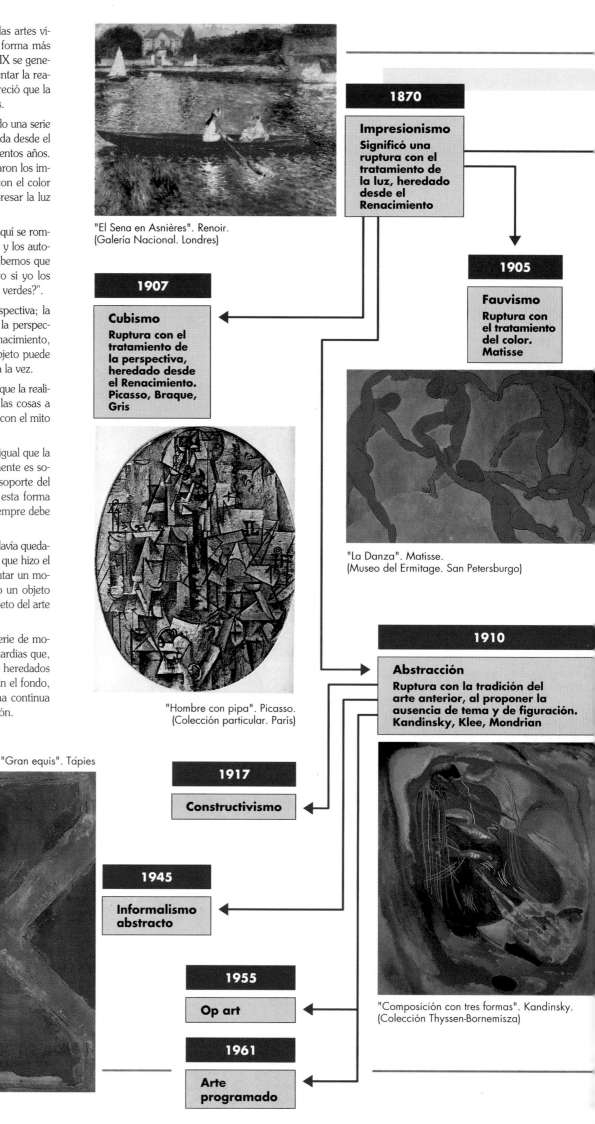

"El Sena en Asnières". Renoir.
(Galería Nacional. Londres)

1870

Impresionismo
Significó una ruptura con el tratamiento de la luz, heredado desde el Renacimiento

1905

Fauvismo
Ruptura con el tratamiento del color. Matisse

1907

Cubismo
Ruptura con el tratamiento de la perspectiva, heredado desde el Renacimiento. Picasso, Braque, Gris

"La Danza". Matisse.
(Museo del Ermitage. San Petersburgo)

"Hombre con pipa". Picasso.
(Colección particular. París)

1910

Abstracción
Ruptura con la tradición del arte anterior, al proponer la ausencia de tema y de figuración. Kandinsky, Klee, Mondrian

"Gran equis". Tápies

1917

Constructivismo

1945

Informalismo abstracto

1955

Op art

1961

Arte programado

"Composición con tres formas". Kandinsky.
(Colección Thyssen-Bornemisza)

136

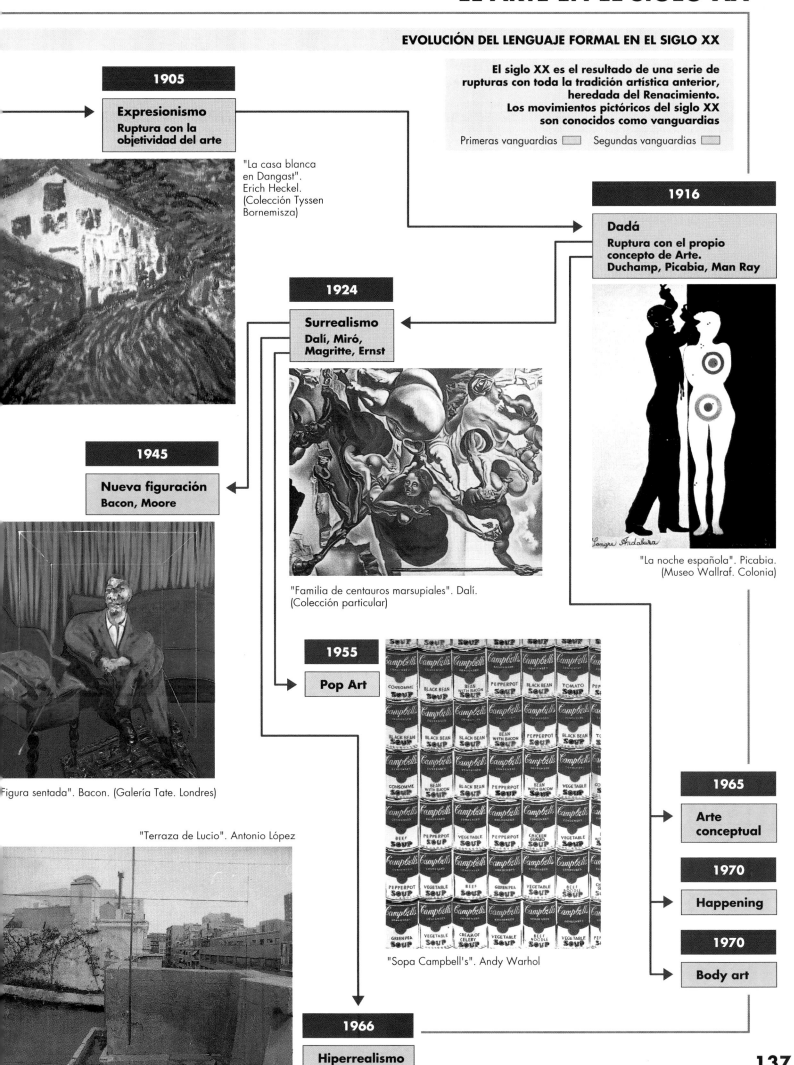

EVOLUCIÓN DEL LENGUAJE FORMAL EN EL SIGLO XX

**El siglo XX es el resultado de una serie de rupturas con toda la tradición artística anterior, heredada del Renacimiento.
Los movimientos pictóricos del siglo XX son conocidos como vanguardias**

Primeras vanguardias ▢   Segundas vanguardias ▢

1905

Expresionismo
Ruptura con la objetividad del arte

"La casa blanca en Dangast".
Erich Heckel.
(Colección Tyssen Bornemisza)

1916

Dadá
**Ruptura con el propio concepto de Arte.
Duchamp, Picabia, Man Ray**

"La noche española". Picabia.
(Museo Wallraf. Colonia)

1924

Surrealismo
Dalí, Miró, Magritte, Ernst

"Familia de centauros marsupiales". Dalí.
(Colección particular)

1945

Nueva figuración
Bacon, Moore

Figura sentada". Bacon. (Galería Tate. Londres)

"Terraza de Lucio". Antonio López

1955

Pop Art

"Sopa Campbell's". Andy Warhol

1965

Arte conceptual

1970

Happening

1970

Body art

1966

Hiperrealismo

SIRIA
CHIPRE
Nicosia
Beirut
Damasco
LÍBANO
Teherán
Tel Aviv
Ammán
IRAK
Bagdad
IRÁN
ISRAEL
JORDANIA
Kuwait
KUWAIT
BAHREIN
Manama
Doha
ARABIA
SAUDÍ
Riad
Abu-Dabí
EGIPTO
QATAR
U.E.A.

OCÉANO
PACÍFICO

Alaska
(E.U.A.)

CANADÁ

Ottawa

Washington

ESTADOS UNIDOS

OCÉANO
ATLÁNTICO

Bermuda (R.U.)

GroenM
(Di

Is. Hawai
(E.U.A.)

MÉXICO

La Habana

ISLAS
BAHAMAS
Nassau

REP. DOMINICANA
Santo Domingo
HAITÍ

Ciudad de
México

BELICE
Belmopan

CUBA

SAN KITTS-NEVIS
ANTIGUA Y BARBUDA

GUATEMALA
Guatemala

JAMAICA

Puerto Príncipe

DOMINICA
SANTA LUCÍA
SAN VICENTE

EL SALVADOR
San Salvador

HONDURAS
Tegucigalpa

BARBADOS
GRANADA

NICARAGUA
Managua

San José

Panamá

Caracas

TRINIDAD Y T

Georgetown

COSTA RICA

PANAMÁ

Bogotá
COLOMBIA

VENEZUELA

Paramaribo
Cayenne
GUAYANA
FRANCESA

Is. Galápagos
(Ec.)

Quito
ECUADOR

GUYANA

SURINAM

Lima

PERÚ

BRASIL

La Paz

Brasilia

PAÍSES BAJOS
Amsterdam
Berlín
Varsovia
Minsk
BIELORRUSIA

ALEMANIA
POLONIA

Bruselas
BÉLGICA
Luxemburgo
Praga
Kiev

CHEQUIA

París
LUXEMBURGO
LIECHTENSTEIN
Viena
Bratislava
ESLOVAQUIA
UCRANIA

Budapest
MOLDAVIA

SUIZA
AUSTRIA
Berna
HUNGRIA
Kishinev

FRANCIA
Liubliana
Zagreb
RUMANÍA

ESLOVENIA
Bucarest

ANDORRA
CROACIA
Sarajevo
Belgrado

SAN MARINO
EX-
YUGOSLAVIA

MÓNACO
ITALIA
BOSNIA-
HERZEGOVINA
BULGARIA
Sofía

Córcega
(Fr.)
Roma
Tirana
Skopje

Is. Baleares
(Esp.)
Cerdeña
(Ital.)
CIUDAD
DEL
VATICANO
ALBANIA
Ankara

MACEDONIA
GRECIA
TURQUÍA

OCÉANO
PACÍFICO

BOLIVIA

PARAGUAY
Asunción

CHILE

ARGENTINA

URUGUAY
Montevideo
Buenos Aires

Santiago

Is. Malvinas (R.U.)

Is. Ge
del Su

ORGANIZACIONES
INTERNACIONALES

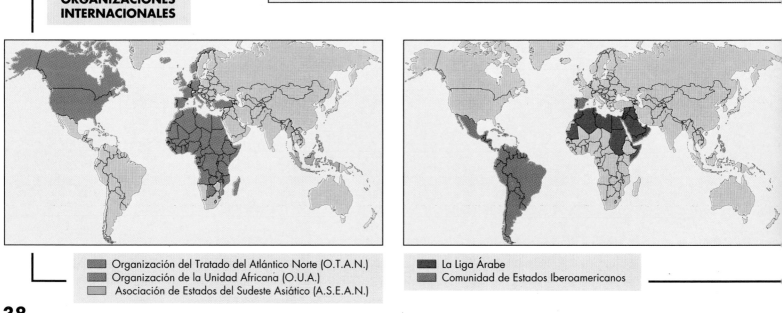

Organización del Tratado del Atlántico Norte (O.T.A.N.)
Organización de la Unidad Africana (O.U.A.)
Asociación de Estados del Sudeste Asiático (A.S.E.A.N.)

La Liga Árabe
Comunidad de Estados Iberoamericanos

OCÉANO GLACIAL ÁRTICO

Círculo Polar Ártico

Reykiavik
ISLANDIA

Is. Feroes
(Din.)

NORUEGA
SUECIA
FINLANDIA

Oslo
Estocolmo
Helsinki

RUSIA

Tallin
ESTONIA
LETONIA
Moscú

IRLANDA
REINO
UNIDO

DINAMARCA
Copenhague

Riga
Vilna
LITUANIA
BIE.

Dublín
Londres

ALE.
POL.
UCRANIA

AZERBAIYÁN

KAZAJSTÁN

Ulán Bator
MONGOLIA

Pichpek
KIRGUIZISTÁN

COREA N.

Pyongyang

París
FRANCIA

HUN.
RUM.

GEORGIA
TURKMENISTÁN
UZBEKISTÁN

Alma Atá
Tashkent
Dushanbé
TAYIKISTÁN

Pekin

Seúl
COREA S.

Tokio
JAPÓN

PORTUGAL
ESPAÑA
Madrid

ITALIA

BUL.
Tbilisi
Erevan
Bakú
ARMENIA

Pichpek

CHINA

Lisboa
Rabat

Túnez
Argel

GRECIA
MALTA
Atenas
TURQ.

SIRIA
Teherán
AFGANISTÁN
Kabul

NEPAL
Islamabad
PAKISTÁN

BUTÁN
Timbú

Taipei
TAIWÁN

MARRUECOS
TÚNEZ
Trípoli

IRAK
IRÁN

Nueva Delhi
Katmandú
Dhaka

Hong Kong (R.U.)

Trópico de Cáncer

ARGELIA
LIBIA
El Cairo
EGIPTO

ARABIA
SAUDÍ
Riad

INDIA

LAOS
Hanoi
Vientian

MAURITANIA
MALI
NÍGER
CHAD

SUDÁN
U.E.A.
Mascate
OMÁN

ERITREA
YEMEN

BANGLADESH
MYANMAR
Rangún

Manila
FILIPINAS

Nuakchot
Bamako
BURKINA
FASO
Niamey
Yamena
Jartum
Asmara
YIBUTI
Adén
Is. Socotora
(Yemen)

Bangkok
VIETNAM
CAMBOYA
Phnom Penh

Uagadugu
NIGERIA
CAMERÚN
REP. CENT.
AFRICANA
ETIOPÍA
Yibuti
Addis-Abeba

TAILANDIA
BRUNEI

GHANA
BENIN
Lagos
Bangui

Colombo
SRI
LANKA
Male

MALASIA
Kuala Lumpur

Bandar Seri Begawan

Accra
Porto
Novo
TOGO

Yaundé
UGANDA
ZAIRE

SOMALIA
Mogadiscio

MALDIVAS

Ecuador

SANTO TOMÉ
Y PRÍNCIPE

CONGO
Brazzaville
Kampala
KENIA

RUANDA
Kigali
Nairobi
BURUNDI

Victoria
IS. SEYCHELLES

SINGAPUR
Yakarta

PAPÚA
NUEVA
GUINEA

NAURU

GUINEA
ECUATORIAL
Malabo

Kinshasa
Bujumbura
Dar es Salam
TANZANIA

INDONESIA

IS. SALOMÓN
Honiara

TUVALU

GABÓN
Libreville
ANGOLA
Luanda
Lilongwe
MALAUÍ

COMORAS
Moroni

Port Moresby

VANUATU
Vila

IS. FIYI
Suba

ZAMBIA
Lusaka

MOZAMBIQUE

Tananarivo

OCÉANO

Noumea
Nueva
Caledonia
(Franc.)

NAMIBIA
BOTSUANA
Gaborone
Harare

MAURICIO
REP.
MALGACHE

Is.Reunión
(Franc.)

Trópico de Capricornio

ÍNDICO

AUSTRALIA

Windhoek
Pretoria
Maseru
REP. DE
SURÁFRICA
Maputo
ZIMBABUE
SUAZILANDIA
Babane
LESOTO

Canberra

Wellington

NUEVA
ZELANDA

OCÉANO
ACIAL ANTÁRTICO

Fronteras
internacionales

Capitales ●

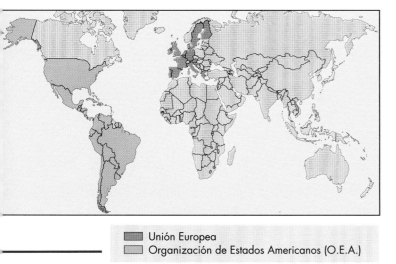

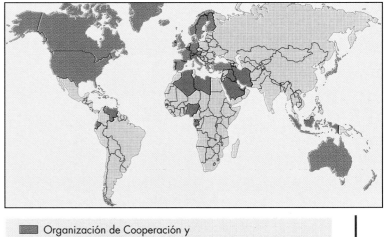

Unión Europea
Organización de Estados Americanos (O.E.A.)

Organización de Cooperación y
Desarrollo Económico (O.C.D.E.)
Organización de Países Exportadores de Petróleo (O.P.E.P.)

139

RELACIÓN DE LOS PRINCIPALES TÉRMINOS CULTURALES, GEOGRÁFICOS E HISTÓRICOS

LISTA DE ABREVIATURAS

arq.	arquitectura	*g.*	golfo	*mts.*	montes	*pint.*	pintura
c.	cabo	*i.*	isla	*mús.*	música	*r.*	río
cord.	cordillera	*is.*	islas	*p.*	pueblo	*rel.*	religión
esc.	escultura	*l.*	lago	*pen.*	península	*v.*	valle
ferr.	ferrocarril	*lit.*	literatura				

A

Abdera. 19, 20, 24, 25, 30, 31
Abderramán I. 50
Abderramán III. 50
Aberdeen. 77
Abisinia. 40, 109, 127
Abraham. 16, 17, 40
Abri Agut. 9
Abri Romaní. 9
Abu Gash. 10
Abu Simbel. 14
Abula. 33
Abydos. 11, 14, 24
Acadia. 83
Acapulco. 72
Acaya. 33
Acci. 31
Actium. 29
Adak. 128
Adén. 40, 41, 42, 72, 108, 128
Adivino. *pirámide.* 69
Adriático. *mar.* 24, 44, 132
Afganistán. 128, 130, 131
África. 42, 50, 83, 111, 127
África del Sudoeste. 109
África Ecuatorial Francesa. 109
África Occidental. 61
África Occidental Francesa. 109
África Oriental. 61
África Oriental Alemana. 109
África Oriental Inglesa. 109
Afrodita de Cnido. *esc.* 27
Agate. 25
Agrigento. 19, 25, 28, 59
Águeda. *r.* 51
Aigues-Mortes. 55
Ain Mallaha. 10
Aix. 84
Aizbitarte. 9
Akra Leake. 20
Al Ándalus. 41, 42, 50
Al Farahi. 42
Al Khwarizmi. 42
Al Masudi. 42
Al Razi. 42
Alá. 40
Alabama. 102, 103
Alagón. *r.* 51
Alalia. 25, 30
Alanos. *p.* 36
Alaska. 102, 108

Álava. 55, 93
Albacete. 93, 95, 101, 107
Albania. 107, 117, 118, 119, 120, 126, 132, 133
Albany. *r.* 102
Albarracín. 50, 55, 93
Albéniz. *mús.* 113
Albi. 57
Alcalá. 33
Alcalá de Guadaira. 52, 53
Alcalá de Henares. 52, 57, 58, 66, 84, 88, 93
Alcázar de San Juan. 93, 101
Alcira. 50, 53, 86
Alcoy. 58, 93, 101
Alcuaití. *lit.* 52, 53
Alejandría. 25, 29, 32, 33, 38, 40, 41, 42, 59, 60, 109, 110, 118, 126
Alejandría Bucéfala. 25
Alejandría de Aracosia. 25
Alejandría de Aria. 25
Alejandría de Caracena. 25
Alejandría de Makarene. 25
Alejandría de Opiena. 25
Alejandría Eskata. 25
Alejandro Magno. 14, 24, 25
Alejandrópolis. 25
Alemán. *imperio.* 77, 107, 117
Alemanes. *estados.* 95
Alemania. 17, 44, 47, 56, 60, 66, 84, 105, 109, 110, 116, 119, 121, 126, 127, 128, 133, 135
Alemania Democrática. 129
Alemania Federal. 129
Alepo. 42, 110, 118
Alepo. *batalla.* 41
Alfonso de Portugal. 65
Alfonso V. 59
Alfonso VI de Castilla y León. 51
Alfonso X. *lit.* 52
Alfonso X de Castilla. 51
Alfonso XIII. 125
Algeciras. 50, 101
Algonquinos. *p.* 68
Ali Bacha. 9
Alí Kosh. 10
Alicante. 50, 53, 58, 93, 95, 99, 101, 111
Alkmaar. 79
Alma Atá. 123, 133
Almadén. 101, 111

Almagro. 88, 93
Almansa. 101
Almansa. *batalla.* 92, 101
Almanzor. 50
Almenara. *batalla.* 92
Almería. 50, 55, 59, 87, 93, 95, 101, 107
Almirantazgo. *is.* 80
Almogávares. 59
Almonte. 20
Almohades. 50
Almorávides. 39, 50
Alonso, Pedro. *lit.* 53
Alpes. *cord.* 28, 30
Alsacia. 78, 97
Alsacia-Lorena. 116, 119
Altamira. 9
Altkirch. 45
Alto Volta. 130
Altos del Golán. 17
Amalfi. 44
Amarillo. *r.* 13
Amasia. 32
Amazonas. *r.* 68
Amberes. 57, 60, 61, 64, 65, 66, 79, 84, 85, 94
Amboise. 77
Ambracia. 24
Ambrosio. *cueva.* 9
América. 85
América del Norte. 72, 82, 111
América del Sur. 72, 82, 83, 111
América Latina. 17
Amiens. 54, 117
Ampurias. 25
Amsterdam. 79, 80, 85, 99, 120, 133
Amu Daria. *r.* 11, 42
Amur. *territorio.* 122
Ana de Austria. 92
Anatolia. 10
Andalucía. 87, 125
Andamán. 128
Andes. *cord.* 68
Andina. *área.* 68
Andorra. 117, 120, 125, 133
Andría. 59
Andros. *i.* 24
Andújar. 33
Anfípolis. 25
Anglicanos. *rel.* 77
Anglos. *p.* 36
Anglosajones. *p.* 37, 38

Anglosajones. *reinos.* 44
Angola. 70, 86, 108, 109, 128, 130
Angostura. 104
Ania. 59
Aníbal. 30
Ankara. 118, 120, 133
Antequera. 86
Anti-Komintern. *pacto.* 127
Anticaria. 31
Anticosti. *i.* 102
Antigua. *i.* 130
Antillas. *is.* 105
Antillas Holandesas. *is.* 108
Antioquía. 32, 33, 38, 39, 54
Antípolis. 24
Antium. 28
ANZUS. 129
Apaches. 68, 103
Apalaches. *mts.* 102
Apolonia. 24, 25
Appomattox. 103
Apros. 59
Aquae Caldae. 31
Aquilea. 32
Aquisgrán. 44, 66
Aquitanos. *p.* 29
Árabes. *p.* 38, 39
Arabia. 29, 33, 42, 80, 83, 117
Arabia. *desierto.* 40
Arabia Saudita. 126, 131
Arábigo. *desierto.* 16
Aragón. 56, 92, 93, 125
Aragón. *corona.* 59
Aragón. *reino.* 39, 50, 52, 53, 58, 64, 86, 87, 88
Araks. *r.* 10
Aral. *mar.* 11, 25
Aranjuez. 89, 101
Arapaho. *p.* 103
Araucanos. *p.* 68
Arawaks. *p.* 68
Arbelas. *batalla.* 25
Arcadia. 24
Arcadio. 39
Arcángel. 122
Archi. 9
Arcos de la Frontera. 50
Arcy-sur-Cure. 9
Arévacos. *p.* 20
Arévalo. 51
Argantonio. 21
Argas. 24

141

145

146

149

MONARQUÍAS MEDIEVALES ESPAÑOLAS

SIGLOS	MUSULMANES	NÚCLEO CRISTIANO OCCIDENTAL		NÚCLEO CRISTIANO ORIENTAL		
		ASTURIAS-LEÓN	CASTILLA	NAVARRA	ARAGÓN	CATALUÑA
VIII	EMIRATO DEPENDIENTE DE DAMASCO 711-756 EMIRATO INDEPENDIENTE 756-912	Pelayo, 718-737. Fundador de la monarquía asturiana. Capital en Cangas de Onís. Favila, 737-739. Alfonso I el Católico, 739-757. Fruela I, 757-768. Aurelio, Silo, Mauregato, Bermudo I. Alfonso II el Casto (hijo de Fruela I), 791-842. Capital trasladada a Oviedo.		Condados pirenaicos que originarán el reino de Navarra.	Condados pirenaicos que originarán el reino de Aragón.	C. 785. Carlomagno funda la Marca Hispánica.
IX		Ramiro I, 842-850. Ordoño I, 850-866. Alfonso III el Magno, 866-909.	CONDES DEPENDIENTES DE LEÓN	Íñigo Arista, 840-850? García Jiménez. García Íñiguez. Fortunato Garcés, 882-905.	Aznar Galindo I. García I. Galindo Aznárez I. Aznar Galíndez.	CONDES DEPENDIENTES DE LOS FRANCOS CONDES INDEPENDIENTES Wifredo, 871-894. Borrell I, 894-914.
X	CALIFATO DE CÓRDOBA 929-1031	REYES DE LEÓN García I, 909-914. Traslada la Corte a León. Ordoño II, 914-924. Fruela II, 924-925. Alfonso IV, 925-931. Ramiro II, 931-951. Ordoño III, 951-956. Sancho I el Craso, 956-958 (1.er reinado). Ordoño IV el Malo, 958-960. Sancho I el Craso, 960-966 (2.º reinado). Ramiro III, 966-982. Bermudo II el Gotoso, 982-999.	CONDES INDEPENDIENTES Fernán González, 923-970. Garci Fernández, 970-995.	Sancho Garcés I, 905-925. **1.ª Unión de Navarra y Aragón** Garci Sánchez, 925-970. Hijo de Sancho Garcés, se casó con la hija de Galindo Aznárez. Sancho II Abarca, 970-994. García II el Temblón, 994-1000.	Galindo Aznárez.	Sunyer, 914-947. Borrel II, 947-992. Ramón Borrell III, 992-1013.
XI	Período de anarquía Reinos de taifas 1031 Invasión almorávide 1086	Alfonso V el Noble, 999-1028. Bermudo III, 1028-1037. **1.ª Unión de León y Castilla** Fernando I el Magno, 1037-1065. Esposo de la hermana de Bermudo III, que murió sin hijos. Dividió su reino entre sus hijos, que gobernaron sucesivamente. Sancho II, 1065-1072. Alfonso VI, 1072-1109. Casó a su hija Teresa con Enrique de Lorena, a quien dio Portugal en feudo.	Sancho García, 995-1018. García, 1018-1028. Hereda Castilla Sancho III de Navarra, casado con la hermana de García, que fue asesinado. Sancho se lo da como reino a su hijo Fernando I.	Sancho III el Mayor, 1000-1035. Repartió sus reinos entre sus hijos. García III, 1035-1054. Sancho IV el de Peñalén, 1054-1076. A su muerte, los navarros eligen rey a Sancho Ramírez, rey de Aragón, . **2.ª Unión de Navarra y Aragón** Sancho Ramírez, 1076-1094. Pedro I, 1094-1104.	Ramiro I, 1035-1063.	Berenguer Ramón I el Curvo, 1013-1035. Ramón Berenguer el Viejo, 1035-1076. Berenguer Ramón II, Cabeza de Estopa. Ramón Berenguer II el Fratricida, 1076-1096. Ramón Berenguer III el Grande, 1096-1131.
XII	Invasión almohade 1145	Casa de Borgoña Urraca, 1109-1126. Se casó con Raimundo de Borgoña. Alfonso VII el Emperador, 1126-1157. Dividió su reino. **León** Fernando II, 1157-1188. Alfonso IX, 1188-1230. Se casó con Berenguela, hija de Alfonso VIII, de quien nació Fernando III.	**Castilla** Sancho III el Deseado, 1157-1158. Alfonso VIII, 1158-1214.	Alfonso I el Batallador, 1104-1134. Dejó el reino a las órdenes militares, pero su testamento no se respetó y cada reino eligió su rey. **Navarra** García Ramírez IV el Restaurador, 1134-1150. Sancho VI el Sabio, 1150-1194. Sancho VII el Fuerte, 1194-1234. Nombra heredero a Jaime I, a quien no aceptaron los navarros.	**Aragón** Ramiro II el Monje, 1134-1137. **Unión definitiva de Aragón y Cataluña** Alfonso II, 1162-1196. Pedro II el Católico, 1196-1213.	Ramón Berenguer IV. Se casó con Petronila, hija de Ramiro II, uniendo así Aragón y Cataluña.
XIII	Reino de Granada 1232-1492 Invasión benimerí 1273		Enrique I, 1215. Berenguela, hermana del anterior y que abdica en su hijo Fernando III, 1217. **Unión definitiva de León y Castilla** Fernando III el Santo, rey de Castilla en 1217 y de León en 1230 (1230-1252). Alfonso X el Sabio, 1252-1284. Sancho IV el Bravo, 1284-1295. Fernando IV el Emplazado, 1295-1312.	Casa de Champaña Teobaldo I, 1234-1253. Teobaldo II, 1253-1270. Enrique I, 1270-1274. Casa de Francia Juana I, 1274-1305. Se casó con Felipe IV, rey de Francia.	Jaime I el Conquistador, 1213-1276. Pedro III el Grande, 1276-1285. Alfonso III, 1285-1291. Jaime II, 1291-1327.	
XIV		Alfonso XI, 1312-1350. Pedro I el Cruel, 1350-1369. Casa de Trastamara Enrique II el de las Mercedes, 1369-1379. Juan I, 1379-1390. Enrique III el Doliente, 1390-1406.		Luis X Hutin, 1305-1315. Felipe V, 1315-1320. Carlos I, 1320-1327. Juana II, 1327-1349. Casa de Evreux Carlos II, 1349-1378. Carlos III, 1378-1425.	Alfonso V, 1327-1336. Pedro IV el del Puñal, 1336-1387. Juan I, 1387-1395. Martín I el Humano, 1395-1410. Al morir sin herederos, en el Compromiso de Caspe se eligió rey a Fernando, hijo de Juan I de Castilla y Leonor de Aragón.	
XV		Juan II, 1406-1455. Enrique IV el Impotente, 1455-1474. Isabel I la Católica, 1474-1504.		Casa de Trastamara Blanca I, 1425-1442. Casada con Juan de Aragón. **3.ª Unión de Navarra y Aragón** Juan II, 1442-1479. Divide el reino. Leonor I, 1479. Se casa con el conde de Foix. Casa de Foix Francisco I Febo, 1479-1481. Catalina I, 1481-1515.	Casa de Trastamara Fernando I el de Antequera, 1412-1416. Alfonso V el Magnánimo, 1416-1458. Al morir sin hijos, deja su reino a su hermano Juan, esposo de Blanca I de Navarra. Fernando el Católico II de Aragón y V de Castilla se casó con Isabel la Católica de Castilla. Conquistó Navarra y la unió a sus reinos.	

LOS HABSBURGOS ESPAÑOLES (CASA DE AUSTRIA)

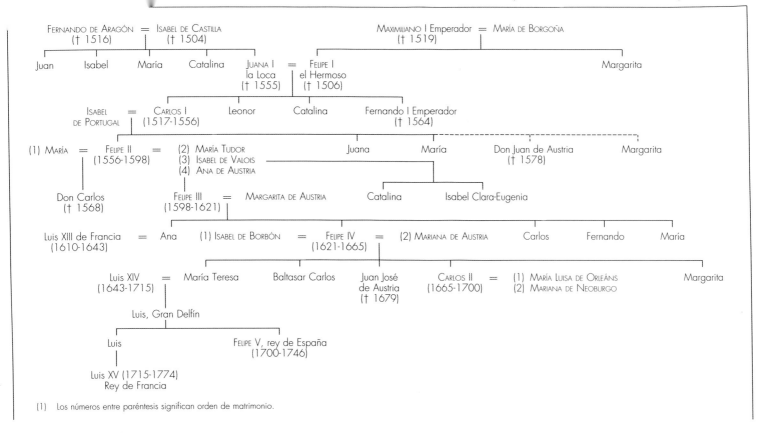

(1) Los números entre paréntesis significan orden de matrimonio.

GENEALOGÍA DE LA CASA BORBÓN ESPAÑOLA

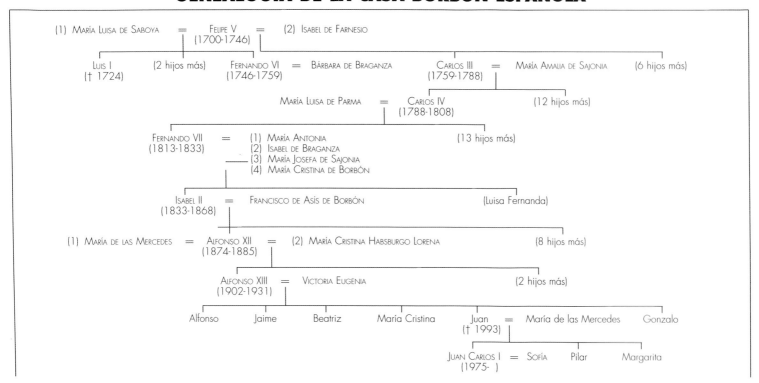

CRONOLOGÍA DE LA DINASTÍA BORBÓN

Felipe V	(1700-1724)	Fernando VII (1813-1833)	Alfonso XIII (1885-1931)
Luis I	(1724)	Isabel II (1833-1868)	
Felipe V, 2.º reinado	(1724-1746)	Regencia de María Cristina (1833-1840)	Regencia de María Cristina, su madre (1885-1902)
Fernando VI	(1746-1759)	Regencia de Espartero (1840-1843)	
Carlos III	(1759-1788)	Revolución de 1868 y Gobierno Provisional (1868-1870)	II República (1931-1939)
Carlos IV	(1788-1808)	Reinado de Amadeo I de Saboya (1870-1873)	
Fernando VII	(1788-1808)	I República (1873-1874)	Guerra civil (1936-1939)
		Presidencias de: Estanislao Figueras, Francisco Pi y Margall, Nicolás Salmerón y Emilio Castelar (1873)	Dictadura del general Franco (1936-1975)
		Gobierno Provisional del general Serrano (1874)	
Invasión francesa: José I Bonaparte (1808-1813)		Restauración borbónica: Alfonso XII (1874-1885)	Restauración de la monarquía: Juan Carlos I (1975-

DATE DUE

THE PLANT AND ANIMAL KINGDOMS

FiSH AND AMPHiBiANS

Please visit our web site at: **www.garethstevens.com**
For a free color catalog describing Gareth Stevens Publishing's list of high-quality books and multimedia programs, call 1-800-542-2595 (USA) or 1-800-387-3178 (Canada). Gareth Stevens Publishing's fax: (414) 332-3567.

Library of Congress Cataloging-in-Publication Data

Splash.
　　Fish and amphibians.
　　　　p. cm. — (Discovery Channel school science: the plant and animal kingdoms)
　　　　Summary: Explores how the behavior of a fish or amphibian changes as it adapts to its environment and examines the physical structures that distinguish these animals from each other.
　　　　ISBN 0-8368-3212-4 (lib. bdg.)
　　　　1. Fishes—Juvenile literature. 2. Amphibians—Juvenile literature.
　　[1. Fishes. 2. Amphibians.] I. Title. II. Series.
　　QL617.2.S69　2002
　　597—dc21　　　　　　　　　　　　　　　　　　　2002021168

This edition first published in 2002 by
Gareth Stevens Publishing
A World Almanac Education Group Company
330 West Olive Street, Suite 100
Milwaukee, WI 53212 USA

Writers: Justine Ciovacco, Kathy Feeley, Susan Wernert Lewis, Monique Peterson, Anna Prokos, Gary Raham, Tanya Stone, Sharon Yates.

Editor: Justine Ciovacco.

Photographs: Cover, © Tim Flach/Stone Images; p. 3, fish bowl, © PhotoDisc; pp. 4–5, fish background, frog, salamander, © PhotoDisc; p. 6, tadpole, © Robin Smith/Stone; frog, © PhotoDisc; glassfish, © Mark Smith/Photo Researchers, Inc.; pp. 10–11, poison dart frog, Colorado River toad, © Painet Inc.; Choco tribesman, © Victor Englebert/Photo Researchers, Inc.; pp. 12–13, coho salmon with yolk sac, coho fry, © Sidnee Wheelwright; coho salmon smolt, © Glenn M. Oliver/Visuals Unlimited; jumping salmon, © Wolfgang Bayer/DCI; coho salmon eggs, alevin © Natalie Fobes/CORBIS; p. 15, hand-held piranha, © Wolfgang Bayer/DCI; pp. 14–15, piranha, © Jany Sauvanet/Photo Researchers, Inc.; p. 16, Rachel Carson, © AP Photo/Bob Shultz; p. 17, jelly fish, © James R. McCullagh/Visuals Unlimited; pp. 16–17, mackerel school, © Marty Snyderman/Visuals Unlimited; p. 18, mudpuppy, © E. R. Degginger/Photo Researchers, Inc.; p. 19, mudskipper © Fletcher & Baylis/Photo Researchers, Inc.; deepwater anglerfish © Peter David/Photo Researchers, Inc.; p. 20, dart

This U.S. edition © 2002 by Gareth Stevens, Inc. First published in 2000 as *Splash: The Fish & Amphibian Files* by Discovery Enterprises, LLC, Bethesda, Maryland. © 2000 by Discovery Communications, Inc.

Further resources for students and educators available at www.discoveryschool.com

Designed by Bill SMITH STUDIO
Project Editors: Justine Ciovacco, Kenn Goin, Katie King, Anne Wright
Designers: Sonia Gauba, Bill Wilson, Dmitri Kushnirsky, Jay Jaffe, Eric Hoffsten
Photo Editors: Jennifer Friel, Scott Haag
Intern: Chris Pascarella
Art Buyers: Paula Radding, Rae Grant
Gareth Stevens Editor: Alan Wachtel
Gareth Stevens Art Director: Tammy Gruenewald

frog, © Painet Inc.; p. 22, deflated puffer fish, © Glen M. Oliver/Visuals Unlimited; inflated puffer fish, © David B. Fleetham/Visuals Unlimited; sawfish, © Tom McHugh/Photo Researchers, Inc.; p. 23, hammerhead shark; © Hal Beral; moray eel, © Kit Kittle/CORBIS; seahorse, © A. Kerstitch/Visuals Unlimited; p. 24, rhipidistian, © Martin Land/Science Photo Library/Photo Researchers, Inc.; p. 27, Dr. Eugenie Clark with shark, © David Doubilet; p. 28, Don Forester in field, Kanji Takeno/courtesy Dr. Don C. Forester; p. 29, dusky salamander, © Lynda Richardson/CORBIS; salamander in ring with eggs, courtesy Dr. Don C. Forester; p. 30, frog catching food, © Stephen Dalton/Photo Researchers, Inc.; p. 31, caecilian, © David T. Roberts/Nature's Images Inc./Photo Researchers, Inc.; goldfish, © PhotoDisc; all other photographs © Corel.

Illustrations: p. 8, fish and amphibian hearts, Scott MacDougal.

Acknowledgments: pp. 16–17, excerpts from UNDER THE SEA-WIND. © 1991 by Rachel Carson. Reprinted by permission of Penguin Books. All rights reserved; pp. 26–27, excerpts from THE LADY AND THE SHARKS. © 1969 by Dr. Eugenie Clark. Reprinted by permission of Mote Marine Laboratory, Sarasota, FL. All rights reserved.

6-17-02

FISH AND AMPHIBIANS

A Tale of Two Classes

What do you know about fish and amphibians? Sure, you've seen a few in aquariums or pet stores. Maybe you've had one as a pet. But you've never seen the thousands of species that are included in each group. And you probably can't imagine how unique each one is.

That's where this book comes in handy. Discovery Channel's FISH & AMPHIBIANS looks at a few of the most prominent creatures that live under water, as well as those that are there only temporarily. Learn about how a fish's or amphibian's behavior changes as it adapts to its environment, as well as about the physical structures that distinguish these animals from each other. From their natural surroundings to their relationships and traits, you have a lot to learn about fish and amphibians.

How much do you know about this fish?. . . See page 31.

Final Project

Your World, Your Turn Create a mural with a personalized soundtrack that helps explain the inner workings of a fish and amphibian ecosystem.

3

Fish & Amphibians

Blackbar soldierfish

About 540 million years ago, there were no plants or vertebrate animals on land or in the seas. In this setting, a toothless, jawless, finless fish evolved, becoming the dominant form of life on Earth for more than 100 million years. Gradually, a great diversity of fish species evolved.

Approximately 195 million years later, another animal ventured onto land, crawling on legs and breathing with lungs. This creature was an ancestor of today's amphibians.

Fish and amphibians have a lot in common besides their long histories. They are both vertebrates, or animals with backbones, and most of their species thrive in water.

Fish must live in water, but most amphibians live both in water and on land. In fact, the word "amphibian" combines the Greek words for "both" and "life," implying that these creatures live one part of their lives in water and the other part on land.

Another thing fish and amphibians have in common is that they are cold-blooded, which means they cannot internally regulate their body temperatures. Their temperatures tend to be slightly below those of their surroundings to prevent the loss of body moisture. And most fish and amphibians develop from eggs laid in the water.

Read on before you start thinking these two animal groups are completely similar. There are plenty of characteristics that set them apart.

What is a fish?

Most fish

- live in water.

- get oxygen through the gills, located on the sides of their mouth. Water passes over the tiny network of blood vessels, which take in oxygen.

- have an external covering of scales, a thin layer of protective plates.

- use fins to keep balance.

Queen angelfish

What is an amphibian?

Bullfrog

Most amphibians

- have four legs.
- have either moist, slimy skin or dry, warty skin.
- have lungs and breathe air, but also rely on extra oxygen absorbed through their skins.
- live near water, which keeps their skins moist. Without water they would suffocate.

Yellow-eyed salamander

A Tad Testy

A talk with a tadpole

Q: We are sitting by a pond today, chatting with a tadpole. So how's life as a fish?

A: I am not a fish! I will never be a fish! I am an amphibian! Listen! A frog-in-training is what I really am.

Q: Sounds fishy to me. You certainly look like a fish. You're in a stream. Plus, you've got gills, a finlike tail, and lidless eyes. Anyway, fish or amphibian— what difference does it make?

A: Actually, it makes a lot of difference! Fish live in water all their lives. We amphibians can live in water and on land. Actually, amphibians tend to live in the water in the early part of their lives and on land as adults. Even as adults, however, many of us need to live in wet environments to keep our skins from drying out.

Q: Ah, so all you amphibians are the same.

A: Most certainly not! There are three groups of amphibians: frogs and toads, salamanders and newts, and caecilians (si-SILL-yens). You probably don't know a lot about caecilians, which are legless; they are the least famous members of my extended family.

Q: Uh-huh. So they don't have legs? Sounds to me like they might be fish.

A: No, no. Everything else about them is very amphibianlike. Listen, I understand why you humans might think fish and amphibians are in the same class, since we have a lot in common. We all love water. We are all cold-blooded. You know, if the water we live in heats up or freezes over, our body temperatures will change in relation to that.

Q: Right. So this confusion between fish and amphibians seems justified, don't you think?

A: Well, no. We don't confuse you with fish, do we? We are two distinct classes. Okay, so my life now consists of spending all my time in the water and using gills that allow me to breathe underwater, taking in oxygen like a fish. This is just a stage I'm going through. I'll grow out of it.

Q: Okay, I got it. So what do you hope to be when you grow up?

A: A frog! Over the course of about two or three months, I'll

develop lungs so I can breathe out of water, lose my tail, and grow four legs. At 10 weeks old, I'll be ready for the big time—(sigh) land. But I expect an easy transition because, as I said, I'll never be far from water.

Q: **But toads also start out as tadpoles. How do you know you won't become a toad?**

A: Well, duh, my parents were frogs. I suppose you would have no way of knowing that right now. But once I am a frog, it will be easy to tell me apart from a toad. I think frogs have a reputation for being classier. As a frog, I'll leap and have smooth skin. Toads, on the other hand, are full of warts, and they have a less graceful hop.

Q: **I see. So do all you tadpole types live in ponds?**

A: I happen to live in one, but any relatively warm, moist environment—you know, a stream, river, lake—will do for us tadpoles. It's all good. We have a pretty strong membership. We live all over the world in places

where both the weather and the water are warm at least part of the year. The rain forest is a popular place for us. It's watery and very warm, an environment that helps us grow.

Q: **What do you eat?**

A: I'm a vegetarian. I love to snack on algae in the water. Look, if you want to take me home, I would be very happy with a bit of boiled lettuce. I'm easy.

Q: **You're a good houseguest.**

A: Glad you think so, spread the word. I'm a good neighbor, too. I hate to get personal, but I've had a difficult childhood. I've been on my own since I hatched. Many creatures in and around my stream—fish, beetles, dragonflies—love to snack on my kind. Back when I was in the egg . . . I was really easy prey then.

Q: **Tough life.**

A: Yup, but that's an ecosystem for you. We're all living together and doing the best we can. We tadpoles pride ourselves on being great producers; we do double duty in

that area. We're very creative.

Q: **Huh? You eat the plants. That's consuming. You're a consumer. What do you produce?**

A: Listen, so I nibble on a few plants, that's life . . . my life, anyway. I produce the best gift of all—myself. Besides being food for some of the more unsavory characters around here, I create a new me in the form of a frog. With me, you get two times the producing.

Q: **Hmm. It seems like, tadpole or frog, you always manage to have the best of both worlds.**

Activity

MAKE-UP MATTERS
What's this tadpole got that a fish could not even dream of, and vice versa? Compare a tadpole and fish for structural similarities and differences. Create a Venn diagram that shows your results.

The Scale of Things

Keeping Things in Order

About 4,400 amphibian species, or types, are categorized in three distinct groups.

Frogs & toads The about 3,800 species have neckless bodies with strong hind legs for leaping; webbed feet for swimming; and a long, sticky tongue for catching food.

Salamanders & newts The about 440 species have smaller, weaker limbs, a tail, smooth skin, and a neck.

Caecilians The 160 or so species are smooth-skinned, burrowing animals that look like earthworms with teeth in their jaws.

Big and Small

With more than 20,000 known species, fish are amazingly diverse. That's more species than any other vertebrate group. Adult fish come in a wide range of sizes—from a tiny speck (pygmy goby) to the length of an F-16 fighter jet (whale shark).

Lionfish

Filipino dwarf pygmy goby (smallest fish)	0.3 in (8 mm)
Lionfish	16 in (41 cm)
Common European carp	3 ft (1 m)
Skate	6.5 ft (2 m)
Eel	10 ft (3 m)
Sturgeon (largest freshwater fish)	16 ft (5 m)
Thresher shark	20 ft (6 m)
Whale shark (largest marine fish)	49 ft (15 m)

Inside Story

Fish and amphibians have many of the same internal structures—heart, liver, kidney, stomach, and gallbladder, among others. But fish have only one intestine, rather than a small one and large one as amphibians do. Also, the hearts of fish and amphibians are structured differently. Amphibians' hearts have three chambers, one that receives oxygenated blood, one that receives deoxygenated blood, and one that pumps blood to the rest of the body. Fish, in contrast, have a two-chambered heart, with one chamber that pumps blood, while the other receives it.

Amphibian heart

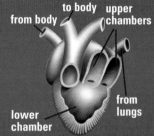

to body
upper chambers
from body
from lungs
lower chamber

Fish heart

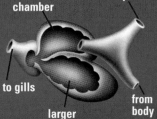

from body
chamber
to gills
larger chamber
from body

The Fastest Fins

Some fish glide through the water a lot faster than others. Here's how some average adult fish line up:

Goldfish

Goldfish	3 mph (5 kmh)
Salmon	8 mph (13 kmh)
Pike	15.5 mph (25 kmh)
Trout	21.7 mph (35 kmh)
Shark	22.4 mph (36 kmh)
Bluefin tuna	50 mph (80 kmh)
Swordfish	60 mph (96 kmh)
Sailfish	68 mph (109 kmh)

Who's Who

Can you tell a Southern toad from a Florida leopard frog? If not, this chart will help.

TOAD	FROG
Short hind legs	Long hind legs
Rough, warty skin	Moist, smooth skin
Spends little time in water	Spends more time in water than toad
Walks and makes short hops	Jumps
Toothless	Teeth in upper jaw
Small tympanums, or "ears"	Larger tympanums
Slightly webbed hind feet	Fully webbed hind feet

Which is which?

(Frog is on top)

A Disappearing Act

Amphibians are good indicators of environmental changes. They breathe partially through their skin, which makes them sensitive to radiation, habitat destruction, and pollution. Scientists believe amphibians can show the first signs of environmental emergencies.

In the last 20 years, the number of amphibian species has declined, with some species becoming extinct. Scientists are discovering that acid rain, ozone depletion, and other sources of chemical pollution may be responsible for the disappearance of many amphibian species.

Added Bonus

Most amphibians have lungs, but most fish don't. Instead, many fish have a swim bladder. This gas-filled sac in the abdominal cavity contains a mixture of oxygen, carbon dioxide, and nitrogen taken from the bloodstream. Acting like a life vest, it helps the fish stay upright at a desired depth. In some fish, such as the glassfish pictured below, the swim bladder also amplifies sounds.

Many fish have a direct connection between their esophagi and their swim bladders. A fish can regulate the amount of gas in the sac, changing its density when it needs to move up or down. Other fish achieve the same effect with blood vessels that move gas from blood to the bladder.

Activity

HOP TO IT! FrogWeb, a government program, tries to educate the public about declines and deformities in amphibian species. Visit their Web site (www.frogweb.gov) and click on "What You Can Do." Learn how you can help FrogWeb with research activities in your area. To best understand Frog Web's work, you may also gather information on your own about the physical structures of frogs that make them good indicators of environmental changes.

Poison Power

Feel the Burn

Almost all frogs and toads have toxins, or poisons, in glands on their skins that they use for protection against enemies. Most of these poisonous fluids are mild; the poison is meant to discourage attackers. Yet, even in mild forms, some amphibian poisons can cause a burning sensation if they get into a predator's eyes or mouth. Stronger poisons can cause irregular heartbeat, muscle twitching, and breathing problems. Does this mean you can never handle amphibians? No, but it's very important that, after you do, you wash your hands before touching your eyes or mouth.

Many poisonous frogs and toads have especially bright colors—nature's warning to predators to stay away.

Poison dart frog

TINY AND TERRIBLE

The poison dart frogs living in the rain forests of Central and South America are tiny. They range from ½ inch to 2 inches (1 to 5 cm) long. At their biggest, they are about the size of your longest finger. But these little guys certainly pack a big punch! In glands scattered over their skins, they hold the most powerful poison of all amphibians. A shot of toxin from a single gold poison dart frog can kill eight people.

Chicago, Illinois, 2000

Who would want to take medicine similar to the paralyzing poison found in a poison dart frog? Using information about how chemicals in the frog work, scientists at Abbott Laboratories developed a pain-blocking drug. Although it is still being tested, the new medication seems to be 200 times stronger than the painkilling drugs currently in use.

Colombia, South America, 2000

Members of the Choco tribe coat wooden hunting darts with the venom of poison dart frogs. To safely extract their venom, the Chocos hold the frogs on sticks over a fire. The heat causes the animals' glands to release the toxin. The Chocos then pin the frogs to the ground and rub the dart tips across the frogs' backs. One tiny frog usually produces enough poison to coat 50 darts. After taking the poison, the Chocos release the frogs back into the rain forest.

A Choco tribesman prepares to coat his darts.

Unforgiving Fish

The stonefish (below) may be the most poisonous fish in the world. Its venom is so toxic that few enemies will even try to attack it. The fish's poison is carried in its skin and in sacs attached to razor-sharp spines along its back. When attacked or even accidentally stepped on, the stonefish pushes its spines into the predator and releases poison into the wounds, usually paralyzing or killing the predator. This 12-inch- (30-cm-) long fish swims in the Indian and Pacific Oceans.

Toad TOXINS

The two bulging glands behind a toad's eyes, as well as the warts on its skin, produce a toxin. Large toads, like the Colorado River toad above, are among the more poisonous species. Their toxins can cause paralysis and death in animals as big as medium-sized dogs.

Stabbing Stingrays

The stingray's name says it all. This fish, which often lies partially buried in the sand in shallow waters, has a jagged spine with a stinger at the end of its tail. When attacked or disturbed, the stingray lashes out, stabbing the intruder with its stinger. Its sting releases a toxin into the wound. While rarely fatal, the stingray's poison is extremely painful. Stingrays can grow to 7 feet (2 m) long and 5 feet (1.5 m) wide.

Playwright and poet William Shakespeare referred to the toadstone in his play *As You Like It:*
Sweet are the uses of adversity which, like the toad, ugly and venomous, wears yet a precious jewel in his head.

So what's a toadstone? According to an ancient belief, toads held in their heads a gray or brown stone that had magical powers. In truth, the "stone" was a large gland. People used to remove the gland from a toad and wear it as jewelry. It was supposed to change color if the person wearing it was in danger of being poisoned or bewitched.

Worrisome Wording

Frightened by frogs, toads, and fish? Relax. The words below correspond to something you may be feeling after reading this page. Can you guess what they mean?
1. Batrachiophobia [buh-TRAY-key-o-fo-bee-a]
2. Ichthyophobia [ICK-thee-o-fo-bee-a]

See answer on page 32.

an egg-cellent adventure

Salmon have a tough life. They must journey from their birthplaces in streams to the ocean and back. Coho salmon travel from parts of northern Alaska, British Columbia, and Washington State to the northeastern Pacific Ocean and Gulf of Alaska and back. Instinctively, these fish know they must return to their home stream to spawn, or mate and lay eggs. So what happens to one of a salmon's 4,000 eggs after it's laid in the stream? Take a look.

First Month

These coho salmon eggs are actually pea-sized. You can tell they are one month old because that's when their eyes appear as black dots. Salmon always place their eggs under gravel at the bottom of a stream.

Second Month

Three weeks later, the salmon embryo inside the egg starts spinning so fast that the egg cracks open (right). The salmon baby usually hatches tail first.

The salmon baby, now called an alevin (AL-uh-vin), is free of its casing, but it stays under the gravel. The casing floats in the water until it disintegrates or is eaten by other animals.

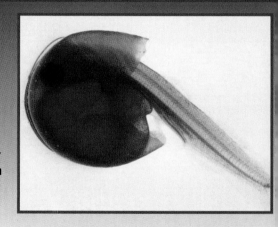

The alevin's eyes look huge. They already have as many retinal cells as adult salmon eyes. But why the big belly (right)? The alevin still has its yolk sac. Since birth, the sac has been nourishing the alevin because it cannot yet feed itself. The sac will stay attached as the alevin learns to find its own food.

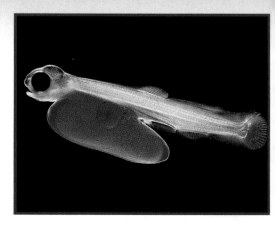

An adult coho salmon

Third Month

The food in the alevin's yolk sac is used up. As the yolk sac begins to disappear, the alevin's belly becomes smooth. Without its bulky stomach, the alevin swims out from under the gravel and joins other fish swimming freely. It is now about 1 inch (2.5 cm) long. At this stage, it is called a fry.

One Year

At a year old, the salmon has matured (below). Now called a smolt, it's ready to migrate to the ocean, where it will continue to grow into an adult (above). The adult's face, jaw, and scales are larger. It is longer, stronger, and colored a bright silver. By its second summer, after it has grown to more than twice its smolt size and turned red, the salmon will begin the journey home. If it succeeds in the battle to swim upstream against the tide without being eaten by predators, it will meet its goal of laying or fertilizing eggs in its original home. Coho salmon, like most Pacific salmon, die shortly after spawning.

Activity

LIFE'S WORK? Build a timeline for an amphibian's life cycle. Use illustrations or pictures to illustrate key growth stages. Then compare the cycle on these pages with the one you've created. How much does the cycle shape the lifestyle of the species?

The Leader of the PIRANHA PACK

The water is fresh with exciting smells. You—a piranha for the summer—are surrounded by the sleek, silvery-green bodies of your mates. And you are the biggest, toughest piranha in Peru's Ucayili River. Could life get any better than this?

Well, come to think of it, your belly is a little empty. You remember a shady spot along a branch of the river. That's where bottom-feeding fish collect to eat fruits and seeds that have fallen from trees overhanging the riverbanks. You let your fine sense of smell guide you to the proper turnoff. The rest of your shoal, or fellow piranhas, follow. They know better than to get too close to you, though. Like all piranhas, you don't like anything violating your personal space. The worst is when they surprise you and swim up behind you. That makes you particularly edgy, and you'll usually chase or circle around them to show who's the boss.

As you travel, you find that the shallow branch of the river is a bit "stuffy." There's not very much oxygen to breathe, but the promise of food keeps you going.

There they are! Several long dark bodies with whiskered heads—catfish—come into view. They are nibbling in the muck near some gnarled tree roots. There aren't many, but they will make fine appetizers!

You accelerate and attack. You catch a small mouthful of flesh and a lot of fin with the first bite, and a dark cloud of blood erupts from the catfish. As its rich smell surrounds you, you bite quickly

again. When you finish, a few indigestible bones float to the river bottom. Other piranhas eat the remaining catfish, while the rest scramble for scraps.

A piranha may grow up to 13 inches long.

Ready for another adventure, you lead the shoal to a lake filled with smaller fish. You usually spend many days there during the hot, tropical summer, but after eating what you can, you decide to look elsewhere. You search for the entrance to the stream that will take you home, but the stream has shrunk and become a shallow pool of water. You smell only a trace of the distant river that you call home.

The next day, with your temper short, you patrol the lake for small fish, fruit, anything. But the lake is slowly dying—and so are some of the weakest in your shoal. Suddenly, you feel pressure waves from a large disturbance in the water, perhaps caused by large animals from that place-beyond-the-water— you know, humans. You're hungry enough that even one of those odd, finless human animals that sometimes fall into the water would taste good. They're not your first choice, but they'll do fine when you are this hungry. At any rate, the pressure waves often mean food in abundance. You hurry to be the first there.

A big, hairy capybara thrashes in the muddy water. Normally, this 100-pound (45 kg) rodent would not be your first choice for lunch, but this one is injured, and you're hungry. You and your shoal bite and swallow, until the huge animal is nothing but a soggy shell of hair and bones.

A hairy capybara looks like a tasty meal to a piranha.

Your belly is full. For the moment, life is good again. In a few days, the tributary swells with new water, and you lead your shoal back to the sweet smells of your home river.

Activity

HAPPY HUNTERS Find out what structural adaptations piranhas have that make them such good predators. How do you think these structures differ from the ones on which land predators depend?

When Rachel Carson (below) published her first book, *Under the Sea Wind*, in 1941, she was working as a writer for the U.S. Fish and Wildlife Service. Carson introduced a new kind of nature writing to the world with her books. Part poetry, part scientific writing, she linked her own scientific research with a narrative style that made ecosystems and unfamiliar creatures of the sea come alive.

In *Under the Sea Wind*, excerpted here, Carson introduces us to a mackerel named Scomber. Through his story we see the complex relationship between predator and prey.

The reader first meets Scomber and approximately 50,000 other mackerel eggs. After he hatches, we follow Scomber as he drifts through groups of predators and tries to avoid being eaten.

A mackerel

In the surface waters Scomber first knew the fear of the hunted. . . .
Out of the clear green water, a dozen gleaming silver fishes suddenly loomed up. They were anchovies, small and herringlike. The foremost anchovy caught sight of Scomber. Swerving from his path, he came whirling through the yard of water that separated them, open-mouthed, ready to seize the small mackerel. Scomber veered away in sudden alarm, but his powers of motion were new-found and he rolled clumsily in the water. In a fraction of a second he would have been seized and eaten, but a second anchovy, darting in from the opposite side, collided with the first and in the confusion Scomber dashed beneath them.

After Scomber's dramatic escape, the reader then learns about bluefish, gulls, comb jellies, and his other natural predators.

A pack of young bluefish had picked up the scent of the anchovies and swung into swift pursuit. In a twinkling they were upon their prey, fierce and ravening as a pack of wolves. The leader of the bluefish lunged. With a snap of razor-toothed jaws he seized two of the anchovies. Two clean-severed heads and two tails floated away. The taste of blood was in the water. As though maddened by it, the bluefish slashed to right and left. They drove through the center of the anchovy school, scattering the ranks of the smaller fish so that they darted in panic and confusion in every direction. Many dashed to the surface and leaped through into the strange element beyond. There they were seized by the hovering gulls, companion fishers of the bluefish.

As Scomber's journey continues, we understand that he, too, must hunt to survive.

With [his] descent, Scomber came into a cloud of feed, the transparent, big-headed larvae of a crustacean that had spawned in these waters the week before . . . . Scores of young mackerel were feeding on the crustaceans and Scomber joined them. He seized one of the larvae

Sea Wind

and crushed its transparent body against the roof of his mouth before he swallowed it. Excited and eager for more of the new food he darted among the drifting larvae; and now the sense of hunger possessed him, and the fear of the great fishes was as though it had never been.

The reader is witness to one last triumphant struggle.

Scomber's instincts warned him of danger, although never before in his larval life had he encountered one of the race of Pleurobrachia, the comb jelly, the foe of all young fishes.

[All] of a sudden, like a rope swiftly uncoiling from a hand above, one of the tentacles was dropped . . . and thus swiftly extended, it looped around the tail of Scomber. . . . He strove to escape, beating the water with his fins and flexing his body violently. The tentacle . . . drew him closer and closer to the mouth of the comb jelly.

Comb jelly

In another instant he would have been seized by the lobelike lips of the creature's mouth and passed into the central sac of its body, there to be digested; but for the moment he was saved by the fact that the ctenophore [TEH-na-for] had caught him while it was still in the midst of digesting another meal [a herring].

Now a dark shadow came between Scomber and the sun. A great, torpedo-shaped body loomed in the water and a cavernous mouth opened and engulfed the ctenophore, the herring, and the entrapped mackerel. A two-year-old sea trout mouthed the watery body of the comb jelly, crushed it experimentally against the roof of its mouth, and spat it out in disgust. With it went Scomber, half dead with pain and exhaustion, but freed from the grip of the dead ctenophore.

Throughout this story, Carson creates a heroic character in Scomber while still conveying the information that only a small percentage of species survive the many perils of the ocean to reproduce in the natural cycle of life.

Activity

WEB OF LIFE These excerpts dramatize a food web with a mackerel at its center. Create a food web illustration for the fish or amphibian species of your choice.

Odds & Ends

The mixed-up world of fish and amphibians:
Think you know what makes fish and amphibians so unique? Think again. Some have special adaptations that suit their particular lifestyles and environments.

A mudpuppy's spotted brown skin allows it to blend with the colors of a river bottom.

To Breathe or Not to Breathe

Amphibians are defined as creatures that live both in the water and on land. But some amphibians spend their whole lives in the water because they don't have lungs. Both the mudpuppy and siren breathe with gills, while amphiumas absorb oxygen through their skins. Amphiumas can survive without water, but it's tough. When water dries up in shallow pools, they can survive for short periods of time on land if the weather is damp. Sirens and mudpuppies, however, must burrow in the mud until their pool fills up again.

The body shapes and markings of many aquatic amphibians are related to their underwater habitats. Mudpuppies have spotted-brown skins that help them blend into river bottoms. Sirens look like snakes; they have long bodies, stubby front legs, and no hind legs, making it easy for them to swim. Amphiumas also have snakelike bodies but with tiny legs, as well.

Here's another strange thing: Fish are supposed to breathe through their gills, yet the lungfish breathes with lungs! In warm, tropical regions, many rivers and lakes dry up each year for several months at a time, killing most aquatic life. But lungfish burrow into the mud, cover themselves with their mucus to keep moist, and create small air holes from their burrows to the surface.

Mudskippers (opposite page, top) can take in oxygen through their skin. When they are underwater, their gills function like those of other fish. When they are out of water, however, their water-filled gill chambers keep their gills moist and functional for several hours at a time, allowing them to stay alive on land. The climbing perch has a unique organ called an upper gill respirator. It helps the perch breathe air when it climbs onto land to find another watering hole.

Walking on Water

Mudskippers use their front fins to move through mud.

Many fish that can breathe out of the water also have structures that help them travel on dry land. The lungfish has small, leg-like fins that help it move in dry river or lake beds. Mudskippers use their front fins to move across land, too. They are called mudskippers because they appear to "skip" across mudflats. If stranded on the shore at low tide, the blenny fish can also use its strong front fins to propel itself across land and get back in the water.

Climbing perch, on the other hand, travel between pools of water by pushing their strong tails against the ground in one movement and pulling their front fins along in the next. Because they can breathe out of the water, they have been known to travel far away from the water—even up trees!

Some deepwater fish can "stand up" to move. The tripod fish, for example, has long, stiff appendages that come out of its two pelvic fins, as well as a similarly strong tail fin.

Go Fish!

The lure of an anglerfish attracts prey.

Have you ever heard of a fish that goes fishing? More than 250 different species of anglerfish have a lure, an appendage they use to help them catch other fish for food. Protruding from the top of the anglerfish's head, the lure is long and thin and often has a feathery end that attracts prey. The lure is there for the long haul; even if it gets damaged in a struggle, the lure will grow back again.

The Black Sea dragon, a deepwater anglerfish, has a lure with an added attraction. In the dark depths of the ocean, light-producing bacteria live in its lure. Both the bacteria and Black Sea dragon benefit from this relationship. The bacteria feed off the Black Sea dragon, and their glow attracts other fish, which may end up as a delicious meal for their host.

Activity

SAME, BUT DIFFERENT
Create a Venn diagram comparing and contrasting lungs and gills. Why do some fish have lungs? How can an amphibian have gills?

19

Home Sweet Home

With its many different ecosystems, Earth is a complicated place. An ecosystem provides everything for its plants and animals, but their relationships involve complex food webs and interactions between predators and prey. This map shows areas where fish and amphibians balance delicate relationships.

NORTH AMERICA

③

①

②

④

PACIFIC OCEAN

⑤

SOUTH AMERICA

Poison dart frog

❶ **Deep Ocean** The deepest parts of the ocean are home to species of fish that are found nowhere else. One inhabitant, the viperfish, has evolved unique characteristics to live in the deep's lack of light. Out of its spine sprouts a lure with a lighted organ at the end. The viperfish flashes this organ on and off to attract smaller fish and shrimp.

❷ **Sonoran Desert (southwestern U.S. and Mexico)** The rivers that cross this desert support about 60 different species of fish. Some of these fish eat the tadpoles of the Woodhouse's Toad, which lives along the riverbanks. The toads avoid the heat by sharing burrows with tarantulas. In return, the toads eat the ants and tiny wasps that threaten the spiders' eggs.

❸ **An eastern woodland pond (Vermont)** A pond that lies near woodlands and larger bodies of water can have a varied population of fish and amphibians. Fish such

as perch and mirror carp eat insects, smaller fish, and tadpoles. Carp also eat plants. Salamanders in the pond feed on worms, insects, and other small animals, including fish and amphibians.

❹ **Chesapeake Bay Estuary (Maryland and Virginia)** Rivers mix with the ocean in an estuary, or a partially enclosed body of coastal water. Conditions vary during the year, so only a few species survive year-round. In summer, nearly 300 fish species live in the world's largest estuary, the Chesapeake Bay, but fewer than 30 stay all year. The larger fish feed on smaller fish and soft invertebrates called crustaceans, while the smaller fish feed on crustaceans and plankton. Wetlands surround the bay, making it an ideal place for amphibians, too.

❺ **Amazon Rain Forest** Swimming with the piranhas in the Amazon River Basin are approximately 5,000 other species of fish. They thrive on fish smaller than themselves, as well as

nuts, fruits, and berries that drop into the water. Amphibians, such as poison dart frogs, also flourish in this warm, moist environment where food is plentiful as long as the rivers don't run dry.

❻ **Nile River** More than 100 species of fish swim in the Nile, the world's longest river. The vast number of birds there eat many of the smaller fish. Humans eat a few of the larger fish, such as the Nile perch, which grows up to 200 pounds (91 kg) and averages 4 feet (1.2 m) in length. These large fish eat everything from aquatic plants to insects to smaller fish. The only predator the Nile perch has is humans.

❼ **Arabuko-Sokoke Forest Caves (Kenya)** This diverse ecosystem supports a variety of bird, reptile, mammal, and amphibian species. The female Bunty's Dwarf Toad lays her eggs in water-filled coconut shells

EUROPE

ASIA

AFRICA

6

7

AUSTRALIA

8

9 **Weddell Sea (Antarctica)**
In spite of its extremely cold temperatures, fish, birds, whales, penguins, and seals have adapted to this seemingly unwelcoming habitat. Krill—small shrimplike crustaceans—eat tiny plants that float in the water. The penguins, larger fish, and seals eat the krill. Ice fish and the Antarctic herring thrive in this environment. No amphibians are suited to live in this ecosystem.

Parrotfish

left by humans who visit the cave. As with all amphibians, the size of the predator determines the size of its prey; this tiny toad eats termites and small insects.

8 **Great Barrier Reef** This strip of coral, rocks, and sand is the world's largest structure made by living things. The more than 2,000 fish species living in the Great Barrier Reef—including angelfish, clownfish, parrotfish, stingrays, butterflyfish, and reef sharks—feed on a variety of foods, including plankton and smaller fish. Stingrays feed on soft invertebrates, such as mollusks and crustaceans.

Activity

PEOPLE AS PREDATORS Fish are an important food source for humans. Yet the data below show a decline in the amount of fish caught each year. Calculate the percentage of difference between 1993 and 1997 for each region. Use that figure to predict the amount of fish caught in each region for the year 2005. What could explain this decline?

Metric Tons of Fish Caught 1993–97

Year	Region			
	Brazil	Chesapeake Bay	Egypt	Norway
93	195,450	370,805	20,242	2,290
94	191,029	276,554	7,335	452
95	153,244	386,084	3,743	571
96	146,288	333,819	5,964	595
97	144,032	300,052	5,389	592

21

In Fine Form

In the world of nature, form and function are closely connected. In fact, you can learn a lot about a fish just by looking at its shape. Its shape helps explain where and how a fish lives. While almost all fish live in water, have gills, two-chambered hearts, scales, and fins, many come in somewhat surprising packages. Most fish have torpedo-shaped bodies that are streamlined for moving through the water. Yet others have special adaptations in their body shapes that reveal their lifestyles. Here are just a few of the most unusual fish.

Power Puff

Puffer fish are rather slow swimmers, so they're easy targets for hungry hunters. Fortunately, they have an unusual way to scare off predators. They inflate their oblong bodies with water, blowing up to about twice their normal size. In other words, they become more than a mouthful for many would-be predators! When the danger passes, the fish deflate and return to their usual shape. If inflating isn't enough to discourage attackers, puffers have an added surprise: They're also extremely poisonous.

A Pinocchio with Punch

Studded with about 24 sharp teeth on each side, the sawfish's long, double-edged snout is a useful tool. In shallow waters, sawfish use their snouts to dig through pebbles and mud to look for food.

Their snouts also work as weapons. Swimming into a school of fish, a sawfish can use its snout to jab or club other fish, or it can swing it from side to side wildly to wound or kill fish. The sawfish then swims toward its prey and swallows its catch.

Fake Snakes

It looks like a snake, but the moray eel is a fine fish. Its snakelike looks are deceiving because it has many characteristics, such as gills and fins, that classify it as a fish.

A moray eel's long, narrow, cylindrical body, with no pectoral fins and a small head, allows it to slip into hiding places in coral reefs and under rocks. It can also hide in grassy, underwater plant forests and burrow into the soft, sandy sea bottom. In its hiding place, the eel sleeps or waits for another fish or an octopus to pass. When it does, the eel can snatch it with its strong jaws and sharp teeth in a surprise attack!

Built for Balance

Unlike most sleek and streamlined sharks, the hammerhead's head is perpendicular to its body. This unusual head shape helps the fast swimmer keep its balance as it makes sharp turns in the water. A hammerhead also has eyes and nostrils that are far apart, located on either side of its thick head. This way the shark can see and smell on both sides of its head, increasing its ability to detect prey as it cruises through water.

A Horse that Swims

A seahorse's shape is so distinctive that if you could only see its shadow, you'd still be able to identify it. Although it has all of the internal characteristics of a fish, the seahorse swims vertically, not horizontally. It uses its tiny dorsal fin to move itself, and it steers by changing the angle of its head.

The seahorse is a slow swimmer and a poor hunter. To get food, it uses its long, tubelike snout to suck in tiny water creatures. Because it's too slow to race away from predators, it's lucky to have a body armored with hard, bony plates. The seahorse's curled tail is very strong and can coil to grasp onto aquatic plants and other objects so the fish can rest or hide from predators.

23

The One That Got Away

Minny Paddock and Gil Piscine walked between the huge stone columns that flanked the entrance of the Sweetwater Natural History Museum.

"This is going to be the coolest thing ever!" said Gil, referring to their *Fish Fossils for Beginners* summer class. "I can't wait to learn how to identify fossils from millions and millions of years ago."

Close-up of Gil's fossil (also pictured above)

Minny and Gil snagged the best seats in the auditorium just as the instructor approached the podium. "Good afternoon, everyone. My name is Professor Newt Devonian. I'm delighted to see so many of you ready to take the plunge and become junior paleontologists."

"Pay Leo what?" whispered Minny. Suddenly she wondered if the summer session would be over her head.

"Paleontologists. They're scientists who study fossils," said Gil.

"How did you know that?" Minny kept her eyes on Professor Devonian while she spoke.

Gil winked. "Only because I just checked out a bunch of books from the library about fossils. I thought I'd do some preliminary digging so I wouldn't feel like a fish out of water."

By now, Professor Devonian had set up the slide projector and started to flash larger-than-life photographs of fossils onto the screen. "As you may have guessed, my specialty area is fossils—primarily from the Age of Fishes, about 408 to 360 million years ago. That's before dinosaurs existed. I've collected fossils from all over the place. Places like Wyoming, Pennsylvania, West Virginia, and the Catskills in New York all have freshwater sediments where prehistoric fossils are found. I've also been fossil-hunting on the shores of Scotland and also in Greenland."

Professor Devonian clicked the slide projector remote control. The next slide showed a detailed drawing of a prehistoric fish with labels naming parts of its anatomy. "This is an example of a certain freshwater fish found in areas where prehistoric lakes once existed. Notice how strong the front fins, or pectorals, look. Sometimes the fish lived in shallow lake and river bottoms, which were hard to swim through. Some types of fish even developed skeletal structures that allowed them to support lungs."

Next, he held up a tray of fossil specimens. "I'd like several volunteers to come up to examine these fish fossils."

Gil and Minny darted up to the front of the room along with several other eager students.

Professor Devonian smiled as he handed each person a fossil. "Now, I'd like you to work in pairs and look over your specimens very carefully. Compare your fish fossils to the illustration of the fish you see on the slide. See if you can identify the body parts in your fossil. Remember, the fossils you're holding may not be the exact species shown in the slide. See if you can recognize any special features that indicate that your fish adapted to a specific environment."

"Wow," Gil said, as he traced his fingers over the animal formation in the rock. "This is going to be harder than I thought. Fossils don't exactly look like their pictures, do they?"

Minny didn't answer. She was too busy scribbling away in her notebook. "Look," she said, pointing to a roundish indentation in the fossil. "This must be the eye socket. And these are clearly the teeth. They look so jagged—sort of mazelike, don't they?"

Professor Devonian took a peek at Minny's fossil as he walked by. "Ah, it looks as if your fish was clearly a carnivorous predator."

"Yeah," Gil replied. "Mine probably was, too. The teeth marks on mine look like hers. The skeletal structure looks the same, too. They both have scale patterns and long finlike tails.

"These front fins on mine look so muscular," continued Gil. "This must have been a strong fish. What are these front fins called again?"

"Pectoral fins," replied the professor. "They were most likely used for steering and braking."

"But the pectoral fins on my fish look even stronger," Minny pointed. "And they're so long—almost like arms or legs. They don't look like the ones in the illustration. Why would that be?"

"Because, as I was saying, fossils don't look like their pictures," interrupted Gil.

"That may be true," said Professor Devonian with a smile. "But there's another reason, too. One you might not even have considered— because I've been trying to fool you."

What does the professor mean? What's fishy about Minny's fossil?

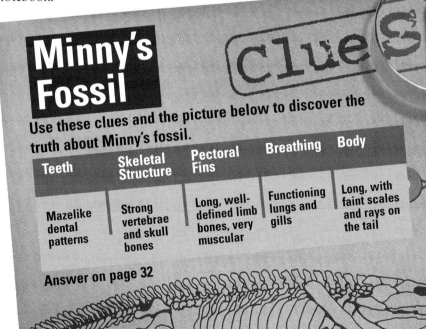

Minny's Fossil

Clues

Use these clues and the picture below to discover the truth about Minny's fossil.

Teeth	Skeletal Structure	Pectoral Fins	Breathing	Body
Mazelike dental patterns	Strong vertebrae and skull bones	Long, well-defined limb bones, very muscular	Functioning lungs and gills	Long, with faint scales and rays on the tail

Answer on page 32

SCIENTIST'S NOTEBOOK

RING my BELL

Cape Haze Marine Laboratory, Florida, 1958

Although seals and dolphins are commonly trained to perform tricks for food, researchers considered sharks to be of "limited intelligence" and, therefore, impossible to train. But Dr. Eugenie Clark and her team changed that belief when they published results of a year-long experiment. Not only was this experiment groundbreaking in the study of shark behavior, but it also helped bring Clark into the spotlight, where she has remained ever since, as one of the world's foremost experts on sharks. Some of Clark's fascinating findings are presented here, with her own words in italics.

Clark and her team of fellow scientists placed a target in a gigantic tank filled with lemon sharks. The team hoped to train the sharks to bump their noses against the target, ringing a bell. Clark would then release some meat.

Near the end of September, we started a strict training program for the sharks. Every day at 3 p.m., we put the target in the water [for] a maximum of 20 minutes and fed the sharks in front of it, dangling the meat from a string. At first the sharks seemed wary of the target and hesitated to take the food. But after a few days they could be lured in so close that in order to get the food into its mouth, each shark was forced to press its nose against the target.

After a few weeks, the sharks began rapidly swimming one behind the other to grab the meat and hit the target.

After six weeks of feeding the lemon sharks from the target, we gave them the big test. We put the target in the water at the appointed time but with no food on it. The male lemon shark who usually responded first rushed at the target with his mouth open, then swerved aside when he reached it and found no food.

The second time, and for eight more times, he came in slowly, looking over the target without touching it. Finally, he nuzzled the empty target hard enough to set off the automatic bell, and we quickly tossed out a reward piece of food. . . . In this first critical test period, he proved he had associated pressing the target with getting his food by repeatedly pushing the empty target and then taking the food tossed to him.

The more timid female took longer to respond to the empty target, but within three days both were working the target without hesitation. We had succeeded in "instrumentally conditioning" the lemon sharks.

We started dropping the reward food farther and farther away from the target, giving the sharks only 10 seconds to get the food after the bell sounded. . . . For some odd reason . . . the sharks in our pens almost always swam in clockwise circles. Usually a shark would press the target, make a clockwise circle, and come back for the food. However, with a time limit of 10 seconds, as we moved the food farther away, they had less chance to reach the food on a clockwise turn. After a few long clockwise turns and reaching the food just as the 10 seconds were up and the food was being pulled out of the water, the sharks learned to make the counter-clockwise turn.

I decided to make it more dramatic by training them to take

Sharks learned to hit targets for food.

a fast swim way down to the end of the 70-foot pen for their reward food. . . . As the food was tossed out farther away from the target, it was the female who caught on first that when the bell rang she could get the food faster if she just kept circling the food area instead of going to press the target. They started to hold back from pressing the target, and I had to move the feeding place back nearer the target to continue the experiments.

The team suspected that the sound of the bell reinforced the sharks' learning. They decided to take away the bell.

As usual, the male charged the target immediately. No bell sounded but we dropped the reward food. The shark turned counterclockwise but slowed down, and instead of going to the feeding area, he returned to the target. The next time he pushed the target, and for the rest of the test period, it didn't bother him that the bell didn't ring.

Dr. Eugenie Clark swims with a bull shark in 1974.

Knowing that sharks are color-blind, Clark decided to paint the white target yellow and see if it made a difference in the sharks' routine.

The male lemon shark lined himself up and rushed headlong toward the yellow target as Oley lowered it into the water. Two feet from the target, he suddenly jammed on the brakes by lowering his pectoral fins, and did a back flip out of the water. [The] sharks

in the pen began acting strangely, swimming erratically, fast then slow, every which way, bumping into each other as they turned.

The male lemon shark never recovered from this experience. He refused food, wouldn't go near even a white target again, and died three months later. We felt terrible about his death. We towed the remains of this once beautiful creature some miles out into the gulf and watched it sink.

Activity

HOW BIG DO SHARKS GET? Most information about the sizes of the 350 shark species is based on sightings. It's hard to measure a moving shark, but sharks caught for food provide data. Use the box and whisker plot below to decide how you would report the median size of a shark. Compare the median sizes to the mean sizes. (Remember that 30 cm is about 1 foot.)

SIZE AND RANGE OF COMMERCIALLY CAUGHT SHARKS

0   100   200   300   400   500   600   700   800   900   1000 1100 1200 1300 1400 1500 1600 cm

Male

Female

Mean male length 10.3 feet (315 cm)
Mean female length 12.8 feet (391 cm)

HEROES

Don Forester and a student collect data to study salamander behavior.

UNCOVERING THE SENSATIONAL LIVES OF Salamanders

Many people think of salamanders as slimy creatures that hide by day, creep around at night, and don't do much to get attention. Don Forester, a biology professor at Maryland's Towson State University, has a very different view. "The more you discover about salamanders, the more incredible they seem," he says. Forester is a herpetologist, a researcher who studies amphibians and reptiles. His most recent experiments have focused on salamander parenting behavior, which is important both to researchers who study salamanders as well as to those who study humans. "If we want a fuller understanding of human behavior," he says, "we must understand how parenting has developed in other forms of life."

GETTING INTO THE SUBJECT

As a boy, Forester lived in an area of Texas that was too dry for salamanders but perfect for lizards and snakes. For years, he and his friends maintained a backyard "zoo" with ever-changing occupants—lizards, snakes, skunks, turtles, even a small alligator that Forester's grandfather gave him.

Forester didn't see a salamander until he entered college. "The first salamander I saw in the mountains was absolutely spectacular," he said. "When my professor told me how little was known about their behavior, I decided that my research would focus on these incredible amphibians."

Forester is a fan of frogs, too. He really gets into his work—sometimes a little too much. Once, while carrying a pair of leopard frogs up a stream bank, he slipped. To regain his balance, Forester had to release the male and put the female in his mouth—where she immediately laid her eggs. He quickly spit them out. "All in a day's work," he recounts with a laugh.

FORESTER'S FINDINGS

Don Forester's most recent studies involve the dusky salamander. He has found that female salamanders are instinctively nurturing. "The behavior of salamanders is remarkable," notes Forester. "The females of certain species are excellent mothers. The dusky salamanders that I've studied don't simply lay their eggs and walk away. The eggs take 50 to 60 days to hatch, but usually the females won't leave them even to feed."

A dusky salamander

"The females care for their eggs in fascinating ways," Forester says, explaining that they are well aware of the limitations of certain settings. He notes that like most salamanders, this species lays eggs near ponds and streams. Salamander eggs—like those of other amphibians—have no shells, so eggs laid on land would dry out. Being close to water allows young "duskies" to enter the water soon after hatching.

Forester has closely studied dusky salamanders' interactions with their eggs. He has observed mothers curled around their eggs, attempting to help keep moisture inside the egg capsules. He has also seen the females nudging the eggs, preventing the eggs' inner membranes from sticking together. "They will also fiercely defend the nest against predators," Forester says, "including beetles, snakes, and even other salamanders."

Forester wondered how salamanders know to return to their

Curled inside Forester's wedding ring, a female salamander watches over her eggs.

place of birth to lay their eggs. To understand this, he and his colleagues have used the technique of DNA fingerprinting. They take the DNA, or genetic material, from salamander eggs and small pieces of the females' tails. The researchers analyze the DNA to create DNA fingerprints for each salamander. Forester's research shows that salamanders nesting close to one another have similar fingerprints, which means that they are closely related.

Forester also noted in his research that female salamanders can easily recognize their own eggs. He tested this by placing salamanders in special boxes containing both their own eggs and eggs from other nests. He observed that the females would nudge the eggs with their heads and then move around until they located their own. "Salamanders probably use their sense of smell to identify eggs," says Forester. "This ability may have survival value. If a female recognizes her own eggs, she may be less likely to use them as food."

Activity

RESEARCHER FOR A DAY While wading through a river on vacation, you find a species that may be a fish or amphibian. What information would you need to classify the creature you found? How might you study the creature in its natural habitat?

Fishy "Phibs" & Facts

Frequently Asked Fish Questions

What do fish see?

Many fish are color-blind, but they do notice shades of light and dark, shapes, and movements.

How do fish swim?

Well, you won't see them doing the backstroke. They move by flexing bands of muscles on opposite sides of their bodies in an even sequence, whipping their tails rapidly from side to side to pick up stride—much the way you "pump" and push your legs farther out to go higher on a swing. Their vertical fins help with balance.

Frogs and Food for Thought

- A **frog**'s tongue is attached to the front of its mouth. It's covered with a sticky substance that helps it catch insects.
- Frogs swallow their food whole.
- A frog retracts, or closes, its eyes—often one at a time—when it swallows, in order to help force food down its throat.
- When a frog eats something poisonous or bad tasting, it can "throw up" its entire stomach. Its stomach actually comes out of the frog's mouth and empties its contents.

Oldie, but Goodie

The oldest amphibian was a **Japanese giant salamander**. It died at the age of 55 in the Amsterdam Zoo in the Netherlands in 1881.

No Clowning Around

In tropical reefs, **clownfish** hide from predators among the deadly tentacles of sea anemones, which are marine animals that resemble plants. These animals give stings that can paralyze a small fish in seconds. But clownfish are safe near anemones because they have a thick layer of protective mucus on their bodies. This relationship is good for the anemones, too, because the clownfish keep the anemones clean by eating fallen remains of sea plants and animals.

Gotta Love Goldfish

Goldfish are the most common pet in the world. The first goldfish came from China, where they were domesticated centuries ago. Most goldfish are 1 to 4 inches (2.5 to 10 cm) long and orange in color. But as goldfish breeders can tell you, their sizes, colors, and shapes can be much more varied than what you see in a pet store. Kept under ideal conditions, a goldfish can live up to seven years.

Fish Impersonator?

Believe it or not, whales are not fish! How can that be? Let's count the ways:

Whales . . .
- are not hatched from eggs.
- are warm-blooded.
- breathe air with lungs.
- swim by moving their tail up and down (while fish move it side to side).
- have smooth skin.

Also not fish: shellfish, starfish, dolphins

A Strange Stranger

Chances are you don't think of **caecilians** when you think of amphibians. Maybe that's because you don't often see them. These wormlike animals spend a lot of time underground in tropical climates. But the fact is that they don't even see much of each other. Caecilians have either very small eyes or no eyes at all. When your daily activity is burrowing underground, good eyesight is not a necessity. These amphibians hunt mostly by smell, but they don't have noses. To find food, they have two sensitive tentacles, or feelers, located near the mouth, that can pick up scents.

Red-eyed tree frog

Noise For Nothing

Most amphibians can make sounds. **Frogs** and **toads** have the most well-developed voices. Their croaks and hums offer warnings and mating calls. Most salamanders and newts, and all caecilians, can only produce coughs and grunts. Scientists do not believe these sounds are forms of communication.

A World of Their Own

With all their differences, fish and amphibians still manage to live together. Some species are so easy to take care of that you can arrange an ecosystem with both kinds of animals in your home or classroom. You can create a setting that will allow them to live comfortably while you learn about their lives.

One way to do this is to create an aquarium or terrarium containing species that can be found at your local pet store. If you don't have access to real fish and amphibians for an aquarium or terrarium, your class can create a fantasy aquarium or terrarium in a giant mural. Whichever idea you choose, you'll have to start by doing some research. You may visit a local pet store or invite a herpetologist or an ichthyologist (a scientist who studies fish) to visit your school and provide tips to the class about the best animal and plant species to include, hiding and climbing places that are needed, food and lighting requirements, and so on.

An aquarium or terrarium is a tank that is made to model a natural ecosystem, but since you build it and choose all the species that live in it, it is called an "artificial setting." The advantage of setting up an artificial setting in school is that you will learn a lot about setting up your own live home terrarium or aquarium.

If you can't build an artificial setting, plan your mural's setting beforehand and sketch sections separately. Even though the fish and amphibians you include won't actually be living together, you should still try to meet their needs. Keep in mind factors such as manageable food and meal scheduling, as well as lighting requirements (some amphibians require up to eight hours a day of light). The pictures should show the animals in various stages of activity. This will allow viewers to see what the animals' daily lives are like. You can also produce a recorded soundtrack to play as people view the mural. Your soundtrack may include music, but it should have narration explaining what creatures live in the ecosystem, how it works properly, and how it might be threatened.

When you've finished either your artificial setting or your mural, invite friends and family members to see your work.

ANSWERS

Scrapbook, pages 10–11:
1. fear of amphibians, 2. fear of fish.

Solve-It-Yourself Mystery, pages 24–25:

Minny's fossil is not a fish. The description here is based on one of the first known amphibians, called an *Ichthyostega*. The "faint scales on the tail" are one key to this mystery, helping to explain Minny's fossil as an emerging amphibian. Another important piece of the puzzle to note is that—as you read in the At-a-Glance section—the earliest vertebrates ventured onto land between 375 and 350 million years ago. Since Prof. Devonian said he's been collecting fossils aged between 408 to 360 million years ago, that clears the way for Minny's fossil to be one of the first amphibians.

Other than its jagged teeth, the definitive characteristic of *Ichthyostega* is its well-developed limbs, which enable it to haul itself onto land. But the fishlike tail with rays and fading scales suggests that movement in the water was still important to its survival.

Gil and Minny's fossils are relatives. Many scientists believe the *Ichthyostega* evolved from a prehistoric lobe-finned fish known as rhipidistian, which is what Gil is studying. The pectoral fins of his fish are muscular. Some scientists suggest that these fish could have used their strong fins to push themselves along lake and river bottoms when the water was shallow.